影视多棱镜丛书

中国农业电视发展战略研究

高广元 著

中国传媒大学出版社
·北京·

自 序

这是一个艰难的写作过程,其间经历了写写停停的反反复复的过程,几年之后,终于将书稿完成。

在中央电视台农业频道供职15年期间,我取得了北京师范大学影视学的博士学位,又进入中国传媒大学博士后流动站做学术研究,一路走来,深知做学问的艰辛。一直有一个愿望,就是将自己所熟知的中国农业电视的发展历程进行梳理,以供业界参考。

首先,农业电视是电视,应该把农业电视放在电视的系统中进行研究。其次,农业电视是关于农业的电视节目,由于农业在我们国家的特殊地位和作用,农业电视的研究不能脱离社会的大系统。在过去的研究中,很少有专家和学者把此课题置于社会大系统之中进行研究,而在本书中,我运用了系统论的方法,将中国农业电视的文本放在大的社会系统和电视系统中进行科学的研究。

在这15年间,我大多数时间都在一线从事业务创作,其间制作的许多影视作品都获得了国家级奖项。由我担任执行总导演的电影《气候变化与粮食安全》还获得了第二十九届金鸡奖最佳科教片奖。实践越多,就越想把实践用理论来总结,进而再提升自己的实践。这是我多年的想法和愿望,也是我攻读北京师范大学影视学博士学位的初衷之一,因此我毫不犹豫地将这一课题作为我读博期间的研究方向。然而,但凡有一点开拓性的事情做起来总是难上加难,理论写作的过程更是倍加艰辛,这是我始料未及的事情,断断续续,竟然也坚持了下来,再回首看这一过程,顿觉极有意义。

中国农业电视是中国电视的一个重要组成部分,但是业界对农业电视的忽略也是显而易见的。专家和学者研究与关注农业电视也不过是近几年的事情,但是研究中大多缺少实证,而我,置身于农业电视的平台上,不但自己拥有很多第一手的资料,而且农业频道的许多前辈在得知我研究这一课题时,还将他们珍藏了几十年的原始材料赠送于我,让我拥有了更为完整、详细的材料。在本书写作之前,我和参与农业频道创建的很多前辈有过多次深入的交流,因而更有写作此书的优势。让更多的人了解真实的农业电视,这是我写作此书的动力之一。

鉴于农业在我国的特殊性,中国农业电视也因此承担着极其重要的角色。但是,国家对农业电视节目的重视程度与农业的地位并不相符。这是多方面的原因造成的,有历史的原因、社会的原因、人力资源匮乏的原因,还有农业节目从业人员自身的原因。中国农业电视将何去何从?未来农业电视的出路在哪里?如何从电视的边缘步入主流?我一直在思索这些问题,也试图寻找答案。

希望更多的电视从业者,把匆忙的脚步放慢一点儿,留点儿时间多关注一下当下的电视理论;希望更多的电视研究者,从繁冗深奥的理论中跳出来一点儿,多花点儿精力关注一下火热的电视创作。

自 序

感谢在写作过程中为此书付出心血的人,有的人提供了珍贵的材料,丰富了本书的内容;有的人给予了我极大的鼓励,让我没有放弃这本书的写作与出版。感谢这个世界上总有那么一些不为世俗的浮躁所干扰的人,能够坐下来,安安静静地阅读此书,尽管书的内容有些枯燥,甚至有些无趣。此书如果给了你们一点点的启发,或者引发了你们一点点的思考,抑或是让你们有了某种触动,我都会觉得这本书的创作是一件有意义的事情。

高广元

2015 年 11 月于北京

目 录 Contents

自 序 / 1

第一章 农业电视概述 / 1
第一节 农业电视的界定与功能 / 1
第二节 农业电视的创作与传播 / 5
第三节 农业电视传播的地位和作用 / 17

第二章 农业电视的发展历程 / 23
第一节 农业电视的早期传播(1958—1976年) / 23
第二节 农业电视的兴起(1976—1983年) / 27
第三节 农业电视的转折(1983—1995年) / 30
第四节 农业电视的迅猛发展(1995—2000年) / 51
第五节 农业电视的飞跃(2001年以后) / 59

第三章 农业电视的种类和特点 / 72
第一节 农业电视的形式 / 72
第二节 农业电视的种类和特点 / 77

第三节 农业电视的编排与包装 / 91
第四节 农业电视的管理 / 103

第四章 农业电视的现状 / 118
第一节 农业电视传播控制现状分析 / 119
第二节 农业电视传播内容分析 / 122
第三节 影响农业电视的传播渠道因素 / 127
第四节 农业电视受众现状分析 / 131
第五节 农业电视传播效果分析 / 144

第五章 农业电视中使用的大众传播效果理论 / 152
第一节 "议程设置"理论和"沉默的螺旋"理论 / 152
第二节 辩证运用"议程设置"理论和"沉默的螺旋"理论 / 155
第三节 "培养理论"和"知沟理论" / 163
第四节 辩证运用"培养理论"和"知沟理论" / 166

第六章 农业电视的市场战略 / 173
第一节 电视媒体的市场战略 / 173
第二节 电视媒体的竞争战略 / 178
第三节 农业电视的市场战略 / 179

第七章 农业电视的广告营销策略 / 187
第一节 电视媒体的广告市场概况 / 187
第二节 内容、用户和广告市场的互动关系 / 193
第三节 农业电视广告现状及发展策略 / 195

第八章 农业电视的品牌之路 / 209
　第一节 农业电视品牌的创建 / 209
　第二节 农业电视品牌的维持与发展 / 211
　第三节 农业电视节目主持人品牌的塑造 / 215

第九章 农业电视的公益化之路 / 220
　第一节 我国媒体公益化现状 / 220
　第二节 农业电视的公益化趋势 / 222

第十章 新媒体环境下农业电视寻求新的发展 / 228
　第一节 新媒体概述 / 228
　第二节 新媒体环境下农业电视的发展之路 / 233

第十一章 农业电视频道专业化：前行中的探索 / 242
　第一节 我国创办农业电视频道的必要性 / 242
　第二节 创建农业电视频道的构想 / 245
　第三节 创建农业电视频道的策略 / 248

结束语 / 252

附件1：中央电视台农业节目基本质量标准 / 256
附件2：对北京地区农民接触媒体情况的问卷调查 / 261
附件3：对农业节目从业者的调查问卷 / 263

参考文献 / 265

第一章　农业电视概述

说起农业电视,很多人并不陌生。自从有了电视节目的那天起,就有了农业电视。电视主要是反映和记录生活,农业是中国绕不开的话题,电视上也一直有农业题材的节目,只不过当时并没有用"农业电视"这一名称,也没有进行具体的分类。随着中国经济的发展,农业题材的电视节目越来越多,其中有很多栏目对涉农问题进行了讨论,还拍摄了很多以农业题材为主的电视剧,其中我们熟悉的《咱们村里的年轻人》《篱笆、女人和狗》《辘轳、女人和井》《古船、女人和网》等电视剧都曾经引起不小的轰动。可以说农业电视一直是中国电视的一个重要组成部分,只是长期以来理论界对于农业电视的关注较少。近几年,随着国家对农业问题的空前重视,农业电视也引起了很多专家学者的关注。

第一节　农业电视的界定与功能

一、农业电视的界定

农业电视究竟涵盖了什么样的内容?农业电视究竟该如何界定?

一般而言,农业电视指的是关于农业、农村和农民的电视,但是这样的定义过于笼统和简单。在实际创作中,存在着一定的复杂性,笔者对现有的农业电视进行了分析,认为有以下几种可能性。

(1)既关于农业,又关于农村和农民的电视节目。

(2)既关于农业,又关于农村,而非关于农民的电视节目。

(3)既关于农村,又关于农民,而非关于农业的电视节目。

(4)既关于农业,又关于农民,而非关于农村的电视节目。

(5)仅仅关于农民,而非关于农业,也非关于农村的电视节目。

(6)仅仅关于农村,而非关于农民,也非关于农业的电视节目。

(7)仅仅关于农业,而非关于农村,也非关于农民的电视节目。

综上所述,农业电视不仅仅是既关于农业,又关于农村和农民的电视节目,而是只要满足农业、农村、农民三个要素其中的一个就可以称之为农业电视。

二、农业电视的功能

"人类社会的一切产品,无论是物质的,还是精神的,都是适应人的需要而创造的,因此都具有一定的价值和功能。"[①]物质产品的价值和功能更多表现在对人的实用性上,是一种物质的感官满足;而精神产品的价值和功能则侧重于满足人的精神需求,并且往往要通过人的接受活动将精神产品的价值转化为人的知识和能力,然后再通过人的实践活动表现出来。

精神产品的价值和功能深受人们的重视,那么,作为精神产品的农业电视又具有什么样的功能呢?

(一)认识功能

电视可以帮助人们获得历史与现实、自然与社会、人的外在生活与内心世界等多方面的知识,丰富人们的社会经验,启迪人们的智慧。通过农

---

① 张彦哲、杨建平:《文学理论新编》,黑龙江人民出版社2000年版,第89页。

业电视,可以大大加深人们对农业、农村和农民的现状的认识和了解。CCTV-7播出的《乡土》就是一档认识功能很突出的栏目。它以独特的视角记录和反映自然生态和人文历史,让观众在认识人文地理的同时,体察人间百态。

(二)宣传功能

"三农"工作是党和政府工作的重中之重,农业电视具有形象生动的特性,因而在"三农"宣传事业中处于重要的地位。政府通过农业电视对"三农"路线、方针、政策、法律、法规进行宣讲和解读,这是政治层面的宣传,而另一层面,即经济层面的宣传则体现在通过农业电视促进农村经济的发展上。

政治层面上的宣传功能,CCTV-7播出的《聚焦三农》栏目便是一个典型,它播出的绝大多数节目都带有政策解析的目的。比如每年都播出的系列节目《一号行动》,主要讲述了中央"一号文件"出台的前前后后,以及其对中国经济的影响和推动作用。该节目对国家种粮、农机、农业税减免、农民工培训等问题进行了全面报道和分析。

经济层面上的宣传功能,CCTV-7播出的《每日农经》栏目便是一个典型。该栏目经常介绍一些地方农产品的情况,这些节目大都具有明显的经济宣传功能。

(三)教育功能

教育功能指的是农业电视对人的思想、行为的影响作用。农业电视教育功能的体现是多方面的,既可以体现在人的世界观、人生观、价值观等方面,又可以体现在人的科学文化素质、思想道德素养等方面。

(四)审美功能

农业电视的审美功能是指农业电视可以把人带到审美层面,从而获得精神的愉悦。优秀的农业电视不仅具有宣传教育功能,还可以通过生

动的形象、优美的意境、健康的趣味给人以精神上的愉悦与情感上的满足。

(五)娱乐功能

农业电视的功能还体现在消除人的疲劳、使人身心放松等方面,我们概括为娱乐功能。如果农业电视的审美功能侧重于实现精神层面的身心愉悦,那么农业电视的娱乐功能则侧重于感官化的身心满足。很多农业电视节目都具有娱乐的功能,CCTV－7播出的《乡村大世界》就是一档具有娱乐功能的节目。

(六)服务功能

农业电视还有服务功能。很多农业节目旗帜鲜明地亮出了自己的口号就是"服务三农",河北电视台农民频道的《农科大讲堂》栏目就实实在在地为农民服务,CCTV－7《每日农经》栏目中对农产品的推荐也是一种服务。

(七)科技指导功能

农业节目的功能还体现在对科技的指导上。现阶段我国农民文化素质普遍不高,如果单纯依靠纸质媒介来传播科技知识,会制约农民对新技术的接受,软硬件都普及不够的网络媒介也不能满足农民对新技术的渴求,而农业电视节目因为其通俗易懂、普及入户率高的特点深受农民的欢迎。CCTV－7的《科技苑》开播的十多年间,播出了几千期节目,内容大多是关于农业科技的。这些节目全部是农业技术指导片,对农民进行了技术指导。

应该指出的是,在任何一个农业电视节目中,各种功能不是彼此隔离的,而是相互交错、互相关联的。农业电视也并非只具有其中的一种功能,而是同时具备其中的几种功能。在不同类型的农业电视中,各种功能是有所侧重的。比如对于农业科技节目《科技苑》而言,它的科技指导功能的比重更大一些,认识功能、审美功能、宣传功能和教育功能要小一些;而在综艺类节目《乡村大世界》中,它的娱乐功能可能会多一些,服务功能和科技指导功能则要少得多。

第二节 农业电视的创作与传播

一、农业电视的创作研究

农业电视的创作包括前期拍摄和后期剪辑,这构成了农业电视的创作过程。

传统意义上的农业电视创作研究就是对这一创作过程的研究。显然,这种具体的研究具有一定的局限性。因为农业电视发展至今,无论是研究的范围,还是思考的深度,都已经发生了很大的变化。

"每一件艺术品总要涉及四个要素,几乎所有力求周密的理论总会在大体上对这四个要素加以区辨,使人一目了然。第一个要素是作品,即艺术产品本身。由于作品是人为的产品,所以第二个要素便是生产者,即艺术家。第三,一般认为作品总得有一个直接或间接地源于现实事物的主题——总会涉及、表现、反映某种客观状态或者与此有关的东西。这第三种要素便可以认为是由人物和行动、思想和情感、物质和事件或者超越感觉的本质所构成,常常用'自然'这个通用词来表示,我们不妨换用一个含义更广的中性词——世界。最后一个要素是欣赏者,即听众、观众、读者。作品为他们而写,或至少会引起他们的关注。"[①]传统上,人们会把电视创作理解为一个过程,农业电视也不例外。但是通过 M. H. 艾布拉姆斯对于艺术品的论述,我们了解了应当视农业电视为一项活动,构成这项活动

---

① M. H. 艾布拉姆斯:《镜与灯——浪漫主义文论及批评传统》,北京大学出版社 1989 年版,第 5 页。

的包括作品、创作者、周围的环境(即 M. H. 艾布拉姆斯所说的世界)和欣赏者。这打破了我们平时所认为的农业电视只是农业电视作品本身的看法,将农业电视的范畴从作品拓展到一个包括作品在内的系统环境中。这样一来,农业电视创作问题的研究就不单是农业电视作品,而是扩展到由作品、创作者、欣赏者和世界所构成的有机整体。

(一)农业电视作品

农业电视作品就是关于农业、农村、农民的电视节目。

(二)农业电视创作者

农业电视创作者就是创作农业电视作品的人,包括制作个体或者群体,也包括制作和播出的机构。比如负责制作农业节目的中国农业电影电视中心、各省级农业频道、各个农业栏目的创作部门、农业节目的创作个体等。

(三)农业电视欣赏者

农业电视的欣赏者指的是欣赏农业节目的观众,也可以理解成受众。

(四)世界

世界就是我们创作的环境。

这四个要素之间存在着密不可分的联系。其中,农业电视作品是农业电视创作的核心。另外的三个要素则是支点,支撑着整个农业电视的创作过程。农业电视创作者是农业电视作品的缔造者,没有农业电视创作者,农业电视作品就不可能诞生。农业电视欣赏者是农业电视作品的最后归宿,没有了欣赏者,农业电视作品就失去了自身的意义,其社会价值也就无法实现。世界是农业电视创作的源泉。

二、农业电视的传播

一部农业电视作品,仅仅是创作出来,并不具有社会价值,只有通过传播活动,为人们所接受,才能真正地具有社会价值。

在传播学发展史上,很多人试图给传播下一个准确的定义,然而不同的传播学者由于知识结构和学术兴趣各有不同,给出的定义也有所不同。概括起来,主要有以下几种:

(一)传播即共享

美国传播学家施拉姆说:"我们在传播的时候,是努力想同谁确立'共同'的东西,即我们努力想'共享'的信息、思想或态度。"[1] A. 戈德也说:"传播就是变独有为共有的过程。"[2]这都体现着传播即共享的思想。

(二)传播即交流

美国学者霍本说:"传播即用言语交流思想。"[3]这体现了传播即交流的观点。

(三)传播即影响、劝服

传播就是甲对乙产生影响,或者是甲对乙的劝服。比如,D. 伯洛说:"所有传播行为都旨在从特定人群(或一群人)引出特定的反应。"又比如,美国学者J. 露西和G. 彼得森提出:"传播这一概念,包含人与人之间相互影响的全部过程。"

(四)传播即信息流动

美国学者B.贝雷尔森说:"所谓传播,即通过大众传播和人际传播的

---

[1] Schramm, Wilbur, "How Communication Works", *The Process and Effects of Mass Communication*, University of Illiois Press, Urbana, 1954.
[2] 转引自胡正荣:《传播学总论》,北京广播学院出版社1997年版,第61页。
[3] 转引自戴元光等:《传播学原理与应用》,兰州大学出版社1988年版,第35页。

媒介……所进行的符号的传送。""传播可以定义为通过讯息进行的社会的相互作用。"(G. 格伯纳,1967年)"运用符号——词语、数字、图表等传递信息、思想、感情、技术等。这种传递的行为或过程通常称作传播。"(贝尔森和塞纳,1964年)

其实,早在1909年,美国社会学家库利就从社会学的角度指出了传播的本质是信息传递:"传播指的是人与人关系赖以成立和发展的机制——包括一切精神象征及其在空间中得到传递、在时间上得到保存的手段。它包括表情、态度和动作、声调、语言、文章、印刷品、铁路、电报、电话以及人类征服空间和时间的其他任何最新成果。"[1]

通过对以上诸观点合理成分的分析,我们认为:传播就是信息的传递。农业电视传播就是涉农信息以电视为媒介所进行的传递。

三、农业电视的传播模式

美国传播学者沃纳·塞佛林和小詹姆·斯坦卡德说,模式是"对真实世界理论化和简约化的一种表达方式"。[2] 人们对传播结构或者过程做了高度抽象和浓缩,提取出主要的因素和关系,然后将其转化为清晰明确的语言描述、直观明了的图形再现,或者逻辑清晰的数学表达,这就是一个"理论化""简约化"的过程,不失为一种学术积累、交流和发展的方式和途径。

要研究农业电视,应当找出一个"理论化""简约化"的"表达方式",那就是寻找农业电视的传播模式。那么,农业电视有哪些传播模式呢?要想弄清这个问题,就得回顾一下传播学史上有什么样的传播模式,农业电视传播模式的研究,要批判地继承前人的研究成果,并在此基础上做出自

---

[1] Cooley, Charles Horton, "Social Organization: A Study of the Larger Mind", *Charles Scribner's Sons*, New York, 1929, p. 45.
[2] 沃纳·塞佛林、小詹姆·斯坦卡德:《传播理论:起源、方法与应用》,华夏出版社2000年版,第44页。

己的探索。

(一)亚里士多德模式

早在两千多年前,古希腊哲学家亚里士多德在《修辞学》一书中就提出一种演讲的过程模式。他认为,"一个演讲过程包括三个基本要素:演讲者、演讲内容、听众。三个基本要素构成了一个简单的演讲过程,即演讲者——演讲内容——听众"。① 亚里士多德还建议,为了达到良好的演讲效果,演讲者要根据不同的场合、不同的听众有针对性地构思其演讲内容。这样一来,亚里士多德所谈及的传播的要素就增加到了五个:传播者、传播内容、受众、传播效果和场合。其传播模式如图1-1所示。

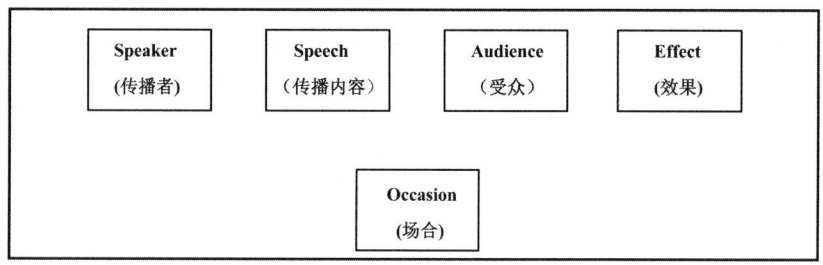

图1-1 亚里士多德模式

(二)拉斯韦尔模式

现代传播学研究史上,比较有影响的传播模式最早是由美国芝加哥大学教授拉斯韦尔在1948年提出来的。拉斯韦尔把一个传播过程表述为:"Who says What in Which Channel to Whom with What Effects."② 他认为,一个传播过程由五个基本要素构成:谁？说了什么？通过什么渠

---

① 场合是演讲者在演讲过程中所置身的环境。它虽不是一个具体的演讲环节,但是却对每一个演讲环节发生影响,因此,场合在演讲过程/模式中是必不可少的。
② 参见 Lasswell, Harold D., "The Structure and Function of Communication in Society", *The Communication of Ideas*, Harper and Brothers, New York, 1848.

道？对谁？取得了什么样的效果？即传播者—讯息—媒介—受众—效果。因为五个传播要素的英文开头字母都有一个"W",所以拉斯韦尔模式又被称作"5W"模式。

1958年,布雷多克在拉斯韦尔模式的基础上,增加了"Under What Circumstance"和"For What Purpose"(在什么情况下、为了什么目的)。[①] 至此,"5W"模式变为"7W"模式,拉斯韦尔模式得到了进一步的补充和完善。另外,布雷多克看到了要素和环节的差别,将传播模式调整如图1-2所示。

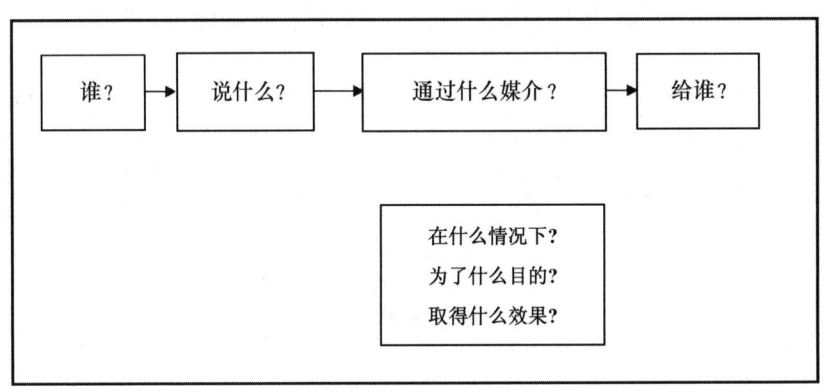

图1-2　拉斯韦尔模式

(三)香农—韦弗模式基础之上的德福勒模式

1949年,美国贝尔电话实验所的香农和韦弗发表《传播的数学理论》,从信息技术角度提出了一个新的传播模式,我们称之为香农—韦弗模式。[②]

本来这是自然科学领域里的一个纯技术性的通讯过程模式,然而它的影响早已超出了其所产生的学科领域,为社会科学领域里的传播模式

---

① 麦奎尔等:《大众传播模式论》,祝建华等译,上海译文出版社1987年版,第18页。
② 同上,第20页。

探讨提供了颇多的启示。首先,它把拉斯韦尔模式中的媒介一分为三,即发射器、信道和接收器,从而进一步丰富了媒介的内涵。其次,它把拉斯韦尔模式中的讯息一分为二,即讯息和信号,从而真实地反映了讯息传递过程中的多次符号转换现象。另外,它把讯息和信号区分为"发出的"和"收到的",还增加了噪音一项,反映了环境因素对信息传递的干扰。1966年,传播学者德福勒在香农—韦弗模式的基础上,又进行了补充和发展。德福勒模式如图1-3所示。①

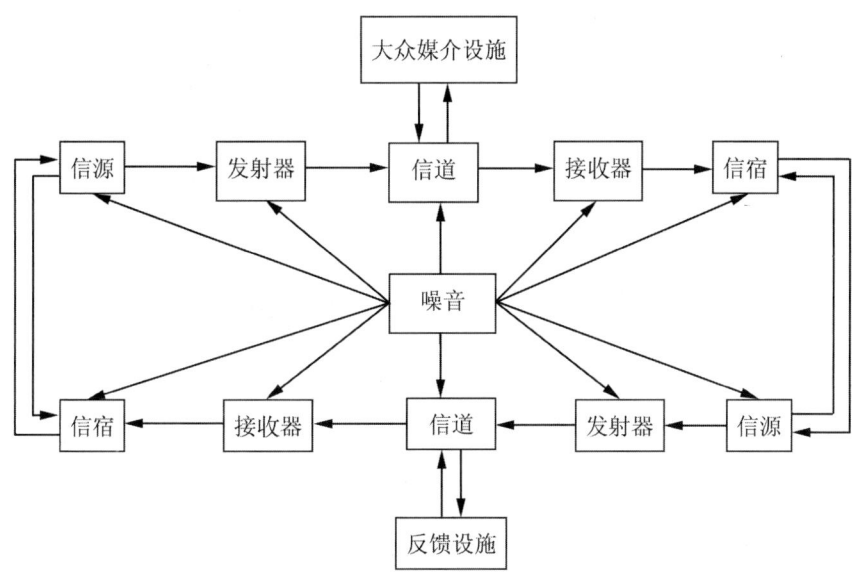

图1-3 德福勒模式

尤其值得肯定的是,这一模式把传播的过程理解为信息的双向流动过程,增加了反馈环节。当然,这里对反馈源头的理解过于简单。

(四)奥斯古德—施拉姆模式

1954年,美国传播学者施拉姆在《传播是怎样运行的》中提出一个新

---

① 参见 McQuail, D. & Windahl, S., *Communication Models*, ibid., 14.

的传播模式,由于他是在美国心理学家、语言学家奥斯古德观点的启发下提出来的,因此这一模式又被称为奥斯古德—施拉姆模式。施拉姆模式如图1-4所示。①

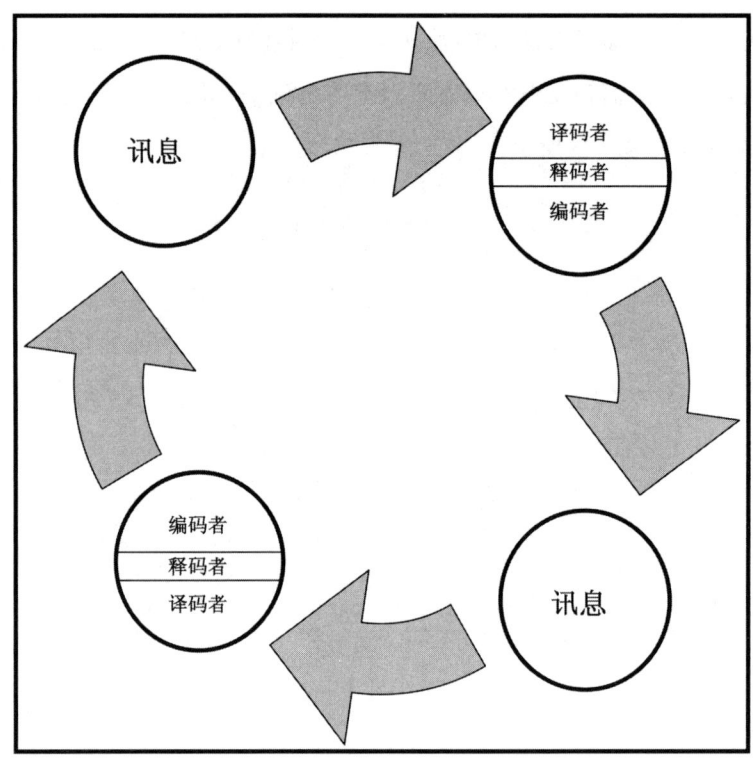

图1-4 奥斯古德—施拉姆模式

这一模式的优点在于强化了反馈机制,使人们摆脱了对传播模式是直线而又单向的认识,取而代之的是循环的、双向的思路。这里没有传播者和受传者的概念,传播双方都是传播行为的主体。这一模式的重点不在于分析传播渠道中的各个环节,而在于解析传播双方的角色功能。参加传播过程的每一方在不同阶段都依次扮演着译码者(执行接收和符号

---

① 参见 McQuail, D. & Windahl, S., *Communication Models*, ibid., 14.

解读功能)、释码者(执行解释意义功能)和编码者(执行符号化和传达功能)的角色,并相互交替着。

这个模式的不足在于它把传播者与受传者的地位、机会理解为完全相等的。显然,这是不符合大众传播的实际过程的。意识到这个问题之后,作为补充,施拉姆又提出了一个大众传播模式。大众传播模式如图1-5所示。①

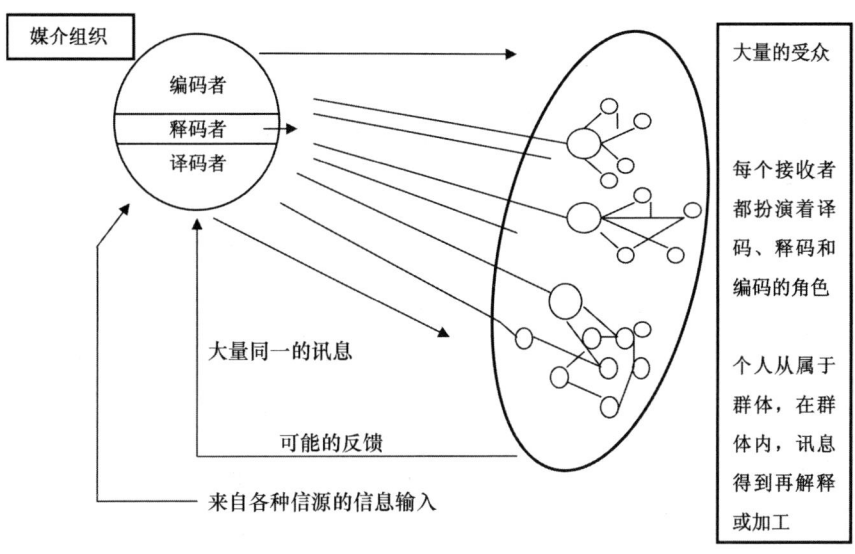

图1-5 施拉姆的大众传播过程模式

这个模式体现了大众传播的特点:构成传播过程的双方是大众媒介和受众,它们之间是传递和反馈的关系;受众一般不是单个人,而是一个集合体,分属于不同的社会群体。然而,"传播经过一个完全的循环,不折不扣地回到它原来的出发点。这种循环类比显然是错误的"②,后来有传播学者对此模式进一步做了补充。

---

① 参见 McQuail, D. & Windahl, S., *Communication Models*, ibid., 13.
② 同上。

四、农业电视传播的五大要素

综合以上诸种传播模式的合理成分,我们认为农业电视传播过程是由传者、受者、讯息、媒介和反馈五大要素构成的。

(一)传者

农业电视的传者又称农业电视的"信源",指的是传播行为的发起者。传者可以是具体的个体,比如说农业栏目中做相关采访的某一位编导,也可以是一个群体,比如说某一栏目中的记者、摄像师、编辑等一群人,还可以是一个组织,比如负责制作中央电视台第七套农业节目的中国农业电影电视中心。

(二)受者

农业电视的受者又称农业电视的"信宿",即讯息的接收者和反应者。那么,究竟哪些人是农业电视的受众呢?在回答这个问题之前,我们分析一下究竟有哪些人可能会看农业电视。首先,农村从事农业生产的农民应该是最大的受众群,农业节目所传播的农业讯息和他们的生活息息相关。其次,城市里的一些人群也可能会收看农业电视。生活在城市里的人,尽管从地域特征上来说和农村的关联很小,但是由于中国城市化的进程还很短,城市人和农村有着难以割舍的联系,他们的祖辈或者父辈甚至自己都来自农村,他们中的一部分人对来自农业领域、关于农村的电视节目也会有所关注。另外,随着生活水平的提高,人们对自身生活质量的要求也不断上升,绿色环保的农产品日益受到市民的追捧,特别是与无公害蔬菜、水果等相关的信息,是城市居民最为关心的话题之一,这也是他们收看农业节目的原因之一。

(三)讯息

讯息是由一组相关联的有意义的符号组成的能够表达某种完整意义

的信息,是农业电视传播过程中的具体内容,是农业电视传播过程中使传者和受者发生关系的中介。

(四)媒介

媒介又称传播渠道、信道、手段或者工具,是传递信息的载体。农业电视传播的媒介毫无疑问是电视,根据调查,目前电视仍然是我国农民最常接触的媒介。[①]

(五)反馈

农业电视传播过程中的反馈指的是受众对传播者的一种反作用。作为农业电视传播过程中不可或缺的要素之一,获得反馈信息是农业电视传者的意图和目的,发出反馈信息则是农业电视受众主观能动的体现。

五、农业电视传播研究

简单地说,农业电视传播研究就是对以电视为媒介的农业信息传递行为的学理性探讨。在拉斯韦尔提出"5W"模式之后,人们针对传播五大要素——传者、讯息、受者、媒介和效果,提出了传播学的五大研究领域——控制研究、内容研究、媒介分析、受众分析和效果分析。作为传播学的一个细小分支,农业电视传播研究不仅具有这五大研究领域的共性特点,还具有自己的个性特点。

(一)农业电视传播控制研究

针对农业电视传播主体"谁"这一要素的研究,即农业电视传播控制研究。由于控制分为施控(即传播者对信息流通所进行的干预、影响、左右、操纵)和受控(即传播者受时代与社会的制约,不得不屈从于外界施加

---

① 根据2002年全国电视观众抽样调查,我国农村电视观众占据观众总数量的61%,人口数量为6.52亿,农村观众接触各媒体的情况为:电视95.7%,报纸17.2%,广播12.2%,杂志13.0%,互联网1.0%。

在自己身上的诸多政治的、经济的、法律的、文化的压力,从而成为某种传声筒的情况),所以农业电视传播控制研究的内容也就包括对农业电视传播者的施控行为、对农业电视传播者受控情况的分析以及对各种不同的农业电视传播控制形态的指认。

(二)农业电视传播内容研究

针对农业电视传播内容"说什么"这一要素的研究就是农业电视传播内容的研究。它与人们经常使用的"内容分析"的区别在于:后者是一种研究方法——对于农业电视传播内容进行客观、系统和定量的分析与描述的一种方法,而前者除了客观、系统和定量的分析与描述农业电视传播内容之外,还分析与农业电视传播有关联的一些问题。

(三)农业电视传播媒介研究

凡是与农业电视传播媒介有关的研究都可以称为农业电视媒介研究。农业电视传播媒介分析有微观研究和宏观研究之分。微观研究意在了解农业电视传播媒介的特点,通过比较、分析发现其优势和不足,从而为更有效的农业电视传播提供理论依据。宏观研究是从更广阔的历史文化背景上考察农业电视传播媒介的社会作用,揭示农业电视传播媒介给人类的生存、发展以及生存环境所带来的影响。

(四)农业电视传播受众研究

针对农业电视传播要素"对谁说",即对受传者所进行的研究被称为农业电视传播受众分析。因为人们"关心受众为的正是获得最佳的传播效果,而检验传播效果又必须从受众方面来衡量"[1],所以受众与传播效果是紧密相连的,这里只是为了论述的需要,才把受众和传播效果分开论述。

---

[1] 李彬:《传播学引论》,新华出版社1993年版,第169页。

(五)农业电视传播效果研究

针对农业电视传播"产生什么效果"进行的研究被称为农业电视传播效果分析。农业电视传播效果分析具有重要的意义,从理论方面讲,通过对农业电视传播效果的性质、产生过程和制约因素的考察,可以把握农业电视传播活动的一般规律和特殊规律,可以加深我们对农业电视传播行为的科学认识;从实践方面讲,农业电视传播效果分析既包含了对农业电视传播媒介活动的社会效果、社会影响的考察,又包含了对农业电视传播具体效果产生过程与机制的分析,可以为丰富多彩的农业电视传播实践活动提供科学的依据。

第三节　农业电视传播的地位和作用

对农业电视传播地位的研究考察的是农业电视传播在其关系中的位置问题,而对农业电视传播作用的研究考察的则是农业电视传播的有用性问题。虽然农业电视传播的地位和作用是两个问题,但是农业电视传播地位的高低决定着农业电视传播所能发挥的作用的大小,而农业电视传播作用的大小又反过来体现着农业电视传播的地位。农业电视传播的地位与作用在某种意义上是相辅相成、紧密相连的,所以在此将农业电视的地位和作用统一起来进行论述。

一、农业电视传播在农村政治发展中的地位和作用

农村的政治状况不仅影响着国家的政治稳定和现代化的历史进程,而且影响着"三农"问题的最终解决。这是因为,"如果我们不从政治的高度认识和重视农村问题的政治方向,不能根据社会发展的需要理顺农村各种政治关系,那么最终会影响到农村经济体制的深化改革和整个国民

经济的发展"。①

(一)农业电视可以让农民更好地了解国家的方针、政策

"三农"工作是党和政府工作的重中之重,农业宣传工作是"三农"工作的重要组成部分。电视传播具有具体、形象、生动和声画兼备的优势,使得农业电视传播工作在"三农"宣传事业中处于重要的地位,专业化的涉农节目更是农民群众了解党和国家有关"三农"方针政策的重要渠道。

农业电视在服务"三农"、沟通城乡方面具有得天独厚的优势。由于农民对农业电视有亲近性,因此通过农业电视传播国家的方针、政策具有可行性。自上而下的农业电视体系也具有极大的优势。不同区域、不同层级的农业电视有着不同的服务对象,整体上又都服务于"三农"宣传工作。这使得国家的政策更好更快地传达给基层的群众。各级农业电视由于覆盖的范围不同,各有优势和特点,国家级和省级的农业电视可以侧重从宏观层面全盘解读"三农"的政策。覆盖一定区域的农业电视,可充分发挥地域优势,为农民群众提供更有针对性的、具有指导意义的节目,如党和国家"三农"政策在各地的落实情况,地方政府配套政策措施的出台等。各级电视台倾情服务、创新发展,农业电视就能为推进"三农"事业提供强大的舆论合力。

(二)建设社会主义新农村的需要

构建和谐社会,必须大力推广农业科学技术,全面改善农村生产生活条件,加快农村社会事业的发展。着力加快农民急需的生活基础设施建设。推进农业信息化建设,培养一大批有文化、懂技术、善经营的新型农民。要想实现这些目标,应该发挥农业电视的重要作用,这是因为农业电视具有地域的接近性、内容的针对性等特性。

地域的接近性。农业电视节目生动、直观等特性深受农民喜爱,尤其

---

① 余力:《中国农村政治:一个紧迫的课题——张厚安教授访谈》,《社会主义研究》1991年第2期。

第一章　农业电视概述

是地方台的农业电视节目,因为报道的多是本地区的农事,发生在农民身边的人和事,受众因为节目的地域接近性,收看的意愿更为强烈。

内容的针对性。新农村建设既是一项长远任务,又有阶段性的要求,可以说是"事项多、标准高、要求严、任务重"。农业电视节目可以根据农民的需要,有针对性地进行涉农宣传,通过生活服务类、法律援助类、技能指导类等多种形态进行宣传。

传播的即时性。与报刊相比农业电视传播速度快,尤其是现场报道更可以做到与事件的发生同步。这种传播的即时性使得其具有无可比拟的优势。

收看的便捷性。相比使用报刊、网络等媒体,农民群众更钟情并习惯于看电视,这与欣赏习惯、生活消费环境、文化素质等因素有关,更主要的是与农业电视的收看便捷性有关。通过收看农业电视节目,他们可以获取一些市场信息和农业知识。农业电视的这种特性更符合农民群众的生活需要。

农民兴则农业兴,农民文明进步则农村文明进步。造就新型农民,是发展农村先进文化及先进生产关系的需要。只有用先进的文化引导农民,培养其科学精神、提高其文明素质、增强其民主法制意识,广大农村才能真正告别封建愚昧痼疾的侵扰,树立科学文明、健康向上的新风尚,推动新农村建设。"三农"工作任重道远,服务于新农村建设是历史赋予农业电视的职责。

二、农业电视传播在农村经济发展中的地位和作用

鉴于目前我国农村人口众多的现状,建设富强民主文明和谐的社会,关键在农村,难点在农民。总体上讲,我国农村的特点是人均耕地少,农民增收困难,农业、农村经济结构性矛盾突出,经济总量小。产生这些问题的原因,除了历史和自然条件的因素,还有农业科技应用水平不高、农

民科技文化素质低等。一方面,农村劳动力大量剩余,迫切需要从有限的土地生产经营中解放出来,拓宽农民就业途径;另一方面,由于农民受教育程度偏低、非农技能少,随着市场经济水平的提高和城镇企业改革的深入,农村富余劳动力难以适应社会生产需要。因此,以农业电视为载体,采取引导性和技能性培训等方式,提高农民科技文化素质,增加农民收入,从而解决"三农"发展相对滞后的问题。那么,农业电视能否担当重任?能否通过农业电视的传播改善农村的经济状况?

从目前发展现状看,农业电视在传播农业科技、推动农村经济发展方面的作用日益凸显。山东省农业厅公布的一项统计数据显示,在山东农业增长因素中,科技进步所占比重"七五"期间为35%,"八五"期间达到42%左右,2001年则上升到了50%以上。与之相应的是,2002年4月20日,山东电视台依托原来的《乡村季风》栏目,不惜投巨资创立了一个全新的专业频道——山东农科频道,主要目的和作用就是借助电视手段传播农业科技。从另一方面也可以看出,农业电视在山东农村经济发展中的地位举足轻重。

具体来说,农业电视传播在农村经济发展中的地位和作用如下:

(一)激励作用,使更多的人走上致富之路

榜样的力量是无穷的。从受众心理学角度讲,人们往往会对那些与自己经历相似的人产生心理触动。一些讲述老百姓致富故事的农业电视,介绍了一些致富典型,用具体的事实阐述了"条条道路通小康""行行出状元"的道理。对农民群众来说,先进典型的创业历程和成功经验是最具有说服力的。中央电视台《致富经》、山东省肥城电视台《招商引资功臣录》、广东电视台《摇钱树》等栏目,着力介绍一批农村先进典型和致富能手,就在群众中引起了很大反响。

(二)提供技术支持,普及科学知识,提高农民的经济效益

一些电视台经常播放实用性很强的农业节目,比如辽宁省鞍山电视

台《三农天地》《农民信箱》主要的内容就是介绍当前的农业生产技术以及当地的种养殖经验,邀请专家和一些有经验的种养殖大户举办技术讲座,或针对农民朋友提出的一些问题,走访、咨询有关部门和专家,及时为农民朋友答疑解惑。

农民最关心的问题就是种什么赚钱?养殖什么经济效益好?正在种植或养殖的品种前景如何?于是,电视台针对这些问题,邀请权威专家答疑解惑,帮助很多农民发家致富。越是尝到了甜头的农民,越是依赖农业电视的传播和引导,从而起到了无形的示范和带动作用。

(三)及时地提供市场信息,拓宽农民致富之路

电视对生活在农村的农民群众来说,是他们了解外界、获取信息的主要渠道。在市场经济面前,他们已经意识到有用的市场信息往往就是一个致富金点子。农业电视可以引导和帮助农民了解市场、认识市场、走向市场,向农民传递的农业经济信息可以帮助他们从市场经济中获利。

三、农业电视传播在农村文化建设中的地位和作用

在部分地区,由于只强调脱贫致富而忽视和放松了精神文明建设。在部分经济比较发达的农村,虽然农民的物质生活得到了较大改善,但文化建设却没有同步跟上,有些农民单纯追求物质上的满足,精神生活滞后。这不仅影响到农村的和谐安定,制约了新农村建设的发展步伐,而且与新农村建设"乡风文明"的要求也格格不入。这种社会现象亟待改变。农业电视的传播对农村的文化建设将起到积极的推进作用。

(一)丰富农村的精神文化生活

许多农村日常生活的真实写照是"早上听鸡叫、白天听鸟叫、晚上听狗叫",这从一个侧面折射出当前农村文化的单调与乏味,农村文化建设与全面建设小康社会的目标要求还存在一定的差距。农业电视传播的迅猛发展,可以极大地改变农民的生活现状,从而使他们的生活变得丰富多彩。

(二)倡导健康文明的生活方式

目前,在很多农村中,精神文明建设与人民日益增长的物质文化需求有一定的脱节,一些不科学、不文明、不进步、不健康的生活方式影响着经济的发展,主要是赌博、大吃大喝、宗教活动、红白事大操大办等陋习存在。

很多农民朋友反映他们之所以这样做,是因为精神文化生活过于匮乏,又缺少积极向上的娱乐活动,所以只能选择这样的生活。如何在农村移风易俗,倡导文明健康新风是党和政府急需解决的一个社会问题,农业电视应当在倡导健康文明的生活方式中发挥重要作用。

通过农业电视这一传播手段,引导农民树立积极向上的生活态度,划清唯物论与唯心论、无神论与有神论、科学与迷信、文明与愚昧的界限,增强识别和抵御唯心主义、封建迷信及各种伪科学的能力;引导农民准确了解党的宗教政策,使一些非法活动在农村无立足之地;引导农民自觉坚持不懈地学习科学知识,最终在农村形成爱科学、学科学、用科学的风尚。

第二章　农业电视的发展历程

第二章　农业电视的发展历程

与我国电视业同时起步至今,农业电视的传播已走过了半个多世纪的历程。农业电视的传播完成了节目形态由单一到多元的转变、传播理念由落后到先进的跨越,在不断的创新与变革中,完成了一次又一次的飞跃,展现出一幅中国农业电视传播由弱变强的绮丽画卷。

第一节　农业电视的早期传播(1958－1976年)

一、我国第一个农业电视节目(1958年)

1958年5月1日,我国的第一家电视台,也就是现在的中央电视台的前身——北京电视台开始试验播出。当时的电视制作方式有两种:一种是用电影的方法把拍摄的胶片通过冲洗之后再经过电子扫描播出;另外一种方式就是通过摄像机直接把信号传送出去。前者不能直接播出,后者不能记录和重播。因此早期的电视台都是每天在固定的时间播出几个小时的节目。以下就是当年5月1日试播的节目表:①

19:00 北京电视台开始试验广播(直播)

19:15 新闻纪录片《到农村去》(由中央新闻纪录电影制片厂摄制,胶

---

① 刘习良主编:《中国电视史》,中国广播电视出版社2007年版,第15—18页。

片拍摄)

19:25 舞蹈《四小天鹅舞》《牧童与村姑》和《春江花月夜》(由北京舞蹈学校表演,直播)

19:50 科学教育片《电视》(由莫斯科科学普及电影制片厂制作,胶片拍摄)

在这份节目单中,反映农业题材的专题节目《到农村去》只有10分钟的长度,受当时技术的限制和影响,只能采用胶片拍摄。

在中国电视诞生之日播出这一农业题材的节目可谓意义深远,它标志着农业电视自始至终都是中国电视的一个重要的组成部分。尽管在当时,或许并没有人意识和认识到这一点。但是随着时代的发展,作为中国电视一部分的农业电视的重要性愈加凸显。

受到当时技术的限制,专题节目必须靠胶片才能传播出去,其他的只能靠直播传播出去。直播的节目多是一些会议,或者是一些娱乐活动,比如舞蹈等。这一时期的农业电视的传播在某种意义上并非是一种真正意义上的传播。

二、早期的农业电视的传播(1958-1966年)

1958年5月15日,我国第一个自办的电视新闻节目《图片报道》开播,其中插播的农业新闻是中国最早的真正意义上的农业电视,因为它不再依靠电影胶片,而是采用电视的手段进行传播。当时农业题材新闻的传播只能依靠主持人的口播配上图片来实现。

当时播出的新闻大多数是从报纸上摘录下来的。受到时代大环境的影响,这一时期所播出的农业新闻,大多数都是和"大跃进"有关的"浮夸"新闻,这是时代的产物。

由于技术原因,当时并没有录像设备,所以并没有留下可供查阅的图像资料。但从当时的报纸所关注的内容,可以判断出当时的电视涉农新

第二章 农业电视的发展历程

闻的大致情况。当时的报纸关于农业的部分大多为一些浮夸的内容,具体表现是大放农业高产"卫星"。如,1958年5月10日,《人民日报》头版头条的消息是《安徽高丰社试验田开放大红花 早稻亩产16000多斤》,消息还报道了这块试验田的丰产措施:密植、施肥、耘草等。消息称,验收时有领导参加,从省委农村工作部部长到乡干部,还有科学家以及一批农学院专家、教授等数十人。该报道还称,共有4个小组负责验收,分为丈量、监收、监打、监运和过秤,验收结果是干谷16909斤6两。5月11日,《人民日报》又发了一篇由三位记者署名的通讯《发射早稻高产"卫星"目击记》。三位记者进行了一番现场考察后写道:"我们可以毫不夸张地说,在这块田平铺着的两三尺厚的稻面上,就是放上西瓜也不会掉下去的。"最后公布了数字是16227斤13两。1958年8月18日,《人民日报》发表题为《人民公社好》的报道,其中写道:"在祖国全面大跃进的鼓舞下,一个由社会主义迈向共产主义的伟大社会改革——建立人民公社的运动,正在河南信阳地区蓬蓬勃勃地展开。"1958年10月4日,《人民日报》发表了通讯《毛主席在安徽》,文章说当毛主席知道安徽省舒城县舒荣人民公社办公共食堂后吃饭不要钱时大为赞赏,并说,吃饭不要钱,既然一个公社能办到,其他有条件的公社也能办到,既然吃饭可以不要钱,将来穿衣服也就可以不要钱了。于是全国好些地方借机宣传"吃饭不要钱,不限量制度"。

这仅仅是列举的几个例子,实际上当时绝大多数报纸都充斥着夸大成分的虚假宣传。北京电视台成立的新闻报道组所报道的农业新闻,大多来源于各主要报刊,由此可见,当时农业方面的宣传大多带有浮夸的烙印。这是受当时大的政治环境所影响的,是别无选择的宣传。

以高指标、高速度为标志的"大跃进",只进行了一年,在实践上就暴露出许多问题,不正确的思想、方针、政策、措施、计划等,都很难通过实践这个关卡。1958年10月开始,毛泽东和一些中央干部到农村进行调查,发现了许多混乱和亟待解决的问题。党中央和毛泽东开始纠正"大跃进"和人民公社化运动中的错误。1958年11月23日,毛泽东在武昌会议上提出"要压缩空气"①。因此,从1958年冬的郑州会议到1959年7月的庐山会议前期,先后召开了八次政治局扩大会议和中央全会,着重解决农村人民公社的性质和体制问题,在一定程度上制止了"共产风"的泛滥,同时降低工农业生产指标,在一定程度上刹住了高指标的歪风。②就这样,毛泽东和党中央进行了一定程度的"纠左"的努力,虽不彻底(后彭德怀在庐山会议的积极"反左",又导致毛泽东从"反左"转到"反右",继续搞"大跃进"),但总算使人们有了一点清醒,不会再像1958年"大跃进"那样狂热浮夸。但是此后相当长一段时期,农业报道中"左"的倾向却一直没有停止,而且愈演愈烈,最后成为危害党和国家、愚弄农民群众的舆论工具。

1958年到1966年是农业电视传播的基本建设阶段。从大众传播体系来看,电视作为一种传播媒介,在这期间只不过是通过图像的形式把广播、报纸、杂志等其他媒体的信息播报一下,等于是再传播。由于依附于广播、报纸、杂志和通讯社,所以其独立的传播特征和样式还没有形成,或者说电视的独立性还没有凸显出来。再加上受到"大跃进"浮夸风的影响,农业电视虽然在形式上已经呈现出了传播的态势,但是在内容上却没有可圈可点之处。

三、农业电视传播的停滞(1966—1976年)

"文化大革命"期间,受到极左思潮的影响,农业报道大多单调、枯燥,"假、大、空"盛行。电视中塑造的一些农村典型,多为虚假报道,语言生硬,形象单一,均是拥护阶级斗争的典型。比如山西昔阳的"农业学大寨"的宣传、"拉革命车不松套"的农村基层干部王国福的假典型等报道。这一期间的电视报道都为各种类型的写作组所写,被披上阶级斗争的外衣。

---

①② 中共中央党史研究室:《中华人民共和国大事记》,人民出版社2009年版,第482页。

第二章 农业电视的发展历程

但是这一时期在农业电视传播技术上有一个不容忽视的进步:从1973年开始,中国电视传播有了彩色影像,而且开始使用录播的方式,也正是从这一年开始,除了胶片以外的一些农业电视节目得以存储下来。

第二节 农业电视的兴起(1976－1983年)

1976年10月,"文化大革命"结束,又经过了两年左右的时间,党中央结束了"以阶级斗争为纲"的政策,社会发展基本回归到正轨上。

一、中国农业电视的复苏(1976－1978年)

中国农业电视的传播与发展,与时代的环境与背景紧密相连。"文化大革命"结束了,中国人民和中国电视工作者心花怒放,兴高采烈,欢庆自己终于从灾难岁月走出来了。但是,中国的政治、经济、文化各方面百废待兴,首先是"左"的思潮在华夏大地盘桓不去,严重阻碍着秩序的恢复与重整。

1977年7月,党的十届三中全会召开,邓小平得以恢复党、政、军各方面的职务,"左"的问题才得以缓慢地逐步解决。

邓小平复出以后,作为国务院副总理,主抓科技、教育工作。他在1977年5月24日的讲话中说:"我们要实现现代化,关键是科学技术能上去。发展科学技术,不抓教育不行。靠空讲不能实现现代化,必须有知识,有人才。""一定要在党内造成一种空气,尊重知识,尊重人才。"1977年8月,邓小平在中央召开的科学教育工作座谈会上指出,17年科教战线主导方面是红线,否定了"文艺黑线专政论"和"教育黑线专政论"。1978年3月,全国科学大会在北京举行,郭沫若带病参加大会,欢呼科学春天的到来。邓小平在会上强调马克思所说的"科学技术是生产力""中国的知识分子已经成为工人阶级的一部分"。种种形势都让中国受尽"左倾"压制的知识分子看到了希望,一种积极创造,要为中华民族献力的激情在知识分子身上聚集。此时的电视界同样是情绪振奋。

1977年8月,中共召开十一大,华国锋被选举为党中央主席。华国锋在粉碎"四人帮"中功绩卓著,但是他的"左倾"思想没有完全解决,他在十一大政治报告中虽然宣告"文化大革命"的结束,但却认为这"决不是阶级斗争的结束,决不是无产阶级专政下继续革命的结束",并提出了"凡是毛主席做出的决策,我们都坚决拥护;凡是毛主席的指示,我们都始终不渝地遵循"的口号。正是由于华国锋的错误思想,各方面的恢复工作难以推行,困难重重。

从打倒"四人帮"到1978年,北京电视台以及后来的中央电视台(1978年北京电视台升级为中央电视台)会经常播出一些农业题材的电视节目,只不过这些农业节目都是常规性的节目。另外,在当时电视节目匮乏的年代,电视工作者和学者还没有关注电视的分类。这一时期的农业电视没有太多的特点,总体来说创作平平,是中国农业电视的复苏阶段。

二、中国农业电视的兴起(1978—1983年)

中国农业电视的兴起,得益于国家政治、文化、经济的全面复苏。党的十一届三中全会,是中国共产党历史上的一个重要转折,是中国社会发展进程的一个伟大转折,也是中国农民、农村、农业发展史上的一个重要转折,同样也是中国农业电视的重要转折。

十一届三中全会之前的中央工作会议是于1978年11月10日至12月15日召开的,它为十一届三中全会作了充分的准备,邓小平在中央工作会议上作了《解放思想,实事求是,团结一致向前看》的报告,为会议定了调。

随着农村以联产承包制为核心的改革的成功,1979年至1982年进

第二章 农业电视的发展历程

行了城市经济改革的试点,政治改革也迈开了步子。1981年6月27日至29日,十一届六中全会通过了由邓小平、胡耀邦主持制定的《关于建国以来党的若干历史问题的决议》,决议确立了毛泽东的历史地位,认为毛泽东的错误与林彪、"四人帮"的性质不同,要永远坚持和发展毛泽东思想,并正式决定完全否定"文化大革命"。会议选举胡耀邦为党中央主席,邓小平为中央军委主席,建立了以邓小平为核心的第二代领导集体。接着,1982年1月1日,中国共产党历史上关于农村工作的第一个"一号文件"正式出台,明确指出包产到户、包干到户都是社会主义集体经济的生产责任制。

1982年5月4日,第五届全国人民代表大会通过《关于国务院部委机构改革实施方案的决议》,宣布撤销中央广播电视局,成立广播电视部,任命吴冷西为部长。广播电视部的成立,从另一个角度说明了电视已经被政府所重视,也使得农业电视有了长足的发展。尽管此时的农业电视的提法并不明确,但是在大的背景之下,农业电视作为电视系统的一个组成部分,在农村的建设与发展中已经开始发挥重要的作用。

1982年9月10日,党的十二大召开,改革开放全面展开,开创了社会主义现代化建设的新局面。根据邓小平1979年的提议,大会确定从1981年到20世纪末,我国经济建设的奋斗目标是工农业总产值翻两番,使人民生活达到小康水平。

1983年3月底至4月初,第十一次全国广播电视工作会议召开,会议提出以新闻改革为重点,推出广播电视宣传的全面改革。这次会议确定了中央、省(区、市)、市(地、州)、县"四级办广播、四级办电视、四级混合覆盖"的方针,到2000年,建立起覆盖农村,分步骤做到户户、人人都能看到电视、听到广播的广播电视网。"四级办广播电视,四级混合覆盖"开拓了广播电视的发展空间,同时为农业电视的迅速发展提供了可能性。

这个时期尽管还没有专门的农业栏目,但是这种"四级办电视"的构思使得更多的电视台把关注的对象转移到了农村,电视工作者认识到了农村的重要性,对农村的报道也逐渐多了起来。不仅仅是在新闻中常见到关于农业的报道,在一些专题性的节目中也经常能看到关于农业的报道,这些情况的出现与当时的时代背景是无法割裂的。国家开始重视农村、农民和农业,而作为重要传播工具的电视自然也会随着国家政策的倾向有所发展,这一时期可视为中国农业电视的兴起。

第三节 农业电视的转折(1983－1995年)

1978年12月,十一届三中全会决定将党的工作重心转移到经济建设的轨道上来,同时确立了改革开放的方针。

1982年9月1日至11日,党的十二大制定了开创现代化建设新局面的纲领。

1983年,我国社会总产值达到了11052亿元,比1982年增长了10%;国民收入为4673元,比1982年增长了9%;工业总产值增长10.5%,农业总产值增长9.5%。这一时期,中国的经济得到了空前的发展,农村呈现出勃勃生机。获得了经营自主权的农民迫切需要农业科学技术。如何将科学技术迅速传授给农民？针对当时农民文化程度普遍不高的特点,电视无疑成了最好的传播载体。

可是当时的农业电视与其他类型的电视节目多是混杂在一起的,还没有一个专门的独立的农业栏目。面对急需科学技术的农民,成立一个专门的农业栏目在当时具有迫切性。第一个专门的农业栏目的开设成为中国农业电视的转折点。

一、第一个农业栏目的开设

关于我国开设的第一个农业栏目,在目前能查到的有关农业电视发展史的论文或者论著中均有提及。山东莱阳农学院的赵晓春认为,"最早的省级电视台创办的农村电视栏目是安徽电视台的《致富之路》,创办时间是1984年。"①"最早创办国家级农业电视栏目的时间是1987年。"②吉林省北方传媒研究中心的孙宝国认为,"我国的第一个对农栏目是1987年2月2日在中央电视台开办的《农业教育与科技》。"③归纳起来,大部分专家和学者的论述都是持这样的观点。

但经过笔者的多方考证,我国第一个涉农栏目既不是1984年安徽电视台的《致富之路》,也不是中央电视台1987年开办的《农业教育与科技》,而是1983年在中央电视台播出的《农业知识》,这一节目是农牧渔业部宣传司与中央电视台社教部联合创办的,节目由中央电视台社教部负责制作,农业部宣传司派人参加,第一任主持人是姚金英。

二、《农业教育与科技》栏目的创立

遵照时任国务院副总理李鹏的批示,农牧渔业部派王永满带领筹备组于1986年10月6日来到中国农业电影制片厂,任务是筹备组建农牧渔业部声像中心,与广播电视部、中央电视台具体协商创办《农业教育与科技》卫星电视栏目的有关事宜。

当时之所以决定去中国农业电影制片厂进行筹备工作,是因为农影厂作为我国三大科教片厂之一,它不仅具有相当规模的厂房和电影录音设备,而且还有一个新组建的录像车间和音像出版社,更主要的是它有一支经过30多年锤炼出来的朴实肯干、吃苦耐劳,对农业、农村、农民具有深厚感情的高素质职工队伍,以及这支队伍所创作的数百部农业科教

---

① 安徽电视台最早的农业栏目应该为《希望的田野》,而不是《致富之路》。创办时间为1983年6月,而不是1984年。——笔者注
② 参见赵晓春主编:《农业新闻传播》,中国传媒大学出版社2006年版,第92页。
③ 参见孙宝国:《"三农"电视节目元素开发与农村电视内容服务体系建设刍议》,见2007年10月人民网"北方传媒研究"。

影片。

在此之前中国农业电影制片厂拍摄的许多影片曾在国际上获得大奖,如1979年的《草蛉》《蓝色的血液》、1984年的《防治荒漠化》、1985年的《移核鱼》等。

电影与电视是姊妹艺术,影片经过胶转磁就变成了电视节目,这对于起步阶段的农业电视来说,是绝好的有利条件。筹备组在农牧渔业部和农影厂的大力支持下,一方面组建队伍、筹划节目,另一方面与广播电视部和中央电视台等协商《农业教育与科技》栏目的播出时段、节目上行、卫星转发、地面接收以及经费等一系列事宜。经过深入细致的工作,于1986年12月31日由广电部、农牧渔业部、国务院电子振兴办、国家计委、国家科委、国家经委、国家教委、财政部、邮电部、劳动人事部联合下发了《有关利用卫星电视开办"农业教育与科技"节目的通知》。

按照《通知》的精神,经与有关方面具体磋商决定:一是《农业教育与科技》栏目每周播出4个小时,4次首播,4次重播,每次半个小时。首播时间段安排在现属于黄金时段的18:30到19:00,重播安排在中午12:30到13:00,这样比较便于农民收看。二是农牧渔业部一次性支付中央电视台播出设备购置费19万元。三是劳动人事部批准设立农牧渔业部声像中心,并批给45个事业编制。四是海关总署给予进口电视设备免征关税的优惠。经过紧锣密鼓的筹备,1987年2月2日,由农牧渔业部主办,在中央电视台播出的《农业教育与科技》栏目终于开播了。时任农牧渔业部部长何康、广电部部长徐崇华、国务院电子振兴办主任李祥林出席了隆重的开播仪式。

1987年2月,农牧渔业部正式发文宣告农牧渔业部声像中心成立,与中国农业电影制片厂实行"两块牌子,一套人马",合署办公。为了便于工作,同年5月11日,农牧渔业部发文批准成立电视办公室,作为农影厂和声像中心的办事和生产部门,负责《农业教育与科技》栏目的制作。

第二章 农业电视的发展历程

《农业教育与科技》栏目设有"农民之友""丰收计划""致富之路""中华土特产"和"农作物病虫害预报"等板块。后来,为了丰富栏目内容,活跃节目形式和便于群众收看,农牧渔业部声像中心又推出了"气象与农情""乡镇企业"和"新优品种介绍"等板块。

因为缺乏经验,《农业教育与科技》栏目初期的节目内容普遍比较拖沓,信息量比较小,有些节目的主题不太明确,表现手法也比较单一。

三、《农业教育与科技》栏目带动了中国农业电视的发展

为了扩大农业节目的影响,1987年3月3日至7日,在北京召开了《农业教育与科技》卫星电视栏目第一次工作会议,共有全国农业厅及科研、教育推广等46家单位出席。3月14日,农牧渔业部向全国各省(区、市)农牧渔业厅(局)、农业高等院校和科研院所转发了这次会议纪要。会后,农牧渔业部声像中心相继下发了农牧渔业系统共同办好《农业教育与科技》卫星电视栏目的合作办法,"审定节目的技术质量试行标准"。针对当时片源比较少的情况,再加上农村题材的拍摄大多数在交通不便利的乡村,建立了"特约通讯员制度"。农牧渔业部在全国农牧渔业系统中先后聘请了80多位特约通讯员,并颁发了通讯员证书,以便于他们拍摄节目,拓宽农业节目的来源。为了提高节目质量,从1987年起连续四年,农牧渔业部声像中心每年举办1—2期特约通讯员培训班,并召开一次全国性的栏目工作会议,商讨节目选题,交流创作经验,研究办好栏目的有关事宜。

1990年是中国农业声像事业发展的重要一年。3月8日农业部向全国农业系统下发了《关于建立全国农业声像资料馆的通知》。《通知》指出,随着农业部主办的《农业教育与科技》卫星电视栏目的播出,我国农业声像事业得到了迅速的发展。为了充分利用现有条件加强软件建设,满足农业、农村和农民以及各类农业教育、推广对农业声像资料的需求,农

业部决定建立"全国农业声像资料馆"。该馆的宗旨是:通过加强纵向、横向联系与合作,广泛征集、整理、保管和提供农业声像资料,为全国农业科技推广普及和教育、科研及管理服务,为加速部、省、地、县、乡五级农业声像网络建设服务。为促进科教兴农和农村"两个文明"建设服务。随后,黑龙江省农业厅和湖北省农业厅率先成立了声像中心。

1990年12月31日至1991年1月4日,农业部在黑龙江省哈尔滨市召开了第一次全国农业声像工作会议。时任农业部副部长的王连铮委托办公厅主任缪建平代表他作了《进一步加强农业声像工作,充分发挥它在科技兴农中的作用》的报告,充分肯定了《农业教育与科技》电视栏目自播出以来,对我国农业声像事业的发展发挥了重要的作用,农业电视开始成为我国农业宣传和科技、教育、推广、经营管理综合服务体系的一个重要组成部分,形成了一个新的方面军。缪建平指出,具有形象直观、传播速度快、不受时空限制、覆盖面大、农民喜闻乐见特点的农业电视,特别适合当前我国广大农民文化素质较低,接受科学技术的能力较差,基层科教人员不足,新技术推广速度缓慢的实际情况,再加上当时农业生产经营单位多而散,有些地区交通不便、信息闭塞,以及农业宣传、推广、教育、服务体系不健全,设备缺乏等情况普遍存在,农业电视就是沟通城乡,在党和政府与农民之间搭建的一座有声有色的桥。他要求各级农业部门提高认识,增强责任感,以提高质量为中心,进一步办好《农业教育与科技》栏目;切实加强软件制作,抓紧搞好部、省、地、县、乡五级声像网络建设;充分发挥"中心"和"协会"的作用,进一步搞好培训工作,努力提高农业声像队伍的素质,为科教兴农作出新的贡献。缪建平的报告引起了与会者的强烈反响,时任四川省农业厅副厅长的陈庆福等先后发言表示,要加快建立省农业声像中心。此后,四川、辽宁、浙江、河北、山东、湖南、河南、贵州等省农业厅都效仿黑龙江和湖北两省的经验,相继建立了农业声像宣传中心。我国的农业影视事业在20世纪80年代后期至90年代初期呈现出蓬勃

第二章 农业电视的发展历程

发展的局面。

《农业教育与科技》栏目从1987年2月2日在中央电视台第二套节目中开播,直到2000年并入第七套农业节目,先后播出2500多期,这个栏目受到了各方面的热切关注与欢迎。据1989年中央电视台总编室的问卷调查显示,当时全国55%的电视台转播了这个栏目。1991年4月中央电视台总编室在安徽、江苏、浙江、江西四省的调查显示,《农业教育与科技》在农村的收视率仅次于《新闻联播》。

农业电视节目的质量在这一时期得到了大幅提高。在1987年至1995年间,中国农业电影电视中心有4部电视片6次获得国际奖,43部电视片59次获得国内"神农奖"和其他部级奖,这些电视片代表了当时我国农业电视节目的最好水平,也全面客观地反映了我国农业电视节目的蓬勃发展现状。

中国农业电视在这一阶段出现的欣欣向荣的景象,与《农业教育与科技》的积淀是分不开的。《农业教育与科技》可以说是当时农业电视的一个窗口,各地的创作机构纷纷依托这一栏目开展农业电视的创作,使得农业节目的制作水平有了大幅的提升。

四、中国农业电影电视协会的成立

在前面的论述中,我们讲述了《农业教育与科技》卫星电视栏目的开播深受广大农业工作者和农民的欢迎。为了办好这一栏目,经过国家有关部门的批准,当时已经成立了农牧渔业部声像中心与中国农业电影制片厂("两块牌子,一套人马")。为了满足栏目的发展需求,声像中心又在全国农业系统中成立了50多家特约通讯员单位,但是这些远远跟不上电视事业飞速发展的步伐。与其他类型的电视相比,农业电视的相对滞后性依然很明显。

当时的中国农业电影制片厂尽管还在制作一些电影,但是受市场大环境的不利影响,出现一定程度的萎缩,因而电视片的创作对于中国农业电影制片厂来说是一次机遇。中国农业电影制片厂当时的很多政策已经偏向于电视事业了。

"为了进一步发展和繁荣农业电影电视事业,加强农业影视队伍建设,充分发挥农业影视手段在推广普及农业科学技术,开展农业教育,传播农业信息方面的作用,更好地为农业、农村和农民服务,为农业现代化建设和农村'两个文明'建设服务,广大农业影视工作者热切要求成立中国农业电影电视协会。"[1]1989年7月15日,中国科教电影电视协会同意并接纳了中国农业电影电视协会。[2] 中国农业电影电视协会挂靠在中国科教电影电视协会的旗下,业务上受中国科教电影电视协会和农业部主管部门指导。尽管是农业电影电视协会,其业务侧重点却是农业电视,第一批的51个会员单位大多数是制作农业电视的。

协会成立初期,负责召集召开全国性的业务会议,这些全国性的业务会议和创作交流,使得没有任何创作经验和理论基础的农业电视工作者迅速提升了水平,逐渐积累了丰富的农业电视创作经验。此后,中国农业电影电视协会为中国的农业电影电视尤其是中国的农业电视作出了巨大的贡献。

五、地方台纷纷创办农业栏目

这一时期是全国开办农村电视栏目的第一个高潮,就目前所能收集到的资料考证,安徽电视台于1983年6月创办的《希望的田野》是全国省级电视台当中最早自办的农村电视栏目,栏目时长15分钟,播出时间是每周三的20:45。当时这档栏目的总体评价居安徽电视台所有栏目的前列。尽管《希望的田野》的综合评价不错,但是鉴于农业栏目制作资金投

---

[1] 参见农牧渔业部声像中心文件[1989]声字第7号。
[2] 参见中国科教电影电视协会文件[1989]科影视协字004号。

第二章 农业电视的发展历程

入不足、创作专业人员少等原因,几年内全国省级电视台仍只有这一档农业栏目。直到1987年7月,广东电视台才开办了农业栏目《摇钱树》,栏目时长20分钟,播出时间是每周一的20:20。当时这档栏目的收视效果也很好,位于广东电视台全部栏目的第二名。

这一时期农民朋友获取信息的主要渠道依旧是广播。根据有关数据统计,到1988年底全国共有无线广播电台461座,节目568套,平均每天播音4968小时。中央和省(区、市)第一套节目的混合人口覆盖率是70.6%。全国有线广播电台(站)2521座,平均每天播音14746小时,农村安装广播喇叭7976万个,入户率40.1%,社会拥有收音机26197万台(平均每百人23.9台)①。但是有一个不可忽视的现象就是农村的广播受众开始向电视分流,这也为农业电视的发展提供了机遇。当时我国已经建成了广播和电视相结合、中央与地方相结合、有线与无线相结合、对国内广播与对国外广播相结合的完整的广播电视传送网,形成了"四级办台、四级覆盖"的广播电视结构体系。也就是说农业电视在农村传播的技术已具备了可能性。

20世纪90年代末,由于电视业的迅猛发展、农民大幅增收等因素,农村广播事业开始走下坡路。大量农村广播节目停办,许多乡镇和村的广播站、广播线路遭到破坏,广播喇叭在部分农村销声匿迹。"1990年底用户的喇叭由1988年的7976万个减少到822.6万个。"②减少了约九成。电视开始逐步取代广播,成为农民获得外界信息的主渠道。很多电视台纷纷开办农业栏目,以往只作为其他栏目一部分内容的农业电视开始有了属于自己的专栏。

1994年10月,河北电视台和四川电视台开始创建农业栏目。河北电视台的农业栏目《时代科技》,栏目时长15分钟,每周播出两次,分别是星期一的21:10和星期五的17:20。

---

①② 方汉奇主编:《中国新闻事业通史》(第三卷),中国人民大学出版社1996年版,第631—632页。

1994年10月,四川电视台的农业栏目《金土地》开播,该栏目时长20分钟,播出时间为每周五的21:30。当时这档栏目的收视效果很好,收视率位于四川电视台各栏目中前列。

1995年1月,北京电视台创办了农业栏目《京郊大地》,栏目时长20分钟,播出时间是每周一19:25。当时这档栏目的收视率位居北京电视台所有栏目的前三名。

1995年1月,山西电视台创办了《黄土地》栏目,栏目时长为10分钟,播出时间是每晚的21:25。根据当时的调查,该栏目深受广大农民朋友的欢迎,收视群体中60%至70%的观众在农村。

1995年5月,湖南电视台创办了《乡村发现》栏目,栏目时长为20分钟,播出时间为每周一的12:30和每周日的20:05。这档栏目一经推出,就立刻受到全国观众的喜爱。这档集娱乐性、知识性、趣味性于一体的农业节目获得了空前的成功。观众从中不仅可以学到农业技术,还可以了解湖南各地的风土人情,因此栏目不仅深受农村观众的喜爱,城里的观众也很喜欢,可以说是最早做出品牌的一档农业栏目。一档看似不起眼的农村节目,也使得负责人红遍大江南北,栏目负责人李兵甚至一度成为一些农村人的口头禅——"有事情,找李兵"。

1995年6月,陕西电视台创办了《金土地》栏目,栏目时长15分钟,播出时间为每周二的11:35和每周三的14:30。根据当时的调查,这档农业节目的收视效果较差。

1995年7月,浙江电视台创办了《田野的风》,栏目时长20分钟,播出时间为每周三的21:00。

1995年,辽宁电视台创办了《黑土地》栏目,栏目时长15分钟,播出时间为每周一的17:15和每周二的17:15。

……

总体来说,这一时期中国的农业电视已经初露端倪,有了大量制作的实践,中国农业电视在创作理论上有了快速的提升。

六、"神农奖"的设立与发展

全国农业电影电视"神农奖"创设于1988年,当时正值农业部主办的《农业教育与科技》栏目在中央电视台第二套节目中开播两周年。为了提高农业电视从业人员的素质,鼓励创作更多的优秀作品,促进农业电视事业的发展,更好地为农业、农村和农民服务,农业部决定设立全国农业电影电视"神农奖"。

1988年3月21日至27日,农牧渔业部宣传司和声像中心在北京联合召开了第二次《农业教育与科技》电视栏目工作会议。这次会议的议题之一就是观摩首届"神农奖"的获奖节目,这是第一次把创作水平高的农业节目集中在一起进行观摩与讨论。出席会议的有来自26个省、市、自治区农牧渔业厅(局)宣传(科教)处或技术推广总站,18所高等农业院校,10个农业科研院所的声像、电教室(中心),5个农展馆、电影社、杂志社,以及广播电影电视部、中央电视台、上海电视二台和农业部有关司局、中央农业广播电视学校等60家单位的75名代表。

农业部首届农业电影电视"神农奖"只是笼统地设置一、二、三等奖,并没有进行分类。

一等奖(1名)

《养鸭大王——傅乐安》,湖南省农业技术推广总站与农业部声像中心联合录制。

二等奖(4名)

《玉米螟的发生与防治》,莱阳农学院与农业部声像中心联合录制。
《岩洞贮藏甜橙》,西南农业大学与农业部声像中心联合录制。
《稻萍鱼共生体系》,福建省农科院与农业部声像中心联合录制。

《水田半旱耕作技术》,湖北省农牧厅与农业部声像中心联合录制。

三等奖（10名）

《刺蛾的发生与防治》,江苏农学院与农业部声像中心联合录制。

《家庭农场》,黑龙江省农业系统宣传中心与农业部声像中心联合录制。

《植物海蜇——金瓜》,上海农展馆与农业部声像中心联合录制。

《地膜覆盖玉米栽培技术》,河北省农业技术推广总站与农业部声像中心联合录制。

《小花棘豆的利用》,内蒙古农牧学院与农业部声像中心联合录制。

《优质高产中籼稻——金麻粘》,贵州省农展馆与农业部声像中心联合录制。

《蔗渣栽培黑木耳》,福建省农科院与农业部声像中心联合录制。

《庭院生态之花》,湖南省农业技术推广总站与农业部声像中心联合录制。

《山东名产——莱阳梨》,莱阳农学院与农业部声像中心联合录制。

《鸟纲分类》,江苏省农学院录制。

此外还评出了优秀编导、优秀教学片编辑、优秀摄像、优秀录音、优秀解说、优秀技术等单项奖和一名特别奖。首届"神农奖"评选出来的优秀节目代表了当时农业电视创作的最高水平。在没有丰富的农业电视创作理论指导、实践经验相对不足的情况下,创作出这样的农业电视已实属不易。这一时期的农业节目已经具备了自己的特色,也代表了我国农业电视当时的创作发展趋势。

(1) 具有很强的实用性和指导性。实用性是指题材和主题多是当时发展农村经济所需、农民发展生产所用的;指导性是指作品提供的信息高于普通农民群众已有的知识水平和技术水平,对当时的农业生产水平有

明显的促进作用。比如《玉米螟的发生与防治》《稻萍鱼共生体系》《庭院生态之花》等电视片都是针对当时农业生产所关注的问题,普及推广科研的新成果。

(2)科学技术内涵比较丰富。节目大多言之有物,能说到点上;虽貌不惊人,但有"内秀",有朴实的美感。比如《养鸭大王——傅乐安》《水田半旱耕作技术》《山东名产——莱阳梨》等电视内容都很丰满,且通俗易懂。

(3)调动影视手段和技术技巧,恰当地应用教学模具和科研设备阐明科学技术内容。比如《日地关系》《刺蛾》等电视片成功地表现了许多肉眼看不到或者时空距离很远的科学技术内容,生动形象的表达使作品更为通俗易懂。

农业电视形成这样的特色并非是偶然,一个重要的原因就是这些农业电视大多数的创作者都是科研、教学、技术推广部门,或者创作者有多年的农业知识背景,他们对于农业科学技术和生产非常熟悉,一旦掌握了电视创作手法之后,在农业电视节目中便会表现出这一方面的优势和特长。但是这一时期的农业电视因为刚刚起步,所暴露的缺点也是明显的。

(1)普遍缺乏艺术性。镜头缺乏表现力,很多都是万能的中性镜头,没有所指性。过多的阐述概念性的、原则性的内容,比如经常滔滔不绝地述说改革开放带来的大好形势,屏幕所见的是一片又一片的农田。视角简单,镜头贫乏,蒙太奇结构不完整,在大多创作者的头脑中还没有蒙太奇的意识。经常根据解说词贴画面,镜头剪辑没有逻辑性。农业电视普遍存在的这些问题使其观赏性受到了极大的影响。与其他类型的电视节目相比,农业电视节目的创作明显落后。

(2)技术水平比较薄弱。这一时期的农业电视创作人员大多不是科班出身,也没有经过专业的培训,所以在技术上存在着明显的不足。我们仅以获得首届"神农奖"的这些节目为例进行说明。这些获奖的农业电视代表当时的最高创作水平,但是在技术上依旧是问题很多。如《玉米螟的发生与防治》的画面剪辑有接点跳动的现象,有些镜头曝光过度,有些镜头的焦点不实。《稻萍鱼共生体系》《刺蛾的发生与防治》《蔗渣栽培黑木耳》《地膜覆盖玉米栽培技术》和《鸟纲分类》等节目也都存在着杂波干扰较多和接点跳闪等技术问题,有的还出现音量不均衡、不稳定等情况。总之,没有经过专业培训的农业电视的创作队伍还存在着很多的不足,但是这些并不妨碍中国农业电视的向前发展。

由于这一届的"神农奖"的奖项设置没有对农业节目进行分类,组委会决定第二年举办第二届"神农奖"评选活动时,将农业电视按照技术推广片、科普片、教学片和专题片分类进行评奖。

第二届"神农奖"获奖的农业电视片质量总体上较一年前有了较大的提高。许多农业电视的实用性和指导性更加突出,创作人员开始注意用电视的视听手段去传授农业增产增收新技术,推广科研新成果,传播具有实际指导意义的农业科技信息。这一时期的农业电视科学内涵更加丰富,信息量比较大,许多农业电视对于开拓农业工作者的视野,提高农民科学文化素质起到了重要的作用。难能可贵的是,一些农业电视开始注重艺术处理,制作也越来越精良。比如,农业部声像中心制作的《节地制砖》以概括力强、结构严谨、叙事流畅、造型精美而获得好评;湖南省农业技术推广总站和农业部声像中心联合录制的《芙蓉鲤》因其细节生动、重点突出、调动特殊表现手段成功而引人注目。许多农业电视开始走上了艺术创新的大胆尝试之路,这是可喜的变化。但这一时期的农业电视仍然存在着不足,主要存在着两种不可取的构思方式:一是完全按照文字科普材料或者技术推广小册子的叙述,图解屏幕作品;二是有意无意地套用了幻灯或者展览的方式,形成了"拉洋片"式的屏幕造型。有的画面形象不够生动,只能靠解说来表达内容,缺少细节,使观众的视觉感受非常单一,有时甚至既看不懂也学不会;有的缺少精巧、合理的结构,平淡、松散、

第二章 农业电视的发展历程

拖沓仍然是这一时期农业电视的通病。在画面的色彩和声音表现等技术环节上,几乎都存在失真现象。

1990年10月30日,农业部下发《关于评选全国农业电影电视神农奖有关问题的通知》明确指出,"神农奖"是农业部设立的全国性农业电影电视节目部级奖。举办"神农奖"旨在通过评选和奖励优秀作品,总结交流创作经验,提高队伍素质和作品质量,鼓励创作更多更好的农业电影电视节目,促进农业影视事业的发展和繁荣,更好地为农业、农村和农民服务。

1991年第三届"神农奖"参评的农业电视节目在质量上又有了飞跃。从内容到形式,从选材到艺术处理都达到了一定的水准,农业电视开始成熟起来,这对于更好地适应科技、教育兴农的形势需要,进一步发展和提高农业电视,无疑打下了一个良好的基础。

在送评的节目中我们可以看到这一年的农业电视创作水平。

(1)社会急需、意义重大的题材不仅数量增多了,质量也提高了。农业电视中一向被认为形象表现难度大,制作周期长的粮、棉、油种植技术的题材,较之往年数量增加了很多,有些作品的质量达到了较高的水平。《育秧新路》以生动的形象表现和较好的声画蒙太奇技巧,鲜明、细腻、通俗地向农民观众传授了一项正在推广的育秧技术。此片的成功之处在于细节生动、说理透彻、技术要领突出,充分发挥了视觉元素和听觉元素的综合作用,较之以往同类的种植题材作品有高出一筹之感。《从三系到一系》是一部普及水稻杂交育种知识的农业电视片,这个题材的难度很大,因为水稻杂交育种的科学技术比较复杂艰深,而此片却处理得既简明又通俗,而且也比较流畅;同时此片以写事为主,交叉写人,结构脉络清晰又不冲淡科学内容。还有一些农业电视针对当年农业和农村的实际需要,有很强的感召力和指导性,如《黑土地的骄子》以富有感染力的视觉造型和充满激情的语言,成功地塑造了一个农民攀登农业科技高峰的坚毅形象;《节粮型网箱养鱼》则向观众介绍了一项实实在在的利国富民的技术,取得了较好的宣传效果。这些农业电视具有强烈的时代精神,鼓舞人们的斗志,激励人们奋进。

(2)形象表现力有所提高。依靠大量解说词而画面不能表意的现象有所减少,很多农业电视开始采用特殊的手段来揭示科学现象或者阐述原理。如《节粮型网箱养鱼》的创作者利用极其简陋的设备条件,自制水下潜望镜,成功地表现出水下游鱼的景观;《人工驯化棘胸蛙》的创作者用自制的放大摄像设备,把蛙的胚胎发育过程表现得淋漓尽致;《植物营养器官变异》一开始以一个形似红色果实却是绿色变态叶的镜头,把观众从形象思维带入了主题,继而再以充分的形象表意展示全篇。

(3)感染力和生动性明显增强,艺术品位有所提高。一些形神兼备、声情并茂的精彩片段或生动情节给观众留下很深刻的印象。《育秧新路》在展现一株株健壮的秧苗顶着一颗颗珍珠般的水珠的镜头时,画外响起了孩子欢畅的笑声;《黑土地的危机》在展示了触目惊心的水土流失危机之后,一群天真的孩子跃上屏幕,他们以童稚之音,发出指责之声,震撼人心;《黑土地的骄子》采用浪漫主义的手法,把黑土地和主人公处理成版画的效果,从而使北大荒更加粗犷神奇,使主人公更具有勇敢坚毅的精神;《山碑》的感染力更多地表现在以画传神、以声言情上,声画精巧的配合使表意得到升华,当画面上出现红旗渠畔人们的喜悦之情时,解说词深情地说道:"久渴的人们,久渴的土地,狂了,痴了,醉了……"

这一时期的农业电视节目大多数主题鲜明,结构简练,过去那种"面面俱到但又面面不到"的情况,拖沓、松散、冗长的现象大为减少,一些基本的技术问题已经消除。这个时期的农业电视已经逐渐走向了成熟,但是依然有不尽如人意的地方。农业电视尤其是那些以推广农业科技为主的电视节目的主要目的是要让观众看懂,但是有时候"看懂"这一想法并不能完全实现。还有些农业电视不能"引人入胜",而是"引人入睡",在表现手法和表现形式上依然有待突破。

从这一年起,农业电视以后每两年举行一次评奖活动,这样的交流活动同时也是一次业务上的展示,每次发现的问题和缺点,在下一次的交流活动中都会有所减少,特别是后来,随着参与评奖单位的增多,这种交流活动变得更加开放,农业电视正一步步地走向高水平创作的态势。从"神农奖"评选的过程几乎可以看到中国农业电视的发展轨迹,我们欣喜地看到,农业电视正走向成熟。

七、农业电视创作基本理论出现

农业电视的一些理论多受到农业科教片的影响,在电影和电视以及科教片的基础上提出,农业电视作品的目的和对象大多具有严格的规定性,要有实用性和针对性,要更加强调通俗性和鲜明性。同时,农业电视是电视事业的一个组成部分,也是农业宣传教育工作的一个重要组成部分,必须为社会主义现代化建设服务,为农村"两个文明"建设服务,要配合农村经济改革和农业持续发展的各项任务。此时期农业电视的创作理论已经初步形成,以中国农业电影电视中心的吴以铮的研究为代表。

八、着手申办农业频道

在很多关于农业节目发展趋势的论述中,都会提及开办专门的农业频道的发展进程,但是鲜有论述提到我国最早的申办农业频道的想法始于1986年。那时正值我国第一个农业栏目——《农业知识》栏目开播三年,根据国务院提出的"租星过渡"发展我国卫星通信事业的方针,当时的国务院电子振兴领导小组办公室主任李祥林带领卫星公司的负责人,到农牧渔业部就关于开办卫星电视农业频道的事宜座谈,时任农牧渔业部部长的何康当场坚定地提出要为农村开通一个电视频道。《关于申请卫星电视频道开展农村广播电视教育和宣传的报告》中这样写道:"目前,在全国青壮年农民中,约有两亿具有小学文化程度,有一亿两千万初、高中毕业生。1985年全国参加各种技术学习的乡、村基层干部和农民达两千五百万。仅中央农业广播学校就有二十八个省级和两千三百多个县级分校,二万四千多个乡镇教学班,在校正式学员八十三万名。但由于中央广播电台的容量有限,已办的四个专业只有一个通过中央电台播出,其余三个专业只能由省台广播或者采用录音磁带教学,更无法开设新专业和增加短期实用技术培训的内容,并且广播教学缺乏形象直观性,影响教学质量,急需通过卫星电视改变这种状况,促进农村职业技术教育和培训的发展。"①"为了加速农村的技术改造和实现'星火计划',也需要通过卫星电视开展技术推广,把新的科学技术迅速引向农村。"②"农村政策的宣传、经济信息的传递等都需要利用通信卫星。"③"从长远考虑很有必要申请一个卫星转发器。"④

1986年5月8日,国务院电子振兴办和国家科委根据农业部的申请报告,给当时的副总理李鹏写了专报:"一、考虑到目前农业方面的急需和农牧渔业部软件制作能力,为确保节目质量,拟先请广播电影电视部在今年(编者注1986年)年底决定开通的经济信息频道中每天安排5至6小时,播放与农村及'星火计划'有关的节目,以满足蓬勃发展的农村经济和农村人才培养的急需。二、待今后国家拥有更多的可实用的卫星转发器时,拟给农业有关的节目安排一个专用转发器,以满足其更多的需要。"5月17日,李鹏在报告上批示"原则同意,征得艾知生同志(注:当时的广播电影电视部部长)同意后即可试办。"12月1日,在国务院电子振兴领导小组制定的关于我国通信卫星发展规划的文件中,明确1990年开通"农科电视频道"。

之后,中国农业电影电视中心先后于1990年、1991年、1993年、1994

---

①②③④ 参见农牧渔业部文件 [1986]农(教)字第6号《关于申请卫星电视频道开展农村广播电视教育和宣传的报告》。

第二章 农业电视的发展历程

年、1995 年向农业部申请开办电视农业频道。

1993 年的《关于创办中国农业电视台的报告》中写道:"发展农村社会主义市场经济,要把农民推向市场,更加急需创办中国农业电视台。"① "据国内(包括台湾)和世界许多国家的调查,电视是当前农村获得各种信息的第一位的重要渠道。"② "利用现代视听手段,电视具有传播速度快、少受时间和空间限制、覆盖面大、形象直观等特点,可以把党和国家有关政策,把农民急需的农业科学技术、农业生产和市场信息以及农民技术教育培训内容,及时、准确地送到村村寨寨,送进千家万户,为亿万农民所掌握,变为现实的生产力。"③

在当时的环境下,申办农业频道已经具备内在和外在的可能性,有关部门对此也进行了充分的论证。

(1)关于卫星传输。虽然 1993 年 7 月份定位的"中星 5 号"上的 10 个转发器已经全部出租,但是 1994 年拟定发射的"东方红 3 号"通信卫星共有 24 个转发器,在各方的支持下,能够租下一个转发器,节目的传输就会得到保障。

(2)关于经费。农业部计划按照国家教委开办中国教育电视台的方法(上行靠中央、下行靠地方),向国务院申报专项经费,如果所需经费全部依靠国家财政解决确实有困难,就考虑由国家财政提供租星费和上行费。节目制作和正常运行费,可以在开始阶段给一部分补助,而后通过两三年逐步过渡到以收抵支,自负盈亏。这在当时已经有先例,新开办的上海东方电视台采用的就是这一办法。

(3)关于人员编制和机构问题。农业部的下属单位中国农业电影电视中心有职工 300 多人,以前主要从事农业科教电影的创作,当时的科教电影生产任务严重不足,从 1993 年起科教电影的生产计划要削减 30%,

---

① ② ③ 参见中国农业电影电视中心文件[1993]农业影视中心字第 17 号《关于创办中国农业电视台的报告》。

而《农业教育与科技》的开播使一部分创作人员已经有了制作农业电视的经验,该中心的创作人员只要稍加调整,就可以转向农业电视的创作。所以开办农业电视台不用增加编制,也不用另设机构,可由中国农业电影电视中心负责制作。

(4)关于节目制作。农业电视台以每天安排播出10个小时节目为宜,重播时间占50%,平均每天约有5个小时新节目,全年需要制作节目1800多个小时。在整个节目中,中央农业广播电视学校的课程和农民技术教育培训节目占50%左右,其余的由中国农业电影电视中心以及全国农业系统的声像中心提供节目源。

(5)关于节目内容。农业方针政策法规宣讲、解读,大农业(含林、水、土地)技术推广普及,农民职业技术教育培训,国内外农业信息,农业社会化服务体系建设情况,农业先进典型宣传,乡镇企业、农村市场、农村社教和文化生活报道等。重点是科技、教育兴农。还要安排播出一些农情、灾情、农产品价格、农业气象以及农业病虫害预测预报等。

当时设计的节目安排如下:

一、教学培训类:占40%,每天播出4小时

中央农业广播电视学校课程

农业基层干部技术培训课程

农业技术干部知识更新培训

各种农业专业技术培训

农民绿色证书课程

农民文化教育课程

二、农业信息类:占15%,每天播出1小时30分

农业重大新闻发布

农业重大活动报告

农业经济信息

农业科技信息(含国际科技信息)

市场需求与农产品价格信息

农作物病虫及家畜流行病测报

三、科技专题类:占23%,每天播出2小时18分钟

农业先进技术推广

农业科学知识普及

农业科技致富经验介绍

农业政策法规的宣传教育

先进乡镇企业典型介绍

乡镇企业管理经验与产品开发

林业专题

农林水利电力专题

农村土地管理专题

四、农村文化类:占10%,每天播出1小时

农村卫生、体育

农村计划生育、优生优育

农村衣食住行指导

农村风情

五、农村文艺类:占10%,每天播出1小时

农村题材的影视剧、地方戏

农村题材的小品、歌舞、曲艺

六、广告类:占2%,每天播出12分钟

从上述可以看出,申办农业频道的想法已经非常成熟。尽管在节目的设置上还不是很成熟,但是至少已经有了一个农业节目设置的架构。

多年来,围绕开通中国农业电视频道的必要性、可行性,特别是针对所需人员、设备、资金等问题,农业部做了大量调查、论证和筹备工作,并制订了详细的实施方案。开办中国农业电视频道已经具备很好的基础,各项准备工作在这一时期也已经就绪。"有党和国家对农业、农村和农民的高度重视,有各行各业的大力支持,有各级农业部门为'三农'服务的积极性,农业部有信心、有能力办好中国农业电视频道。"①

1994年4月28日,农业部再次向国务院申请开通农业电视频道,不久,广电部、邮电部、财政部等有关部委分别致函农业部,表达了他们对开办中国农业电视频道事宜的大力支持。

广电部认为,"中国农业电视频道由农业部与中央电视台合办,农业部负责节目制作,中央电视台负责节目播出及传送,节目终审权及技术标准与质量由中央电视台负责"。②

邮电部的意见是,"同意待'东方红3号'卫星发射成功后,为农业部提供一个卫星转发器"。③节目的传输问题得到了解决。

财政部和国家计委也原则上同意了农业部创办中国农业电视频道。

国务院认为农业部进一步提出开通农业频道的申请,是一个"极有战略眼光和富有远见的举措"④。"开通农业频道对发展农业生产,提高农民素质,繁荣农村经济,对实现农民小康发展战略,对促进农村社会主义市场经济体制的建立具有重要的意义,是一件利国利民的大好事。"⑤1994年,开通中国农业电视频道前景一片光明,业务的主管部门——广电部,技术的主管部门——邮电部,资金的支持单位——财政部都表示支持,国务院对此也给予了肯定,这个时期是开通农业电视频道的最佳时期。

---

① 中华人民共和国农业部 农办函[1994]24号《关于开通中国农业电视频道的意见的函》。
②③④⑤ 参见农业部1994年7月25日部内请示报告《关于开通中国农业电视频道工作进展情况的汇报和请示》。

第二章　农业电视的发展历程

1995年2月,时任中共中央总书记的江泽民同志主持召开中央政治局常委会,在听取广电部工作汇报时指出:"我国人口中,农民占大多数,广播影视工作在农村的潜力非常大,要多拍、拍好农村题材的电影电视片,很赞成办农业电视频道,要突出宣传我党关于农村改革的政策、措施,普及农业科学知识。"①

后来,因"东方红3号"卫星定位系统出了故障,创办中国农业电视频道被搁浅,独立地创办专业化的农业频道错失良机。但是对于急需农业技术和知识的农民而言,开通农业频道势在必行,为解决这个问题,中央电视台对农业电视频道的播出做了新的安排,将少儿与农业合并为"少儿、农业频道"——这就是我们常说的"半个农业频道"。

第四节　农业电视的迅猛发展(1995-2000年)

从1983年我国创办第一个专门的农业节目到1995年,农业电视的创作理念已经基本成熟,尤其是《农业教育与科技》栏目的播出,为农业电视积累了丰富的理论和实践经验。《农业教育与科技》栏目坚持为农业、农村、农民服务的宗旨,宣传党和政府有关农业的方针、政策、法规,普及农业科技知识和先进实用技术,进行农业基础知识的教育与培训,为提高农民的科学文化素质,促进农业和农村经济的发展,加快农村"两个文明"进程作出了贡献。该栏目开播以来,题材越来越广泛,内容越来越丰富,信息量越来越大,形式越来越生动活泼,很快就具有广泛的影响力,成为中央电视台最受农民、农村基层干部和科技人员欢迎的栏目之一。这一栏目还为农业电视的发展提供了一个练兵的阵地,也为1995年11月30日播出的由农业部与中央电视台合办的中央电视台第七套农业节目锻炼了队伍,培养了人才,打下了基础。随着中央

---

① 参见农业部文件,农发[1995]43号《关于加密卫星电视农业频道有关经费的请示》。

电视台第七套农业·军事·少儿频道的开播,中国的农业电视进入了一个迅猛发展的时期。

一、国家级半个农业频道开播

1986年3月,根据当时国务院提出的"租星过渡"发展我国卫星通信事业的方针,时任农牧渔业部部长何康提出:"从长远考虑很有必要申请一个卫星转发器。鉴于目前农村的实际状况和我部系统制作软件的能力……我们要求在国家已决定租用的经济信息卫星频道中,每天安排五、六个小时的节目,用于农村教育、技术推广和宣传。"[①]1993年,决定"租用1994年4月将要发射的'东方红三号'通信卫星的一个电视转发器"[②]。但是由于"东方红三号"卫星未能发射成功,再加上当时的频道资源又异常紧张等原因,中央电视台决定采用"捆绑"技术开通农业频道,即将少儿与农业合并为"少儿·农业频道",并与"体育""综艺""电影"共四个频道"捆绑"在一起,通过"亚星二号"卫星播出,下行进入全国有线电视网络,送到电视机用户家中。"体育""综艺""电影"三个频道收费,"少儿·农业"频道不收费。在"少儿·农业"频道中,还有少量的军事节目,其中农业节目每天播出6小时,3个小时是首播节目,3个小时是重播节目,开播的时间初步定为1995年10月份。

一个频道的开通并非是一件容易的事情,需要方方面面的协调与沟通。1995年7月底,距离计划开播只有两个月左右,可是农业频道能否按时播出还没有最终确定。"现在时间已经非常紧迫,按照一个电视频道的运行规律,要在10月份播出节目,现在(注:指1995年7月底)应该正在制作播出的节目。可是,我们的资金、设备、节目都尚未到

---

① 参见农牧渔业部[1986]农(教)字第6号文件。
② 参见农业部[1993]农(办)函字第88号文件《关于租用东方红三号卫星电视转发器的函》。

位。"①这样的情况一直持续到了当年的9月份,原计划10月份开播节目的设想不得不推迟到11月份或者年底前后。"现在已经是9月中旬了,如果按照今年(注:指1995年)11月中旬或年底前后开通农业电视频道的计划,时间已经非常非常紧迫了。"②"按照常规要求,一套新节目开播前至少要有三个月的节目储备。"③"我们到现在还没有最后拍板,资金、设备更没能到位,农业频道原计划的开播时间已很难实现。"④

最后,在各方面的努力下,1995年11月30日中央电视台第七套"少儿·军事·农业频道"开始试播,1996年1月1日正式开播。

农业频道开办时就鲜明地提出了以"为农业、农村、农民服务"为宗旨,以"提高农民文化素质、促进农业生产发展、繁荣农村经济、推动农村社会进步"为目的,主要是宣传党的路线、方针、政策,反映农村改革和发展的历程,普及农业科学知识,推广农业先进技术,传递经济和科技信息,进行农业知识的教育和培训,丰富农村的文化生活,加强城乡之间的交流。

开播之初的农业频道的内容涉及农业、农村、农民的方方面面,如农村改革、农业政策法规、农村经济、村镇建设、种植业、养殖业、林业、加工业、乡镇企业、饲料工业、农田水利、农业机械、农业资源、农业环保、农业气象、土地管理、农村卫生、农民生活、农村文艺以及海外农业等。内容涉及面非常广,较之原来的《农业教育与科技》栏目而言,宣传报道的面大幅增加,几乎涵盖了与农业相关的所有领域。

初播期的节目暂时设定了六个栏目,即《农村各地》《科技苑》《农村经济》《致富经》《农业教育》和《农村文艺》,每个栏目中还有若干个小板块。

---

① 参见中国农业电影电视中心[1995]农业影视中心字第32号《关于恳请尽快开通农业电视频道的报告》。
②③④ 参见中国农业电影电视中心[1995]农业影视中心字第40号《关于开通农业电视频道有关问题的报告》。

《农村各地》：我国是一个农业大国，地形复杂，农业自然资源极其丰富，自然景观也千差万别，各地农村的种植制度、作物种类、经济状况、风土人情也不尽相同，改革开放以后出现的各种新人新事，更是层出不穷。因此设置《农村各地》栏目就是带领观众漫游五湖四海，捕捉新事物，描绘新景象。

《科技苑》：采用多种形式，及时地向广大农民和农业工作者普及现代农业科技知识，推广先进农业技术，传递最新农业科技信息，力求成为科技兴农的示范窗口。为了让观众开阔眼界，拓宽思路，《科技苑》还定期播出一些海外的农业科技节目。

《农村经济》：介绍有关农村财务、金融、税收审计等方面的知识，展示农村百业、乡镇企业搏击市场的成功经验，纵览农村社会主义市场经济生活万象。栏目还通过一些具体的例子，向人们形象地介绍了改革中形形色色的农村大市场，传递农副产品和农业生产资料价格信息以及其他供求信息，成为广大农民生产和生活的得力参谋。

《致富经》：针对农民朋友脱贫致富奔小康的共同愿望、迫切需求而设立，在这个栏目里，观众能及时得到一些科学致富的信息和科学致富的方法，还可以亲眼目睹那些依靠科学技术脱贫致富的典型，从中可以得到一些有益的经验。

《农业教育》：主要播出中央农业广播电视学校的课程，同时，针对广大农民或者基层干部的需要，安排基础文化培训或者专业技术培训。

《农村文艺》：通过这个栏目，农民可以看到讲述自己故事的电视剧，富有地方特色的戏曲、音乐、歌舞、民俗风情等。

一下子开播这么多的栏目，中国农业电影电视中心的创作队伍很难完成，因此，中国农业电影电视中心积极引进外部的合作单位，联手农业系统的各级声像中心以及社会上的文化中心，借助外部的力量支撑起了

第二章 农业电视的发展历程

早期的节目播出。

这六个栏目构成了当时农业节目的整体构架。尽管在今天看来还有着诸多的不合理性,但是在当时的情况下,确实对农民的增产与增收起到了很大的作用。频道开播半年多,在社会上引起了很大的反响。观众纷纷致信表达了对农业节目的肯定与赞扬,而更多的来信则是咨询新技术、了解新产品的,他们更多地关注实用技术、经济信息和致富信息。《科技苑》《致富经》由于其准确的定位,从一开播就备受农民观众的关注,成为他们心中最受欢迎的两个农业栏目。

随着农业频道的开播,栏目也在不断地调整完善。1996年9月,中国农业电影电视中心决定增加一档新的文艺栏目——《乡村大世界》,这是一档集风土人情、民间艺术、娱乐文化于一身的综艺类节目,开播后受到了观众的好评。当时播出的周期定为每月一期,这显然不符合电视的创作与播出规律,而且30分钟的时长也使得节目如蜻蜓点水。

开播后不久,农业频道又决定推出一档与健康有关的栏目《健康世界》,这是一个很好的创意,毕竟一个专门的农业频道没有关注农民的健康,这于情于理都说不过去,而且当时的农村的确需要普及健康知识。因此,这样一档栏目经过协商后在《科技苑》栏目里作为一个子栏目出现。

在摸索中创办农业频道,很多时候是摸着石头过河。在我们这样一个以农业为主的国家里,这是首次为农民专门开办的频道,没有可供借鉴的经验,也没有可以参照的模式,只能是在实践中不断改进。

随后的几年里,中国农业电影电视中心对栏目陆陆续续地进行了增加和删减,致使农业频道的一些栏目固定化的时间太短,很难形成自己固定的观众群。即便是相对稳固的栏目,也存在着诸多的问题。

新开办的农业频道的创作人员大多数来自非电视专业,因此无论是经验积累还是创作的思维方式、组织方式、工作方法等都带有其他艺术门类的影子,最后致使当时的农业电视尽管已经具有栏目的形式,却缺少农业电视栏目的特有风格。在节目的编排等诸多方面都存在着问题,但是不可否认的是农业频道的开播极大地拉动了中国农业电视的发展。不仅仅是在创作的质量上有所提升,更重要的是带动了更多的电视台创办农业栏目,而且为以后省级农业频道的创办奠定了基础。

二、地方台开办农业栏目的又一次高潮[①]

20世纪90年代中期是我国改革开放的一个重要阶段,农村土地承包正向纵深发展,乡镇企业如雨后春笋,改革开放十几年来的巨大成果在农村各地开花结果。当时,全国上上下下对农村改革寄予了新的期望,人们迫切希望了解农村现状、农民生活、农业发展,也希望有关媒体提供多渠道、多侧面、多视角的专栏性报道。为顺应整个社会对农村电视栏目的迫切需求,全国不少的省(市)电视台都先后开办了富有地方特色的农业电视栏目,农业电视栏目在全国呈现出快速发展的趋势。

1995年,山西电视台开办了《黄土地》栏目,这是一档以面向农村基层群众,注重服务与维权,从整体上关注农村生存状态(尤其是生活领域)、关注农民的新追求、关注农业给社会带来的进步的资讯服务类节目。栏目共设三个板块,第一个板块是时长为5分钟的《乡村新干线》,节目形式是多信息混合编排,目的是在生活、生产领域为农民排忧解难;第二个板块是时长为6分钟的《乡村纪事》,每期一件事,以人物为主,用纪录的手法、生活化的表述反映当代农民新的追求;第三个板块是时长为6分钟的《维权行动》,节目从与农民生活、生产紧密相关的事情入手,目的是为了维护农民的合法权益。这样一档农业电视栏目,一经播出,立即引起了广泛的关注,很快就成为山西电视台的名牌栏目。

1996年,中央电视台第二套经济生活频道开办了《金土地》栏目,一档中央电视台自办的农业栏目能够在经济生活频道播出,在某种程度上

---

① 参见高广元:《中国农业电视发展策略初探》,《电影文学》2009年4月(下月刊)。

表明了政府对"三农"工作的重视,从另一个侧面也说明了涉农电视确实具有很大的魅力和潜力。

此后,1999年云南电视《红土地》、新疆电视台《农牧天地》,2000年天津电视台《世纪风》等相继开办。据不完全统计,截止到2000年全国已有近20家省级电视台开办了农村电视栏目。

尽管从数量来说也许并不算多,但是在电视媒体中的非农业栏目里对涉农方面的报道明显增多了。新闻中有关农业的报道、社会教育类节目中有关农业的题材的比重都较以往有所增加。这几年,中央电视台第七套农业节目中的《致富经》和《科技苑》成为最受观众关注的农业栏目,而中央电视台自办的栏目《金土地》也由于频道自身的优势成为农业电视中的品牌栏目。

农业电视是伴随我国电视事业和农村社会的发展而发展的,在1998年前后,我国拥有电视台943座,有线电视台1270座,电视机3亿多台,电视覆盖人口率达到86.2%,约十多亿,可以说我国已是电视大国。而且农村的电视用户呈现出迅速发展的态势,这都为农业电视的进一步发展和繁荣提供了良好的社会环境。

三、中央电视台自办农业栏目《金土地》

中央电视台第七套农业节目的播出,标志着我国农业电视进入了一个新的发展时期,中国9亿农民有了自己的电视频道。随后,中央电视台又加大了农业的宣传力度,开播了《金土地》,这是央视第一个也是迄今为止唯一一个完全依靠台里的力量办起来的农业栏目。1993年它作为《经济半小时》的一个子栏目亮相,1996年7月1日成为独立栏目。由于央视自身强大的创作队伍,《金土地》一开始就表现出了强势发展的一面。它具有鲜明的栏目风格和特色,拥有相对稳定的收视群体,并在广大中小城市和乡村中享有较高的知名度,为农村经济的发展和农民观念的更新、农民致富奔小康作出了突出贡献,在农民朋友中具有较大影响力。

《金土地》下设7个子栏目:信息链接、市场传真、每周一村、领潮人、海外农业、科技创新大擂台、周末版特别节目。《金土地》每期20分钟,首播时间是周一至周五的12:50。《金土地》以关注现代农业的发展、体味新型农村的变化、追踪国内外市场热点和引领潮流的人物为重心,为城乡观众提供全新概念的服务。

自创办以来,《金土地》栏目制作了大量有影响力的节目。1998年8月,《金土地》栏目参加"抗洪救灾、重建家园"重大报道活动,制作了12集系列特别节目《国事家事·重建家园》。1997年和1998年,连续两年参与举办大型农民晚会。1999年8月,应加拿大农业部的邀请,《金土地》记者小组赴加拿大采访,制作13集系列节目《走近加拿大农业》。1999年11月,《金土地》栏目作为主要报道力量参与组织了由国务院扶贫办、科技部、农业部、湖北省和中央电视台联合举办的"99科技下乡"活动。2000年3月,应丹麦农业部的邀请,《金土地》记者小组赴丹麦采访,制作4集系列节目《初识丹麦农业》。

在当时农业电视栏目普遍受到经费困扰的情形下,《金土地》依靠中央电视台经济频道的名誉与影响力,广告收入相对较好,因而在制作经费上也相对宽裕,这样的情况非常有利于《金土地》栏目的发展,也利于《金土地》栏目走品牌化和精品化的道路。但是《金土地》栏目后来的发展并不符合预期目标,一档中央电视台自办的农业品牌栏目,在收视率等各方面因素的影响下,最终还是退出了中央电视台的舞台,黯然离场。

《金土地》栏目改版的原因之一是该栏目的定位和中央电视台经济频道的整体定位不符合。诚然,在频道品牌化的过程中,频道的整体定位很重要,中央电视台经济频道出于提升专业频道品牌的考虑,进一步优化频道内栏目的设置是必要的。但是,一个品牌节目的创立毕竟十分不易,栏目一旦成为品牌,就会有较大影响力,形成自己的独特风格,拥有较为稳

第二章 农业电视的发展历程

定的收视群体,具有鲜明的特征、稳定的品质和较强的竞争力。作为中央电视台培育的一档唯一自办的农业品牌节目,《金土地》就这样从荧屏上消失,令人惋惜。

《金土地》退出荧屏的事件给我们农业节目的管理者以警醒,对于农业节目而言,培育一个品牌是非常难的事情,因此,作为一个现有的观众已经基本认可并且已经具有相当规模的受众群的农业栏目,一旦因为收视率或者其他因素需要变革时,要全面综合考虑,作出科学判断。

第五节 农业电视的飞跃(2001年以后)

一、时代背景

2001年正是电视业经历改版之后走上成熟的阶段。也就是说,早在这之前的20世纪90年代初期,电视业如火如荼的改革就已经开始了。

在很长一段时间内,内地传媒主要的经费来源是行政拨款,传媒仅仅注重传播的社会效果,而不必考虑经济效益,充分享受着"皇帝女儿不愁嫁"的优越地位。但是随着市场经济的深入,它们渐渐被纳入到市场竞争的体系之中,同时,由于信息传播渠道的急速增加,以及娱乐方式的日渐丰富,它们逐渐丧失卖方市场的垄断性地位。原有的运作方式已经不再适应新的竞争环境,在新的运行规律尚未完善的情况下,西方传媒的商业化运作模式令略显迷惘的内地传媒看到了一丝曙光,商业化思潮开始对内地传媒产生冲击,内地传媒在保证传播社会效益的前提下,开始注重起了经济效益。

技术的革新和市场的确立促进了电视作为文化产业的快速发展。20

世纪80年代,邓小平提出了"科学技术是第一生产力"①,由此确立了关于"科学技术"的权威意识形态。邓小平之所以对科学技术如此重视,在于他敏锐地洞察到由于生产力落后所造成的社会主义物质生活水平低下,可能引发社会主义合法性危机。他指出,"社会主义如果老是穷,它就站不住"。②而技术的开发、引进、运用将极大地促成社会发展并进而强化上层建筑的合法性。

20世纪90年代后期,中国在媒介技术方面的投入迅速增加。新媒介技术使文化和信息传播的速度大大加快,使我们也进入准"极速"时代。③具体表现在:影视节目的生产与传输循环加快,传播覆盖率提高,报纸杂志的发行量加大。这一阶段的媒介文化转型,表现为技术的"神话",或者说关于"技术进步"的意识形态的强化。也就是说,一方面媒介技术不断更新,甚至有人探讨电视"超前发展"的利弊④;另一方面,对传媒技术开发和引进的积极、开放的态度和观念也为技术进步提供了保证。

市场对大众媒介的重要影响主要来自两个方向:一是媒介产品的直接消费者,即被称为读者、观众或受众、大众,他们对传媒产品的需求和消费成为传媒市场扩大化再生产的初始动力;二是传媒产品的间接消费者,即广告主。广告主通过付费的形式传播商业信息,在广告媒介供不应求的情形下,传媒获得了谋求自身发展所需的巨额资金。

受这种大环境的影响,电视的改革也在同步进行中。1992年上海东

---

① 1988年,邓小平在和中央领导同志谈话时进一步提出,"马克思讲过科学技术是生产力,这是非常正确的,现在看来这样可能不够,恐怕是第一生产力"。见龚育之:《在中国特色的社会主义旗帜下——读邓小平著作笔记》,载《解放日报》1992年4月16日。
② 龚育之:《在中国特色的社会主义旗帜下——读邓小平著作笔记》,载《解放日报》1992年4月16日。
③ "极速"化传播是美国传播学者的观点,指由于现代传播速度加快,造成了媒介信息消费的超常增长。
④ 1993年9月11日《新闻出版报》刊载的林辰夫的文章《电视超前发展的利弊》中提到,"我们有根据地说,我们的电视发展是超前的,不但在总体上早已把俄罗斯等国家抛在了后面,而且在某些方面也赶上,甚至超过了发达资本主义国家"。

方电视台创办了我国最早的电视谈话节目《东方直播室》,采用现场直播的方式,邀请嘉宾和观众来到演播室就某个话题展开讨论。1993年,中央电视台电视新闻杂志《东方时空》开播。《东方时空》成立之初有4个子栏目:人物类的《东方之子》、流行文化类的《东方金曲榜》、展示绝技绝活的《生活空间》和新闻类的《焦点时刻》,其中《焦点时刻》是一个新闻评论性节目。1994年4月1日,中央电视台又开设了一个新闻评论栏目《焦点访谈》,开启了"时事追踪报道,新闻背景分析,社会热点透视,大众话题评说"的辉煌历程。

《东方时空》选择在早晨播出,这个时段当时是一个非黄金时间段,而且当时的很多中国人并没有早晨看电视的习惯。可是《东方时空》的问世,这种融合多种报道手法于一体的现代新闻杂志节目立刻成为当时电视荧屏的一大亮点,并立刻受到各级电视台的效仿甚至复制,而中国人早晨不看电视的习惯从此被改变。《东方时空》之所以采取这种新的电视节目形态与当时大力推行的电视节目改革的背景是分不开的。

随着中央电视台《东方时空》的出现,中国的电视界开始出现一种新的运作机制——制片人制。这一做法很快得到了大力推广,到了1997年,全国省市级电视台中有三分之二的栏目实行了制片人制。

观众喜欢的,一定要发展。这个时期观众的需求成为电视栏目改革的一个标准,毕竟有了庞大的观众需求,也会有市场。电视栏目,已经成为一种产品,一种文化产品。电视人不再是羞答答地看着自己的产品,而是关注起了产品的消费者。在这种机制的激励之下,中央电视台一下子涌现出了很多名牌栏目。1995年5月4日,《东方时空》播出了纪念创办两周年的特别节目,播出后反响奇好,中央电视台决定以这个特别节目为模型,打造一档全新的节目《实话实说》。1996年3月16日,经过精心策划的电视谈话类节目《实话实说》在中央电视台开播。首期播出的是著名打假英雄王海参与的《谁来保护消费者》,随后陆续播出了《鸟与我们》《拾金不昧要不要回报》《不打不成材》等一系列节目。

1995年,中国的第一个农业专业化的国家级频道刚刚开播,电视业界的改革却已经进入了白热化。这个时期,谁先领跑,谁就占有巨大的优势。而这一时期的中国农业电视系统的创作团队还不够专业,电视化的程度不高。置身于这样的大环境之下,中国的农业电视发展与创作现状多少令人有些尴尬。

二、农业电视面临的困境

到2001年1月1日,中央电视台第七套农业节目开播已经整整五年。五年的时间,农业频道共播出了10400个小时的节目,在这期间共经历了三次改版,有较大影响力的节目有《农业新闻》《科技苑》《致富经》《农村经济》《农村各地》《农村文艺》《农业教育》等。

播出的科教类节目约占总量的55%。主要是以普及、推广农业部"九五期间十项农业重大实用技术"以及"丰收计划"为重点。主要有:种子工程及配套技术;精量半精量机械化播种技术;节水灌溉和旱作农业;水稻抛秧技术及旱育稀植;稻田养鱼技术;玉米地膜覆盖配套栽培技术;重大病虫害综合防治技术;畜禽快速高效饲养技术;水产优质高效养殖技术;平衡施肥及配套技术;农业高科技研究成果和基本知识;农业基础知识和专业技术的教育;经济作物"两高一优"综合栽培技术;新型农膜、生物农药及肥料使用;农村环境保护与新能源开发利用;农业基础设施建设和小流域治理;农产品深加工技术;植树造林和森林生态系统;保护耕地措施;综合利用和合理开发土地措施;农村卫生和保健等。

播出的经济社教类节目约占总量的35%。主要是以农村经济建设、精神文明建设、民主法制建设、基层组织建设为重点。主要有:农业是国民经济基础,坚定不移地把农业放在经济工作的首位;长期稳定党在农村的各项基本政策,调动和保护农民积极性;调整和优化农村经济结构,提高农村经济整体素质和效益,增加农民收入;发展农业产业化经营;大力发展乡镇企业和小城镇建设,推动劳动力向二、三产业转移;切实减轻农民负担;"八七"扶贫攻坚计划;大力开发西部,特别是抓好以水利为重点的基础设施建设和抓好以植树种草为重点的生态环境建设;农村思想道德教育;农村民主法制建设;农村文化及创建文明活动;农村基层组织建设和农村干部的思想作风建设等。

播出的新闻信息类节目约占10%。

第七套农业节目取得了良好的社会效益,在社会上,特别是在农村已经产生了广泛的影响,但是,在取得成绩的同时,不足也是明显的,与电视业界最高水平的差距越来越大。

(1)在节目质量上,全国第一家农业频道不但与中央电视台的总体水平有差距,就是和一些省级电视台的农业栏目相比,也有很大的差距。与1995年湖南电视台《乡村发现》、1997年山东电视台《乡村季风》等农业栏目相比,无论在社会的影响力上,还是在美誉度上,甚至节目的质量上都要逊色一些。

此时的农业频道在栏目设置上也存在着问题,作为农业综合频道,如果所设置的栏目不能代表农业的大部分,就不具有代表性。这种长时间的设置空缺,导致了一部分观众的流失。主要问题表现在以下几个方面:

形式过于单一、呆板。很多农业节目在形式上有趋同性,与当时红红火火的电视改革形成了明显的反差。解说的风格雷同,主持人的语态雷同,没有一个能够代表农业节目的符号。不像有些类型的节目特色鲜明,比如说到《百姓空间》,我们会想起"讲述老百姓自己的故事";说到《焦点访谈》,会想起敬一丹;说到《东方时空》,会想起白岩松;说到《实话实说》,会想起崔永元……他们已经成为一个符号。

(2)表现手法过于陈旧。很多科教类的节目不能"引人入胜",反而是"引人入睡",由于是很多会员单位供片,这些会员单位的创作人员的创作手法受到了经验和理论的限制,农业科教类节目充斥着说教,内容苍白无力。

(3)缺乏包装意识。这一时期的电视已经成为一种产品,可是在农业电视上却看不到产品的影子,至少不像市场经济下的产品。如果是市场经济下的产品,创作者往往用包装的方式进行推销,而这一时期的农业电视,明显带有计划经济的影子。

三、农业频道的改版

在电视改革的大潮中,农业节目显然也受到影响与冲击。虽然同处在中央电视台播出平台,但是与其他频道相比,农业节目明显还处于劣势,改革势在必行,而且这种差距是呈几何级数扩大的。变则通,参照中央电视台的名牌栏目,2001年中国农业电影电视中心的农业节目组也决定实行制片人制。

在此之前,中国农业电影电视中心的栏目是归各个部门管理的,没有制片人,在一定程度上还保留着计划经济的影子,导演之间各自为政,严重带有电视创作上的小农意识。中心下设五个创作部门:新闻评论部负责《农业新闻》和《热点话题》的创作;科教部负责《致富经》《科技苑》和《农事指南》栏目的创作;社教部负责《金色天平》《农村党支部》《农家女》《农村文化巡访》《民间艺术采风》栏目的创作;经济部负责《农村经济》和《农村各地》的创作;文艺部负责《乡村大世界》《田园大舞台》的创作。总编室除了负责节目的安排之外,还负责制作在央视二套播出的《农业教育与科技》、在央视七套播出的《荧屏内外》栏目。加上中央农业广播电视学校制作的《中央农广校》栏目,中国农业电影电视中心总共有17档农业栏目,除了《农业教育与科技》在中央电视台二套播出外,其余的均在七套播出。

此时农业栏目存在着很多问题。繁多的栏目需要进行整合,定位不明确的,服务功能不清晰的,社会效应不好的,农民普遍不喜欢的栏目都需要做进一步的处理。当时的栏目定位如下:《农业新闻》,报道有关农业的新动态、新信息;《热点话题》,追踪改革,评点时事;《荧屏内外》,回答观众问题,为老百姓架起服务金桥;《科技苑》,推广实用技术,普及科学知识;《致富经》,念好致富经,加快奔小康;《农事指南》,紧扣农时说农事,出谋划策为农民;《农村经济》,倾听农村经济跳动的脉搏,关注农家小院切身的利益;《农村党支部》,展示新型农村干部风采,交流农村党建经验;《农村各地》,表现农村新生活,展示农村新风尚;《金色天平》,结合实际普及法律知识,建设农村法制;《农家女》,表现平凡农家女的不平凡事迹,倾诉农家姐妹心声;《中央农广校》,开辟电视教育课堂,注重职业技能培训;《田园大舞台》,送文化下乡,把丰富多彩的文艺节目送到农民的家门口;《乡村大世界》,寓教于乐,汇聚乡村世界的综艺节目;《农村文化巡访》,记录农村文化生活,报道乡镇文化动态;《民间艺术采风》,挖掘民间艺术瑰宝,揭示民族文化的底蕴。

从以上可以看出,这些栏目设置存在着诸多的不合理。有些栏目的定位存在着重合和交叉,比如《田园大舞台》和《乡村大世界》的定位和节目形式就很相似;有些栏目的定位可以被包含在另外的栏目之内,没有必要单独制作,比如《农事指南》,完全可以包含在《科技苑》之内;还有些栏目定位不明确、不清晰,与"三农"的其他领域和话题相比,意义不突出。

鉴于这样的现状,改革决定从栏目的设置和制片人的选拔上同时入手。根据当时的需要,农影中心对栏目进行了合并与整合,最后保留了《科技苑》《致富经》《乡村大世界》《农家女》《农业新闻》《农村文化巡访》等栏目,增加了《基层瞭望》,取消了《田园大舞台》,《中央农广校》依旧由中央农业广播电视学校制作。并经过选拔,诞生了农业频道的首批制片人,这些制片人归部门主任领导。

在我国电视行业已经普遍实行了制片人制度的时候,农业频道也迈出了这艰难的一步。也许这正是农业频道实行制片人制度的最佳时期。

这个时候的农业电视急需向一个新的高度迈进,制片人制度的实施,无疑对中国农业电视的发展起到了促进作用。

当时每个部门设有主任和副主任,他们负责选题的审批、节目的审查、经费的报销签字等工作,这完全是中央电视台1993年以前的机构模式。中国农业影视中心还设有技术部、广告部、音像出版社等部门。

变革的目的就是要提升节目质量。改革后的部门领导是行政职务,往往不负责具体的节目质量的提升等问题。行政和业务分开,由制片人来负责具体节目的质量,放权给制片人,让他们专心从事节目的创作与管理,这是农业频道的改革目的。

但这次所实行的"制片人制"只是一种观念上的"制片人制",制片人既没有行使自己的权利(实际上也无权),也没有履行自己的义务(实际上也不明白自己的义务)。这样的"制片人"和"制片人制"造成了农业电视的制片人有六大弱势,即市场经济意识弱、抗风险能力弱、创新能力弱(因无权创新)、竞争能力弱、应变能力弱、公关能力弱。

在市场经济条件下,农业电视实施制片人制有它的必然性,它是产业化经营发展规律的要求,是节目制作时效性的要求,是提升自身品牌效应的要求,是顺应市场发展走势的要求。尽管如此,实施制片人制是有条件的,只有在条件具备的情况下,实施制片人制的客观必然性才能显现出来,否则,制片人制是不可能建立起来的。

第一,社会环境。市场经济的充分发展,国家对农业电视的重视并给予农业电视政策上的支持,以及人们对农业电视产业的认知度有了大幅提高。

第二,内部环境。农业电视对媒介的性质和功能有了科学的认知,且市场机制已对农业电视产品经营活动起调节作用。

第三,环境条件。任何一种社会活动都离不开人才环境,同样,实施制片人制也不能没有人才环境条件。

如果上述环境条件难以满足,所谓制片人制只能是观念上的,而不可能成为真正意义上的制片人制。而当时的农业频道以及农业电视本身并不具备这样的条件。

2003年11月,经历了两年的经验积累,农业频道进行了第二次改版。这次主要是对创作体系进行了改革,从原来的中心—部门—栏目三级管理变成了中心—栏目两级管理,撤销了部门,原来统管制片人的部门不复存在,真正给了制片人权力,由制片人对栏目的整体性负责。

目前,中央电视台农业频道已经成为国内涉农专业频道中栏目设置最科学、最系统的频道,已经形成了稳定的12个在播栏目群,内容涉及政策、科技、信息、经验、人物、生活、文化、法制、综艺、服务等十二大领域,解析"三农"政策,推广先进技术,培养劳动技能,传播致富经验,传递市场信息,关注情感文化,介绍农村建设,沟通城乡结合,架构起了基本的、系统的、完善的、充满时代感的农业节目体系。

在制片人的管理上,中央电视台农业频道也出台了新的考核办法。第一次实行制片人制时实行三年全部轮换一次,这种做法存在人心涣散、掠夺性开发等问题。后来,台里又出台了新的考核办法,既给优秀的制片人一个长远的预期和宽松的环境,又实行末位淘汰。对制片人的考核除了收视、品牌等指标外,还增加了创新能力、制度建设、人才培养、敬业精神等综合指标,通过考核使农业栏目的制片人更加关注节目的深度和厚度,关注人才的培养和稳定,关注栏目长期的制度建设。

至此,国内规模最大的农业专业频道的电视改革与中国电视行业初步接轨,强力地带动和影响着其他省级农业频道的改革与发展。

四、农业频道大放光彩

从1998年起,针对我国农村广播、电视发展滞后,广大农村和边远山区(主要是西部地区)群众看电视和听广播难的问题,国家广电总局在全国范围内实施"广播电视村村通"工程,这得到了各级政府和广播电视工作者的支持。截止到2003年年底,共完成了11.7万个行政村的"村村通"任务,解决了7000多万农民群众收听收看广播电视难的问题,使我国的广播和电视人口覆盖率分别由1988年的88.3%、89%提高到2003年的93.72%、94.97%。由于国家对农业高度重视,以及中央电视台农业频道的先锋带动作用,一些省市级电视台开始创办农业频道,由原来的农业电视栏目到现在的农业频道的创立,中国农业电视跨入了一个新的时代。

目前,主要的省市级农业频道有吉林电视台的乡村频道、山东电视台的农科频道、河北电视台的农民频道、河南电视台的新农村频道、浙江电视台的新农村公共频道、陕西电视台的农村卫视频道等。几个主要的频道介绍如下:

吉林电视台乡村频道

除去中央电视台的半个农业频道以外,在全国的3600多个电视频道中,吉林电视台的乡村频道是第一个服务于"三农"的专业频道。吉林乡村频道自2001年7月开播以来,先后创办了多档定位准确、内容丰富、互动性强的自办栏目,其中《乡村四季》《乡村聚焦》《乡村导视》和《乡村大戏台》等栏目均得到观众的认可和喜爱,形成了稳定的收视群体。

《乡村四季》是吉林电视台乡村频道的主打精品栏目,是一档服务"农业、农村、农民"的社教科普类节目,注重实用性、指导性、知识性、通俗性、趣味性。栏目创建至今,紧紧抓住定位,即"传播现代农业资讯,推广农业实用技术;开阔农民致富视野,解答农民疑难困惑;展示当代农民风采,帮助农民发家致富",并牢固树立"一切为了农民发家致富"的栏目宗旨。

《乡村戏苑》是一档以播出东北二人转为主的栏目,立足于展现原生态的本土艺术。

第二章 农业电视的发展历程

《乡村聚焦》是全国首创的大型农民谈话节目。内容围绕邻里关系、伦理道德、见义勇为、"坑农"事件、党群关系等热点问题展开讨论,选题精准,定位准确。

《乡村导视》是一档以宣传吉林电视台乡村频道为宗旨的栏目,主要是报道节目制作花絮,预告下周乡村频道的节目内容。设有自采类板块:《我爱我村》《咱村咱事》和《乡戏看板》等。

山东电视台农科频道

2002年4月20日,农业大省山东省开播了自己的农业频道——山东电视台农科频道,主要的创作和领导团队大多来自山东电视台的《乡村季风》栏目,其创作经验和理念也来自于此。

农科频道设有《乡村季风》《乡村季风·专家热线》《乡村季风·海外版》《乡村季风·打工在线》和《快乐乡村游》五档自办栏目。农科频道还有《山东农广校之窗》《小格看电影》《环保前线》《传奇》等十几档合办和引进栏目,与自办栏目一道形成了山东农科频道丰富多彩、特色鲜明的节目格局。

河北电视台农民频道

河北电视台农民频道2005年5月1日正式开播,是全国第三个省级对农频道,也是唯一一家真正实现全省覆盖的省级对农频道。该频道的宗旨是服务农业、农村、农民,解读涉农政策,关注农民生活,传递致富信息,立足农村,沟通城乡。节目设置突出服务、公益特色,目前共有九档栏目,每天播出时长19小时。

开播以来该频道秉承"关注农民,由心开始"的频道理念,始终坚持打造最贴近广大农村群众的频道,受到了观众和业界的好评。目前,已形成《三农最前线》《致富情报站》《非常帮助》《自娱自乐》等四大品牌栏目;大地欢歌——河北省群众歌手擂台赛、十大热心肠人物评选、平民百星唱翻天等三项大型活动。主持人阿浩、田源、欣娜和出镜记者苏老三、大宽在观众中也颇具号召力,收视份额一直保持强劲上升势头,在河北电视台七个频道中排名第二。

《自娱自乐》是该频道全力打造的一档大型娱乐节目,是一个观众参与的演播室节目。节目摒弃了"选秀"和"造星"的形式,鲜明地提出"自娱自乐"的理念,大力提倡普通人的欢乐聚会,使普通观众成为节目的主角,真正做到了把电视还原成大众的舞台。

《三农最前线》是该频道着力打造的一档以农民为服务对象,以"三农"为关注重点,内容包括涉农新闻、实用信息、深度分析报道和交流沟通的电视新闻杂志节目。

《非常帮助》是该频道倾力打造的一档黄金时段栏目,是该台第一档爱心公益栏目,它以更平民化的视角关注弱势群体,以更真实震撼的状态打动观众。

《致富情报站》是该频道一档日播农业经济信息服务类栏目,它以报道农业新技术、新模式、新品种、新项目,传递市场信息、分析市场变化为主要内容,引导广大农民群众依靠科技、适应市场走上致富路。

《农科大讲堂》是河北省科技厅与该频道联合开办的一档直接为"三农"服务的公益性农业科普栏目,它以传播实用科普知识,介绍种植、养殖等实用技术,播报农业政策法规,讲述最新农业科技成果为主要内容。

河南电视台新农村频道

2006年6月9日,河南媒体行业诞生了一个新的频道——河南电视台新农村频道,频道栏目设置主要有四大板块:一是涉农新闻资讯类节目。解读农情农策,报道农家农事,反映民声民意,并以资讯服务的方式为农民提供及时丰富的涉农信息。二是涉农专题服务类节目。从致富新信息、致富新技术、涉农新服务、农村新景象等不同角度为广大农民朋友提供最实用、最具操作性的服务,力求将此类节目打造成农民朋友增产增收的第一课堂。三是涉农综艺娱乐节目《欢乐中原》。它以活动的形式,把文艺的舞台搭到乡村田野,让先进文化走进农民的生活当中。四是涉农影视戏曲类节目。每晚播出一部近期上映的国产电影或者引进的大片,每天播出一部传统地方戏曲,以满足农村观众的收视需求。

该频道的主要栏目有《新闻村村通》《致富招招鲜》《在影评视界》《飞歌传情》《新农村大舞台》《精彩剧场》《动作剧场》《乡音剧场》等。

四川乐山电视台公共·新农村频道

2007年2月3日,四川省第一个专业对农频道——乐山电视台公共·新农村频道开播。该频道推出的一档《八面风》栏目,分为新闻故事《舒妹说事》、天气资讯《舒妹谈天》和专题报道《七彩城乡》三大板块。整个栏目内容通俗实在、节目形式轻松风趣。《舒妹说事》和《舒妹谈天》都以乐山方言进行播报,更加贴近农村、贴近农民,既突出地方特色又弘扬地方语言文化;而《七彩城乡》以生动明快、亲切平和的讲述方式,以典型人物和案例为载体,以城乡居民喜闻乐见的各种表现形态,进行直观而通俗的报道。

除此之外,还有黑龙江的农垦电视台、陕西的农林卫视频道、福建的公共频道、山东临沂新农村频道等多个省市级对农专业频道先后成立。截至2008年年底,算上中央电视台第七套节目,共有10个农业频道开播,这些频道的成立,标志着我国农业电视发展到了一个新的高度。

第三章　农业电视的种类和特点

第一节　农业电视的形式

我国有9亿农民,文化素质、消费习惯、欣赏习惯等不同,相对于电影、报刊、广播等媒体,电视具有声画并茂、传播即时、收看方便、通俗易懂等特点,因而更容易为农民所接受。特别是随着有线电视网和无线电视信号在农村的广泛延伸和覆盖,以及电视机的全面普及,电视越来越成为农民生活中不可缺少的一部分。电视给农民传播信息,带去娱乐,在当代农民生活中扮演着极其重要的角色。目前中国电视在深化改革过程中,开始加强对农村受众和农村市场的关注,这是电视媒体关注"三农"的切实行动。

一、农业电视频道

未来的农业电视频道必须走专业化的道路,以专业能力打造传播优势,为我国农民的全面发展提供信息服务,帮助农民获得及时有效的信息。

农民朋友一般没有固定收看电视节目的习惯,农业节目大多是无意换台才看到的,如果把农业节目都集中在一个频道中,就会有利于他们收看。

早在2004年1月21日,印度就正式开播了专门的"农民电视频道"。之后,我国开设"农业频道"的呼声此起彼伏。尤其在国家对"三农"问题高度重视的今天,农民对电视有着高度的依赖性,这一呼声更是空前高涨。

"三农"问题是我国社会主义现代化建设的根本性问题之一。党中央明确提出要把解决"三农"问题作为当前全党全国工作的重中之重,2005年中央1号文件提出要不断提高广播电视"村村通"水平,占领农村宣传文化活动阵地。国家广电总局已经把加强农村广播电视工作作为广电为"三农"服务的重中之重,要建立起农业农村节目的有效覆盖体系。地方电视台也加大了对农业农村节目制作的投入,根据当地实际提高节目的针对性、时效性,丰富节目内容,满足当地农民群众的迫切需求。省、市甚至个别县级电视台也根据条件陆续开播农村电视频道。

农业电视频道可以及时地传递"三农"政策,普及"三农"常识,提高农民各方面素质,这是9亿农民的企盼和要求。及时讲解农业科学常识,帮助农民准确地把握农时、农事、农活,特别是农业节种、节肥、节水及病虫害防治,从而减轻农民负担,夺取农业丰收,保护生态环境,促进农民身体健康。专门的农业电视频道,为农民群众传播科学向上、喜闻乐见的"三农"节目,是建设社会主义精神文明、物质文明、社会文明、生态文明的需要。

目前,除了中央电视台的农业·军事频道之外,专门的农业频道还有吉林电视台的乡村频道、山东电视台的农科频道、河北电视台的农民频道、河南电视台的新农村频道、浙江电视台的新农村公共频道、陕西电视台的农林卫视频道、福建电视台的公共频道、山东临沂电视台的农村科普频道等。

二、农业电视栏目

电视栏目是电视台每天播出的相对独立的信息单元,主要是单个节目的组合,是按照一定内容(如新闻、知识、文艺)编排布局的完整表现形式。电视栏目具有系统性、固定性、综合性的特点,它要求节目内容类型化、时间长度规范化、节目编排条理化,还要求有固定的栏目名称、固定的片头、固定的节目长度、固定的播出时段、固定或相对固定的栏目主持人,以及相对固定的表现形式。

定位是一个栏目的灵魂,决定着一个栏目与其他栏目的区别。农业电视栏目最重要的评价体系就是定位。所谓农业电视栏目的定位指的是农业栏目有别于其他栏目的内容、形式、功能、传播对象、传播方式等方面的规定性,是一个多层面的复合概念,它包括受众定位、功能定位、内容定位、节目形态定位、节目风格定位、节目包装定位、记者定位、主持人定位等。

准确而又清楚的定位,是一个节目能否拥有生命力的关键。例如,中央电视台的《乡村大世界》的定位是"展现一方水土,营造快乐乡村"。这个定位既是电视工作者的智慧结晶,也体现了他们非凡的策划理念,给观众留下了深刻的印象。此外,《科技苑》栏目定位的是"科技推动农业,科技创造财富",《致富经》栏目定位的是"财富无处不在,行动成就梦想",都是突出个性、旗帜鲜明的农业电视栏目的定位。

当今世界,信息业的发展建设惊人,可供受众选择的信息源愈来愈多,大量电视专业频道涌现,特别是计算机互联网络普及,使受众享有的信息空间迅速扩大。"作为相对比较成熟的现代电子大众传媒的广播电视,正由传统的'广播(Broadcasting)'向'窄播'(Narrow-casting)发展,即现代广播电视向'大—小—大'发展的趋势,即频道(频率)数量庞大、单个频道受众人数相对较小、节目数量大。"① 20 世纪 90 年代以后，随着我国进一步的改革开放，电视技术的进一步改进，中央电视台及各地方电视台的发展速度很快，他们纷纷增设频道，以扩大收视范围，固定收视群体。频道数量的激增，必然导致节目数量增多，因为一个频道每天一般要容纳 18 至 24 小时的播出量，如此之多的频道资源，使每个频道的受众群体相对减少。由于受众拥有越来越大的选择自由，农业电视只有在众多的节目中高出一筹，才能吸引受众。换句话说，现在可供大众选择的电视节目越来越多，而平均到每个栏目的受众就越来越少，如果所办的农业电视栏目定位不准确，制作的节目也不会吸引人，没有人看的节目自然会影响到它的经济效益和社会效益，长此以往，传播目的无法实现，栏目就会被淘汰。

具体到每个栏目定位的内容，主要包括以下几个方面：宗旨、内容、表现形式、节目风格等，从内容到形式对栏目做出一个科学的界定，是日常节目选题确定及制作的准绳。天津电视台《四季风》栏目自开办以来一直坚持以"服务农村，服务农民"为宗旨，其选题基本上也是遵照这一宗旨确定的。在表现形式上，《四季风》栏目不仅力争做到贴近农民、贴近生活，而且生动活泼，带有浓厚的乡土气息。正因为很好地把握了栏目的定位，办出节目的特色，它不仅受到主要收视对象——农民的欢迎，而且也赢得了城市观众的喜爱。山西电视台的《黄土地·周末版》坚持三个"关注"的原则，即"关注农村的生存状态、关注当代农民的新追求、关注现代农业给社会带来的进步与文明"。坚持这样的定位，使这个栏目获得了巨大的成功——栏目曾获得"全国十佳栏目"的殊荣，在当时获奖栏目中它是唯一的对农栏目。对于一些背离栏目宗旨的栏目，在选题、内容、节目形态上都与栏目的名称或宗旨不符，经过一段时间必然会被淘汰。

农业电视栏目的定位必须兼顾本频道所有栏目的情况，必须符合本

---

① 陆晔、赵民：《当代广播电视概论》，复旦大学出版社 2002 年版，第 60 页。

频道的栏目规划。栏目定位不准,往往会造成栏目的边缘化,也很难实现观众的最大化,严重的还会造成栏目的同质化,甚至引起栏目管理上的混乱。农业电视栏目的设置不是随意而为的,而是要遵循以下的原则:

(1)功能原则。应该随着客观实际的变化而不断更新,使农业电视的社会功能得到全面的发挥。

(2)分层原则。这主要包括两个方面,一个是农业电视受众的群落层次,表现为人口统计学特征的不同;二是受众的需求层次,表现为受众需求的不同。只有充分考虑这两个层次的交叉点,才能实现农业电视节目的对象化传播,提升频道的专业化程度。

(3)系统原则。要求把现有的各种农业电视节目资源作为统一的整体来运作,资源共享,合理配置。体现在频道中就是要发挥农业栏目的整体优势,实施最佳的编排策略。

(4)多样性原则。内容多样性是为了适应受众需求层次的多样性,节目形态的多样性是为了适应受众群落层次的多样性。

(5)少而精原则。设置不宜繁杂,否则会分散观众的注意力。

三、农业电视板块

我国最早以板块形态出现的栏目应该是《东方时空》,该栏目设立了《东方之子》《东方时空金曲榜》《生活空间》和《焦点时刻》四个板块。这种借鉴杂志版面设置的方法,既增加了信息量,又适应了观众快节奏的生活,因此这种板块式的电视栏目编排方式一经出现,立即风靡整个电视领域。几年之后,全国各级电视台几乎都以板块的方式来组合栏目。

农业电视尤其适合采用板块的方式来编排栏目。我国地域辽阔,农业电视所要表现的内容纷繁复杂,如果不以板块的方式编排,就很难包罗这么多内容。

板块和板块之间要靠主持人勾连起来,从而在形式上使得由板块组合成的栏目具有整体性。板块和板块之间既要有关联,即在质上有相同的方面,又要有所不同,防止板块与板块之间出现同质化现象。

四、不定期的涉农节目

除了固定的农业频道、农业栏目和农业节目,不定期的涉农节目也在农业传播中发挥了重要的作用。

很多非农栏目的报道都会涉及农业题材。每天的《新闻联播》都会播出关于农村政策、农业生产、农民生活的相关报道,《焦点访谈》中也会有很多涉及"三农"的深度报道。无论从关注的程度还是从关注的广度来说,新闻节目应该是非农业节目中涉及农业内容最多的节目类型。其他类型的节目,诸如服务类、教育类、医疗类、法律类等节目也会大量涉及"三农"话题。

除了农业频道、农业栏目和农业板块以外,其他类型的节目中也会有关注"三农"问题的内容,尤其是那些较有影响、收视率较高的栏目关注和报道了"三农"信息后,会使"三农"问题受到空前的关注。

第二节 农业电视的种类和特点

根据节目的内容以及形式,基本可以将农业电视节目划分为农业新闻节目、农业经济节目、农业科技节目、农业教育节目、农业卫生节目、农业综艺节目、农村文化节目、农村人物访谈类节目、农业服务节目等,这些节目从不同的角度入手,以不同的方式关注"三农",带有各自不同的特点。

一、农业新闻类节目及其特点

我国大多数电视台的新闻类节目往往是立台之本。苏联学者曾经提

出"电视的本体是新闻"之说,且不说立论是否全面,但在某种程度上反映了在电视的诸多节目中,新闻节目发挥着主体作用。电视作为新闻媒介,新闻意识贯穿于各类节目之中。同理,农业节目也不例外,新闻类节目是最快捷的传递某种观点的形式。

在目前阶段,关于农业的新闻在其他综合性的新闻栏目中也会经常看到,中央电视台的《新闻联播》和各省级电视台的新闻以及各地方台的新闻节目中经常会报道关于农业的新闻。这些农业新闻在综合性栏目中是零散分布的,而农业新闻栏目却是专门报道"三农"领域里新近发生的事实的栏目。中央电视台第七套节目中播出的《农业新闻》,就是专门报道"三农"领域里发生的事情的栏目。河北电视台农民频道的新闻栏目《三农最前线》,专门传达关于"三农"的各项政策、法律、法规,深切关注农村、农民、农业中的热点、难点问题。

农业新闻节目有以下几个特点。

(一)时效性为主,兼顾实用性和服务性

时效性是新闻节目的特征,自然也是农业新闻的主要特征。农业新闻是对新近或者正在发生的涉农事实的报道。我国农村地区面积大,分散广,每天发生的事情很多,农业新闻是能以最快速度传播新闻的节目类型,能在第一时间把与农民关系密切的农业政策、法规等传递给农民。

除了时效性以外,农业新闻还兼具实用性和服务性的特点。随着季节和时令的变化,农业新闻所关注的内容也有所不同,因而具有实用性和服务性。

(二)内容丰富,涉及面广

农业新闻节目的内容涵盖了"三农"的方方面面,包括农业政策、法律、法规等方面的宏观类农业信息,农产品价格、销路、供求等市场信息,农业新技术、新品种信息,农村教育,农村医疗改革,典型的农村人物形象等诸多方面,可以说包含了农业的方方面面。

二、农业经济类节目及其特点

电视经济节目是伴随着我国电视的发展而不断发展的。20世纪80年代,《经济生活》《经济半小时》等节目的出现使得经济节目作为独立的节目类型引起了观众的注意,在这些节目中,有相当一部分报道内容是关于农业经济的。目前,从中央到地方的各级电视台中都有农业经济栏目出现。中央电视台第七套播出的《每日农经》、河北电视台农民频道播出的《农经百科》、广东电视台播出的《摇钱树》等都是典型的农业经济类栏目。

(一)时效性突出

农业经济类节目主要的目的是向观众传播经济信息,对于农业来说,相关的农业经济往往是和农民的生产紧密相连的,是为农民服务的。如一些农业经济节目中的农产品供求宣传报道,如果没有了时效性,这种传播就没有了意义。

(二)地域性明显

地域性是农业经济节目的一个特点,关系到传播效果的最终实现。我国农村地域分布广泛,农业呈现出明显的地域性特征,不同区域的主要农事活动是有区别的,农业产业结构也有所不同。在海南主要的农业产业结构是热带水果和橡胶,而在吉林主要的农业产业结构是粮食……由于地区的不同,农业的构成也不同,所以不同区域对农业经济信息的需求是不同的。中央电视台的农业经济栏目传播的农业经济信息要考虑到如何照顾到全国各地,而地方电视台的农业经济节目侧重播出和本地农业构成相一致的经济信息即可。

(三)服务性、实用性、效益性并重

目前,农民增收问题是"三农"问题的核心,而农业经济类节目最终的

目的就是要服务"三农",服务性、实用性以及最终为农业生产带来效益、为农民增收作出贡献是农业经济节目的主要特点。

三、农业科技类节目及其特点

农业科技类节目是农业电视中比较独特的一个节目类型。我国农民普遍受文化教育程度不高,在市场经济的条件下,现代化的农业是必然之路。现代化的农业必然要求有一批新型的农民,他们懂科学、懂技术、懂经营,而农业科技类节目正是承担了这样的责任与使命。农业科技类节目具有以下的特点。

(一)科学性和普及性

科学性是农业科技类节目的根本。农业科技类节目主要是向农民推广和普及科学知识,因此所涉及的内容还要具有相对的广谱性,要尽量与最多数的农民有关系。

目前,电视依旧是农民获取科学技术的主要渠道之一。尤其是一些农业技术推广方面的知识,农民更加依赖电视,因为广播和报纸都无法具有同电视一样的直观性。农业部推广的许多技术都是通过农业科技节目来完成的,如实施测土配方施肥,开始推广时成效并不理想,但是在中央电视台和各地方电视台轮番报道与测土配方有关的知识后,这项技术在全国范围内迅速推广开。还有无公害技术、标准化技术等一系列重大的技术推广,最终在某种程度上都依赖了农业科技节目。中央电视台第七套的《科技苑》就是这样一档节目,主要制作播出政府推广的、容易掌握的、便于操作的农业实用技术,农企和农民在农业生产生活中的科技创新和典型经验,新品种和小发明集锦,此外还制作播出一些科普片。

技术推广类的农业节目主要是向农民推广实用的先进技术,而科普类的节目则是向农民传播一些科学知识。

(二)实用性和适用性

实用和适用的科学知识是农民需要的,也是人们最喜欢的。实用性涵盖了时效性,也就是说所推广的技术或者科学知识是急需的,符合农民当下需求的。2009年春节期间,中央电视台第七套的《科技苑》栏目播出了五集系列片——《赶到正月来上市》,分别是《安丘草莓》《柳江葡萄》《洛阳牡丹》《姚安硬蜜》和《余杭春笋》,讲述了农民如何利用高科技,让这些产品按照预期赶在春节期间上市,使得这些产品的价值翻了几番,农民最终获得了不错的经济效益。这些技术具有一定的实用性,是农民朋友急需的。适用性涵盖的是针对性。农业科学技术都具有一定的针对性,所以农业科技节目一定要有针对性。

(三)通俗性

农业科技节目主要是向农民传递农业科技知识和具体的实用技术,最终的目的是希望农民能够运用这些知识获得发展。鉴于农业科技节目主要是向农民传播科学技术,而农民的文化程度又普遍不高,所以较其他类型的节目而言更要求其具有通俗性的特点。电视具有"一遍过"的特点,如果不通俗,老百姓就很难记住,也不容易接受。尤其是要表达深奥的科学道理时,比如讲到转基因、克隆、信息农业、平衡施肥等专业技术时,如果不把它们转化成通俗易懂的语言,老百姓就不容易明白。除了这些专业术语外,在一般题材的制作上,也要尽量做到通俗易懂,这样才有利于老百姓接受。《科技苑》播出的《散养莱芜猪》就很通俗易懂,作者形象地称猪为"溜达猪",说猪"累了可以打个盹""吃了还要散散步",在亲切、自然的叙述中教给观众养猪的技术,通俗化的解说无论什么层次的老百姓都能很快接受,而且很容易就学会了散养的技术。

(四)公益性

农业科技节目所传播的科技知识和新技术应该能产出经济效益,从长远来说更应该具有社会效益。如果只注重眼前的经济效益,而不注重社会效益,向农民推广一些快速、功利的技术的做法是不可取的,有些媒体向农民推荐使用瘦肉精,可是药物残留却危害着人们的健康,饲料中的添加剂使用不当,会导致整个产业链条毁灭……这样的例子不胜枚举。所以农业科技类节目一定要有长远的社会效益,即公益性。

农业科技节目主要存在着两大阵地,各自涵盖不尽相同的内容。一是实用技术普及,包括三个部分:第一部分是日常生活中的实用科技知识普及,如家电使用、卫生宣传、健康教育等;第二部分是职业技能培训,如工厂技工培训等;第三部分是农业实用技术推广培训,包括农、林、牧、副、渔等领域的技术推广。二是科学素质提升,主要内容是提高公众的现代科学素质,包括科学知识、科学方法、科学对社会的影响,以及提高公众参与科学决策的意识和能力。上述内容均要求农业科技节目具有公益性的特质。

《科技苑》播出的五集系列片《保种行动——拯救濒危的畜禽》就是公益性特征十分明显的农业科技节目。农业部公布了一些濒临灭绝的畜禽,它们的数量已经很少了,到了濒临灭绝亟待保护的边缘。这些物种对于人类而言是非常重要的,失去了它们,就意味着多样性的世界受到了进一步的威胁。为此,《科技苑》制作了五集系列片《保种行动——拯救濒危的畜禽》,完全从公益的角度出发,倡导人类积极配合,开展保种行动。

四、农业教育类节目及其特点

"传统的农业教育和信息传播,难以满足一家一户经营的农民在市场竞争中对科技和信息的需求,迫切需要开辟和创造新的推广服务方式和途径。农村电视推广是新形势下开展农业推广教育和信息服务的一种全新的方式,这种方式在我国尤为重要。"[①]农业教育节目就承担着这样

---

① 朱金玉:《提高农业科技传播效果初探》,《传播观察》1999年第4期。

的任务。将电视与教育相结合开展远程教育是人们科学利用电视媒介的重要举措。1978年2月6日,邓小平同志亲自批示创办广播电视大学,拉开了我国利用广播电视开展教育、迅速提高国民素质的序幕。1980年,以教育农民、提高农民素质为责任的中央农业广播电视学校成立,它利用广播和电视向农民远程传授农业知识,推广实用技能,培养造就大批有文化、懂经营、会管理的乡土人才,不但对我国农民素质的提高、农业生产的发展起到了积极的推动作用,也为我国远程教育特别是农村远程教育领域积淀了丰富的经验。中央农业广播电视学校借助中央电视台的播出平台,开办的《农广天地》栏目就是典型的农业教育节目。农业教育节目有以下特征。

(一)科学性

20世纪80年代,我国农民文化水平普遍不高,缺乏科学知识的系统学习,因此那时的电视教学节目多为基础课程,理论性、系统性较强,诸如《家畜生理学》《化学基础》等。20世纪90年代,为适应农村产业结构调整和乡镇企业快速发展的需要,电视节目内容拓展到农产品加工、乡镇企业管理等,节目集数较多、内容较细。进入新世纪,伴随信息技术的飞速发展,农民接触新知识、新技术的渠道更为畅通,他们对感兴趣的农业技术的学习需求也随之增加,特别是那些周期短、见效快的致富技能。中央农业广播电视学校开发新的专业和课程,增加技术培训内容,同时对旧课程进行调整,减少理论,强化实用,突出节目的实践指导性和可操作性,音像教学内容逐渐从以专业课程为主向以单项技术为主转变。

(二)严谨性

因为农业教育节目传播的是农业科学知识,决定了此类节目必须注重声画对位,不能像人物片或纪录片那样大量使用空镜头或写意画面。农业教育节目在拍摄之前,要做好脚本的撰写,将画面内容、景别设置、特技运用等提前做出合理设计,特别是重点难点内容要注重采用形象直观的表现方式。

(三)可重复利用性

农业教育电视节目所具备的科学性、知识性特质,决定了它不像新闻或娱乐性节目那样生命力短暂,而是可以像书本一样具有较长的寿命,能够反复使用。一方面可以将节目制作成录像带、VCD光盘,用于辅助教学,现场播放,强化教学效果;另一方面向社会发行销售,扩大使用范围,使更多的学农、务农人员受益,增加经济价值和社会价值。

五、农业卫生类节目及其特点

我国农村医疗卫生工作还非常薄弱,特别是城乡之间医疗卫生的差距还很大。

因为农村健康知识的普及率很低,不少地区的农民还不能及时获得基本的卫生知识和信息,所以农村卫生类节目具有存在的必要性。除了宣传普及基本卫生知识以外,农业卫生类节目还要宣传国家制定的政策和措施,把党和政府对农民的关怀落到实处。比如国家制定的许多卫生政策农民未必能及时全面了解,因此农业卫生类节目可以在其中发挥很大的作用。中央电视台第七套《科技苑》栏目中曾设有一个"健康话题"板块,就是向农民介绍一些医疗卫生知识的。

另外,生活中不良的卫生习惯在很多农村还没有从根本上得到改变,这也是卫生节目所关注的问题。

此外,还要加强普及农村重大传染疾病方面的知识,因为中国80%的传染疾病发生在农村,不解决农民的疾病预防控制工作,中国的疾病预防、疾病控制就做不好,电视节目在这方面也要担负起更大的责任。农村环境问题与农民身心健康也有很密切的关系,这也是农业卫生节目关注的一个方面。农业卫生类节目有以下特点。

(一)服务性

全心全意为广大农民服务是农业卫生节目的主要特点。在内容上,农业卫生节目所关注的是与农村地区医疗卫生以及农民健康密切相关的问题,把这方面的信息及时传递给农民,并进行详细的解读。在形式上,很多卫生节目都设立热线,直接针对观众提出的问题请专家予以有针对性的解答。

农业卫生节目的服务性还体现在很多方面,比如在面临一些重大疫情的时候,农业卫生节目会特别关注农民和农民工的医疗健康。

(二)公益性

农业卫生节目具有公益性的特征,走入农村,走近农民,免费为农民服务。自1997年以来,卫生部和中央电视台共同组织了送医、送药、送知识"三下乡"活动,足迹遍布江西、西藏等老少边穷地区,所到之处无不受到老百姓的热烈欢迎,这从另一个侧面反映了老百姓对医疗卫生方面知识的渴求。

六、农业文艺类节目及其分类

电视具有两种基本特性,一是它是一个穿越时间和空间的工具,天然具有戳穿一切神圣化企图的功能。当电视这种能将"拟像"的时空展现在人们眼前的媒介出现的时候,神秘和神圣也就同时消失了。当观众发现电视中出现的人物也会与自己一样出现差错和失误的时候,人也就难以再成为神了。同时,电视的直播特性使得它成为一种窥探的工具,成为一种狂欢的平台——每个人都在这样一个平等的直播形式面前揭开了神秘的面纱。因而,娱乐化成为电视的一种特性,娱乐性自然也就成为人们观看电视的一个绝佳理由。

电视娱乐化还体现出对消费社会大众的尊重,是大众寻求解放的一次自救。事实上,大众不仅需要信息,也需要娱乐。弗洛伊德就明确指出,"人类总是寻求快乐,避免不快乐"。①

目前的农业文艺节目基本上可以分为表演类综艺节目、游戏类综艺节目、益智类综艺节目、文艺专题类节目等,这些节目正以各自不同的方式和特点丰富着广大农民的精神文化生活。

(一)表演类综艺节目

表演类综艺节目作为人民群众日常生活的一种娱乐工具,能在较高层次的精神层面给观众以美的享受和情的满足。这在社会观念普遍不甚开放、媒介不太发达、娱乐方式尚不丰富的农村,表演类综艺节目无疑为丰富人民群众的精神文化生活发挥了极其重要的作用。

农业表演类综艺节目与电视综艺晚会在内容和形式上有着天然的紧密联系,像《乡村大世界》无论是节目内容,还是结构形式;无论是主持人,还是镜头语言,都与"春节联欢晚会"有异曲同工之妙,因此被认为是农业节目的"小春节联欢晚会",这在一定程度上是对观众节日情感的补偿性满足。

(二)游戏类综艺节目

农业游戏类综艺节目热潮的兴起主要归因于自身形态的"创新",主要体现在三个方面:内容全面游戏化,暗合了"去政治化"的观众心理;明星嘉宾成为主角,观众从消极的"看客"变为积极的"参与者",人际传播与交流的介入提升了节目的亲和感;主持人明星化,在调动主持人积极性的同时聚拢了人气。

农业游戏类综艺节目在理论上最大的贡献,是实现了娱乐从功能到本体的跨越的重要一步。与国内其他的游戏综艺类节目相比,农业游戏综艺类节目出现得较晚,受欢迎的程度远不及其他的游戏综艺类节目。湖南卫视的《快乐大本营》是最早的游戏综艺类节目,农业游戏综艺类节

---

① 〔美〕约翰·菲斯克:《电视文化》,商务印书馆2005年版,第329页。

目从中汲取了一些元素,具有自己的特点。参与性是游戏类节目的一个重要的特点,当然也包括观众的广泛参与。当下的农业游戏综艺类节目的参与者主要是城市居民、高学历观众,农民参与得较少,因而农业游戏综艺类节目总体上还没有真正做到贴近农民。如中央电视台第七套的《乡村大世界》中设置的一些对垒游戏环节,也因为农民的参与度不够而显得缺乏乡村情怀。

(三)农业益智类综艺节目

知识并游戏着,是益智类综艺节目的基本模式,也是节目的高明之处。传统综艺节目一直是以强调"寓教于乐、雅俗共赏"而著称,但是这种传统的教化理论往往找不到合适的电视表达方式,导致节目陷入难做也难看、传播效果差的恶性循环。在游戏娱乐节目中,这种教化理论被完全抛弃,而是通过家庭代表及其家庭成员的参与,在展现和谐亲情的同时,传播知识、挑战智力,寓教于乐的教化宗旨得到另类体现。

中央电视台第七套的《阳光大道》是一档农业益智类综艺栏目,参与者一般都是农民工、家政人员等,通过设置一定的环节,在游戏和娱乐中掌握知识,学习技能。如《替雇主保密》中讲的是为一位对保密要求比较高的魔术师找保姆,比赛的内容围绕着魔术师的职业特点和要求展开,其中通过设定的一些环节告诉保姆该如何做好保密工作。如《去四世同堂家当保姆》《顺心保姆大考验》《谁是我的省心保姆》《谁能让我休息好》《给猎头家当保姆》《榜样保姆的较量》《给画家当保姆》等一系列节目,都是基于知识并游戏的原则,在紧张的比赛环节中,通过主持人、嘉宾、雇主、保姆、观众全方位的参与,在娱乐和游戏中完成了传播知识、传授技能的使命。

(四)农业真人秀综艺节目

"真人秀",泛指由制作者制订规则、由普通人参与并全程录制播出的电视竞赛或游戏节目。这种始于荷兰的新型电视节目形态,现如今仍火爆风行于欧美各大电视台,虽屡遭诟病甚至抵制,但由于收视率屡创奇迹,成为各电视台纷纷效仿的手段。曾引起较大轰动的"真人秀"电视节目有:《老大哥》(Big Brother,荷兰、德国、澳大利亚、丹麦、美国等)、《生存者》(美国 CBS)、《诱惑岛》(Temptation Island,美国 FOX)、《阁楼故事》(Loft Story,法国)、《硬汉》(Tough Guy,德国)、《美国偶像》(America Idol,美国)等。《生存者》是中国电视"野外生存挑战"类"真人秀"节目的主要蓝本,而《美国偶像》则是《超级女声》直接模仿的对象。2006 年,中国各大电视台纷纷主打"真人秀"牌,推出各种形式的真人秀节目。

如图 3-1 所示,真人秀节目在 2005 年各类综艺节目中播出份额为 14%,位居第三,但收视份额却高达 30%,位居第一,这充分证明当前真人秀节目与传统娱乐节目形式相比,更受观众的欢迎。

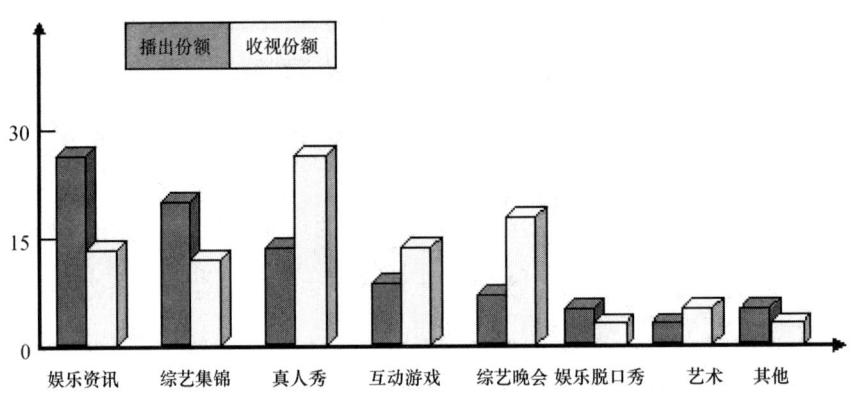

图 3-1 2005 年各类综艺娱乐节目的播出与收视份额

虽然目前还没有农业题材的真人秀节目播出,但可喜的是,现在已经有制作人开始策划农业真人秀节目,《上山下乡》就是一档正在制作中的农业真人秀节目。该节目着眼于体验,让从来没有类似经验的都市人群去农村体验新鲜刺激、奇妙生动的农村生活,使远离农业文明的都市人群敞开心扉回归田野,并为渴望改变落后生活状况的农村、农民带来文明的冲击。节目通过精心设计的环节和惊喜叠加的新鲜体验展示一个深刻而朴实的主题:农业有趣,农村好玩,农村可以是都市人群体验快乐的家园。

第一期节目《让我们一起来跳舞》，体验的嘉宾是著名的造型师和舞蹈演员，体验的任务是在一个极其偏远的山区里找到10位村民，劝说村民跟演员一起跳舞，在三天之后，将有一个汇报演出。三天的体验中，城市文明与乡村文明激情碰撞，不同的生活方式、不同的生活状态，都一览无余地呈现在观众面前。

(五)文艺专题片

电视文艺专题片的基本特征之一是文艺性，其内容多反映文艺活动、文艺人物、文艺作品，但文艺的特征应定位在文艺社会学的高度，即属于典型人物和示范作品在与社会共振和受众自由反馈下形成合理统一的艺术范畴。

农业文艺专题片是弘扬农村文明，展示乡土民俗、农民风采和民间艺术的重要节目类型。我国有着五千年灿烂的历史文化，地方戏曲、舞狮、对歌、踩高跷、剪纸、书法、蜡染、酒文化、茶文化等都受到世界各国人民的喜爱，电视可以通过自身特有的声画语言直接展现我国乡土文化的艺术魅力，专题片就是一个最好的载体。

地域特色和民族特色是农业文艺专题片的主要特点。现在有不少反映农村文化的节目，包括地方的乡土民俗类节目。中央电视台第七套播出的《乡土》就是这样一档节目。《乡土》曾播出过两期关于土楼的故事，即《土楼满月酒》和《土楼探奇》。《土楼满月酒》主要介绍了土楼人家的风俗，而《土楼探奇》则是介绍了其独特的建筑艺术价值，让观众在感叹土楼神奇的同时又学到了很多知识。《一抹丹青耀异乡》，记录的是画家王鑫生的绘画人生。《从棉花到衣服》，再现了传统的民间纺花织布的过程，将观众带到了男耕女织的时代。《与"火"狂欢》，表现了彝族火把节的风俗和风情。《给活人立牌位的古村》，则是以广东东莞一个古村祠堂风俗为主线，以远近闻名的"十大怪"为辅线，将一个坚守了几百年古老习俗的古村展现在观众面前。系列节目《斗鸡团长老史》《清朝某年》《到黄飞鸿家过年》《孔乙己找乐》不仅让观众领略了民间斗鸡文化,知晓了清朝过年时老百姓都玩什么,再现了200年前的广州人过年时猜灯谜、耍狮子的情景,还有用孔乙己引出的米酒、洋片和皮影等,既有可看性,又学到了不少知识。

七、农业谈话类节目

电视谈话类节目作为一种公众谈话样式,最早出现在美国,英文名为"Talk Show",通常不事先背稿,讲究脱口而出、临场发挥,也被说成是张口就来的随口聊聊。① 我国的电视"脱口秀"兴起的时间并不长,以1996年中央电视台的《实话实说》开播为标志,我国电视媒体上才刮起强劲的谈话节目风暴。谈话节目因其尊重观众的参与意识,实现双向的心灵共振,强化电视的"贴近"属性而备受追捧。据统计,1999年年底国内谈话类节目有70余个,而到2000年年底国内谈话类节目猛增到170个,而且大有方兴未艾之势。②

农业谈话类节目是将与"三农"有关系的人物请来与主持人做面对面的交流。一直以来,农业谈话类节目都是我国农业电视的一个空白,直到2003年11月中央电视台第七套创办了《乡约》,这才填补了我国农业谈话类节目的空白。《乡约》栏目的主持人兼制片人是肖东坡,在创办之前,肖东坡曾任山东电视台《乡村季风》的主持人,而且已获得过国家主持人金话筒奖。在北方地区,肖东坡很有观众缘。《乡约》一开播,就将目光对准与"三农"密切相关的人物,对他们进行深层次的访谈。此前,中央电视台的谈话类节目很多,比较成功的是《实话实说》和《艺术人生》,而《乡约》决定走自己的特色之路,将嘉宾访谈的地点由演播室转移到了户外,从而形成了与《实话实说》《艺术人生》完全不同的访谈风格并获得巨大成功。

---

① 于丽爽、宋茜:《谈话的力量》,中央编译出版社2004年版。
② 徐雷:《我国电视谈话节目的历史格局和流变脉络》,《中华传媒网》2004年第1期。

八、农业服务类节目

农业服务类节目主要是为"三农"提供帮助的节目,这种服务包括生活上的困惑、情感上的波折、法律上的援助、经济上的回报、精神上的补给等多个方面。我国大多数农业节目的定位都是"为三农服务",大多数节目也的确带有这样的功能。

中央电视台第七套的《法制编辑部》通过一个个的案例,普及法律,为农民提供法律方面的援助。《法制编辑部》播出的《"好事"成双》《火中谜案》《女儿别哭》《荒唐的"阴谋"》《代替的代价》《三个人的婚姻》《不能借的身份》《一笔糊涂账》《情感的骗局》《找个有钱人》《将心比心》等节目都具有法律上的服务性。

此外,中央电视台第七套曾开设的《生活567》也是一档服务性很强的农业栏目。《生活567》为农民提供很多帮助,通过一些大型的活动,使得栏目有所延伸。比如栏目每年都举行的"爱心图书传递工程"活动,多次为青海等地的偏远山区小学捐书,传递爱心,提供帮助。

而《每日农经》栏目则是提供经济信息方面的服务,定时定期地发布农产品的信息与市场行情,为农产品的生产者与消费者搭建了一座桥梁。

第三节 农业电视的编排与包装

一、农业电视栏目的编排

行销专家杰里米·布摩(Jereny Bullmore)曾经把消费者与品牌之间建立关系的过程比喻成小鸟筑巢:一个温暖的"巢"是小鸟辛辛苦苦、一点一滴用稻草、杂物等建造起来的。农业电视频道中的各个栏目,都应该被认为是稻草或者杂物,把它们按照一定顺序进行合理的安排,最终呈现出一个完美的巢穴。这个"安排"就是我们所说的栏目的编排。

电视栏目的编排,是指在一个电视频道当中,按照一定的原则,安排和确定每个栏目播出的时间,按照什么样的组合方式出现在屏幕上。这种组合是有一定规律的,不是杂乱的、毫无秩序地出现在屏幕上,通俗地讲就是对时间进行巧妙的艺术分割,争取最大的传播效应。

从某种意义上讲,电视的竞争取决于节目的编排。节目编排是由制作阶段转入播出阶段承上启下的关键环节,它不是对节目做简单的排列组合,而是一项具有前瞻性与开创性的工作,好比是节目的再度创作。因此,探讨农业电视栏目的编排,对增强农业电视的竞争力有很大的意义,应该引起农业电视创作人员的高度重视。

虽然农业频道中的电视栏目看似都和农业有关,但是实际上这些栏目在定位和风格等方面都存在很大的差别,特别是综合频道里的农业电视,由于要和其他栏目进行搭配,所以如何进行合理配置,从而充分发挥农业节目资源的作用,使之能最大限度地满足观众的收视需求,这其中蕴涵着节目编排的合理性、独特性、技巧性,也凝聚着节目编排人员的智慧和心血。

二、农业电视栏目的编排原则

农业节目的编排表,是电视台对农业节目进行优化组合的播出单,是为观众服务的节目告示。在节目编排过程中,既要突出"主旋律",又要体现"多样化";既要满足观众文化娱乐、情绪调节的需要,也要满足观众陶冶情操、提高境界的需求,还要满足观众对新闻信息、资讯的需求。

通常情况下,影响受众收视行为的因素有:收视习惯、心理状态、年龄结构、文化水准、教育程度、欣赏品位、节目预告、播出时间、节目内容、节目质量、节假日、闲暇时间等。因此在进行节目编排时,应依据收视调查情况,针对不同的目标观众,在不同的时段安排不同的节目。

科学的节目编排策略既要讲协作也要讲竞争,对于同一个频道的节目要讲究协作的原则,对于不同频道之间的节目,则要讲究竞争的原则。

不管是专门的农业频道,还是含有农业栏目的综合性频道,在编排节目时一定要进行综合的、整体的考虑,由于各个栏目的定位不同,各有特色,在同一个频道内,节目编排应树立"一盘棋"的思想。

从频道资源配置和收视营销的角度讲,一个频道不能对频道内的各个栏目均等用力,而是要重点扶持和培育优势栏目,使之逐渐成为这一频道的主打品牌。尽管是在综合频道播出,但因看到了潜在的市场前景和观众的喜欢程度,湖南卫视还是把《乡村发现》作为主打品牌栏目,把其放在黄金时段里播出。而山东卫视也把《乡村季风》编排在相对好的时间段里。

三、农业电视栏目的具体编排策略

对于农业电视栏目的具体编排策略,栏目的负责人既要有强化纵向策略的意识,也要有注重横向策略的意识。

(一)纵向节目编排策略

所谓纵向节目编排策略,指的是要明确节目是做给哪些观众收看的,这些观众有什么样的共同特点,他们的心理需求与生活方式又是什么样的,等等。在明确了目标观众收视特征的基础上,农业节目一般采用的纵向编排策略有:

1. 相邻共振,互为拉动

当上一个农业节目播完后,如何顺利地把上一个节目的观众尽可能地引入到下一个节目?央视索福瑞关于农业节目的收视调查数据显示,如果前一个农业节目的收视率很高,接下来的农业节目就会得益于此,反之也会受到影响。2008年12月5日,《科技苑》的《依据斗性养种羊》创下了栏目开播以来的最高收视纪录,达到了1.02%。如图3-2所示,《科技苑》的播出时间为 18:30—17:00,18:30 之前为《生活 567》栏目,我们可以看到,在 18:30 分时的收视率已经达到了 0.70% 左右,而同一周其他几期节目在这个时刻的收视率仅为 0.40% 左右。可见,上一个栏目结束后顺利地把一大部分观众留了下来,因此《科技苑》这期节目高收视率的获得,一方面得益于从上一个栏目留住的观众。

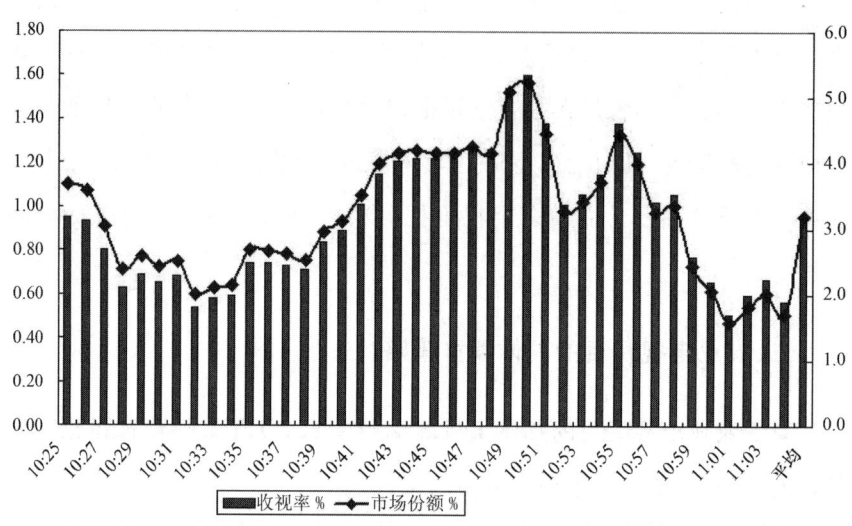

图 3-2 《科技苑》栏目《依据斗性养种羊》节目分时收视率

2. 架桥铺路,带动起步

在编排一个新的或者收视率不容易预测的农业节目时,可以在该节目的前后编排两档很受欢迎的节目。这样做的好处就是上一个农业节目可以给中间的农业节目带来一个较高的收视起点,而观众为了收看下一个农业节目,通常也会驻留在本频道中,为中间的农业节目增加部分观众,带动不被看好或者难以预测收视率的农业节目被观众认识、接受,可以有效地帮助新节目或收视率较差的节目培育收视群体。

(二)横向节目编排策略

所谓横向编排的策略,也就是说将关注点延伸到自身频道之外的收视环境,编排农业节目时要考虑到除了本频道之外的其他频道,将其他频道的节目播出也纳入到节目编排的参考框架之中。横向编排可运用的编排方式有以下几种。

1. 巧妙布局,全线策应

电视的播出时间有黄金时段和非黄金时段,因为黄金时段会有更多的观众关注,所以在编排的时候要尽量考虑这些因素,可以在非黄金时段安排一档时间持续较长的优势农业节目,以此来吸引观众,使观众的观看一直持续到黄金时段,而不转换到别的频道。也可以在黄金时段安排一档持续时间较长的优势农业节目,拉动观众进入到非黄金时段。中央电视台七套《致富经》播出时间为21:17,《每日农经》播出时间为21:47,《聚焦三农》播出时间为22:07,在统筹安排时,就可以考虑在《致富经》和《每日农经》播出的黄金时段安排一些精彩的节目,以此带动观众进入到《聚焦三农》的非黄金时段里。

2. 针锋相对,强强对抗

如果某一农业栏目恰好与竞争频道的农业栏目在相同的时间播出,可以考虑与竞争对手采用正面交锋的方式。也就是说,安排质量更为出色的节目,硬碰硬地与对手进行竞争,采用以质量获胜的策略。

3. 打破常规,定点突破

在与对手竞争失利的情势下,可以打破正常的农业节目流程,停止播放原计划的农业节目,分析对手的收视情况,然后选择在竞争对手的收视高点时段,出其不意,播出可创高收视率的特别节目,以此把对方的大部分观众拉过来,而对方此时的观众数量应该是最多的,所以这一招很奏效。如果对方的观众有了"原来这个频道更好看"的想法时,就达到了吸引竞争对手的观众"入流"本频道的目的。

电视节目的编排是一门艺术性很强的再创造工作,随着广播电视技术的发展、人民生活水平的提高、电视频道的增多,以及媒体间激烈的竞争等因素的影响,合理地、科学地、艺术地去设计、整合和编排节目显得日益重要。而电视节目的包装,不仅仅是为了推广节目知名度,更是美化频道、创建名牌栏目的特殊手段。

四、编播季——农业电视节目编排创新的突破口

随着我国传媒市场的快速发展,单个节目之间竞争的时代已经过去,各级电视台都在考虑如何整合本频道有限的资源,依靠品牌的影响力使其在市场上占据一席之地,因此诞生了"编播季"的做法。2005年,重庆卫视推出了"编播季"的概念,这一做法是以季节的更替或者节假日等为分界线,制订常态节目编排表和特殊节目编排表,这就意味着以观众为中心的电视生产理念正在逐步形成。

编播季概念源于美国的电视界,美国的商业电视台大多采用"电视季"(Television Season)的运作方式,但是我国和美国的"电视季"(编播季)在本质上又存在差异。美国的"电视季"是美国国情下的产物,一到夏季,美国人开始增加户外活动,外出度假,电视观众急剧减少。而进入9月之后,昼短夜长,学生开始返校,美国人的生活也趋向规律,看电视的人数也增加起来。因此,每年的9月至来年的5月就成为美国电视业界公认的"电视季"。

在一个以受众为导向的市场上,划分"季"的首要依据就是观众收视习惯的阶段性变化。我国的电视观众一般在春节、"五一"、暑假、"十一"和寒假等节假日有充裕的时间看电视,这几个时段是一年之中可以预期的收视高点,因而也是媒体市场竞争最激烈的时段。按照观众的收视习惯和收视变化的情况,全年可以自然划分为四个编播季:12月至2月的冬季编排,以春节为重心;3月至5月的春季编排,以"五一"为重心;6月至8月的暑期特殊编排;9月至11月的秋季编排,以"十一"为重心。

农业频道应该借鉴播出季的模式进行节目的编排,中央电视台农业

第三章 农业电视的种类和特点

频道《乡村大世界》于每周六的 18:05 开播,常年的收视情况有很大的波动。在一、四季度,节目的收视率非常高;在二、三季度,栏目的收视率却异常低。如何解决这个问题,使得全年的收视率平稳呢?《乡村大世界》栏目成功地引入了一般频道里经常用到的播出季的理念,制定了不同时节播出不同节目的战略,在一、四季度用大力气和精力去打造破收视率的高质量节目,二、三季度不再盲目地编排节目,而是分析受众群,尽可能地本着扩大受众群的原则去制作节目。

五、农业电视的包装

电视频道或者栏目中的 Logo、宣传片、节目、主持人、色彩、声音、口碑、气质都被当成一个符号,成为一个频道或者一个栏目的特质。这些符号,一般就是包装的产物,正是电视包装手段的运用,诞生了一批品牌栏目。在湖南电视台的《乡村发现》、山东电视台的《乡村季风》、中央电视台第七套的《致富经》等栏目已尝到包装带来的利润的甜头之后,大多数农业电视传媒人不再否认栏目的包装是农业电视新的增长点这样一个事实,也不再否认电视包装是栏目有效的赢利模式。

2005 年以前,我国的农业节目基本上还没有包装的意识,只有对个别小制作的栏目进行包装,还没有进行频道包装。综合频道里的农业栏目,比如一些省级卫视里的农业栏目,也很少有包装意识。这与农业节目多年来在电视行业里的地位有很大关系。一直以来,农业电视都被看作是电视领域里的一个可有可无的分支,这也直接导致了电视创作部门对农业栏目有意无意的轻视。

随着电视理论与实践的发展,农业电视受其他类型电视的冲击越来越大,包装概念逐渐被农业电视创作人员所重视。

农业电视的包装分为农业电视节目的包装、农业电视栏目的包装和农业电视频道的包装。农业电视节目的包装指的是对单个的节目进行包装,这种包装的意识比较早。

农业电视的包装可以起到以下作用:可以突出农业频道、农业栏目、农业节目的个性特征;可以确立农业频道、农业栏目、农业节目的品牌地位;可以确立并增强观众对农业频道、农业栏目和农业节目的识别能力。

六、农业电视包装要素

好的农业节目、栏目、频道的包装能令人赏心悦目,包装本身就是精美的艺术。接下来我们主要探讨农业电视栏目的包装和农业电视频道的包装。

(一)形象标志

无论农业节目、农业栏目还是农业频道都应有一个 CI 形象设计,这是构成农业电视包装的要素。它的基本要求是醒目、简洁、特点突出、有时代感,一个好的形象标志,应该与节目、栏目和频道的内容息息相关,从形象标志上能够看出节目、栏目和频道的特点。

(二)颜色

美国美学家鲁道夫·爱恩海姆在《艺术与视知觉》一书中写道:"那落日的余晖以及地中海的碧蓝色彩所传达的表情,恐怕是任何确定的形状也望尘莫及的。"爱恩海姆所说的色彩的这种作用可能有些夸张,但至少从一个侧面说明了色彩的重要性。所以,农业电视在包装时一定要重视色彩的元素,如中央电视台一套是以新闻为主的综合频道,要给观众留下冷静和客观的印象,所以就以蓝色为主色调;文艺性的频道和栏目一般要彰显个性,所以色彩相对艳丽一些,一般情况下采用暖色调。目前的农业频道、农业栏目和农业节目的包装还很少考虑颜色的因素。农业节目、栏目和频道在包装时的基本要求应该是颜色协调、鲜明、抢眼,但不刺眼,能与整个农业节目、农业栏目或农业频道的基调相吻合,能与农业节目、农业栏目、农业频道的风格保持一致或给予有效的补充。

(三)声音

声音包括语言、音乐、音响、音效等诸元素。声音在农业电视包装中起着非常突出的作用。在好的农业电视包装中,音乐应和形象设计、色彩搭配有机地成为一个整体,无需看到画面,观众就能判断出是什么农业栏目。一听音乐就有亲切感,让观众感到好像是自己最亲密的朋友在呼唤自己。要做到这样,一是在设计时要符合频道或栏目定位;二是要保持相对的长久和稳定,因为时间能培养观众,能最终塑造声音的形象品牌。好的农业电视栏目、农业频道的音乐形象,还应注意突出地域、民族、人文特色,注意汲取多年流传的音乐精华,尤其要注意使声音的节奏与农业节目、农业频道的风格和节奏相一致。旋律尽可能简洁,力争过耳不忘,常听常新。

七、农业电视频道的包装

农业频道的形象包装主要包括以下几个方面。

(一)台标

台标是识别频道形象的标志和依据,是频道的门面。在频道总体包装中,台标设计和使用非常重要。一般来讲,标识设计要简单明快,并能给受众留下深刻印象。如香港凤凰卫视中文台的台标是圆形的凤凰图案,既充满现代生活气息,又蕴涵传统文化魅力。浙江电视台是以"浙"字的首字母"Z"作为形象特征,并进行字体变异,使台标犹如行云流水,既明快简洁,又标志浙江台顺应时代潮流和不折不挠开拓创新的精神。四川电视台则巧妙地将"四川"二字与电视的三原色红绿蓝进行艺术的结合,让人一目了然并凸显电视的本色。这些台标既便于识别,又寓意深刻,受众通过它可以感受到频道外在形象的渲染和内在活力的涌动。

(二)宣传片

宣传片对塑造频道形象,提升频道在观众心目中的地位起着重要作用。短小精美的频道宣传片是传达电视频道宗旨与理念的节目,不仅能丰富荧屏,而且对树立频道良好形象、展示频道内在魅力具有十分显著的作用。农业频道的宣传片一定要有自己的特色,要让人有耳目一新、别开生面的感觉。清明节期间,中央电视台农业节目的宣传片制作得就很有特色。清明,含有天气晴朗、空气清新明洁、逐渐转暖、草木繁茂之意。清明节有2500多年的历史,除了扫墓祭祖之外,民俗文化也是其中一个重要的精神内核。农业节目借此推出了清明小长假节目,以"共享传统节日、传递乡土文化"为主题,既让传统文化走近了大众,又增加了农业频道的影响力和美誉度。相关的栏目均以清明为主题推出了系列节目。为了扩大这一宣传主题的影响力,也为了扩大观众对农业节目的整体统一的认识,中央电视台第七套特意制作了《又逢清明》频道宣传片。宣传片的内容是:

(清脆悠扬童声)——
细雨飞 清明到,
扫墓插柳茶知晓,
人倚秋千笑。

柳絮飘 清明到,
子推馍馍包红枣,
青团糯米糕。

桃花开 清明到,
种瓜点豆下地早,
人勤春色好。

(厚重男声)：

花开时节,又逢清明——CCTV-7农业节目

宣传片用优美洗练的语言概括性地描述了清明节的民俗(玩、食)和农事,给这个传统节气赋予了农业节目的独特视角。这样一个短小精美的宣传片在清明节期间播出,传递了农业节目对民族历史和文化的关注,很好地吸引了观众的视线。

(三)呼号(口号)

呼号这种包装方式较为直接,它往往被安排在几乎所有时段的间隙反复播出,起到强调频道或栏目形象的作用。"您正在收看的是山东电视台农科频道""您现在收看的是河北电视台农民频道",通过这样反复呼号强调,吸引受众对节目和频道的注意。中央电视台第七套由于是农业和军事频道,所以只能用"您正在收看的是中央电视台农业·军事频道",除此之外,农业频道还有自己的呼号:"耕耘天地间"。

(四)标语

栏目是频道的基本组成单位,栏目的宗旨、特色用标语的形式加以肯定、强调是一种常见的包装手段。中央电视台《乡村大世界》的形象包装突出了"展现一方水土、营造快乐乡村"的标语;中央电视台《致富经》的形象包装突出的是"财富无处不在"的标语;中央电视台《乡约》的形象包装突出的是"乡土情怀,精彩人生"的标语;广西电视台《走近农家》栏目的形象包装突出的是"说农村新事,看农业门道,助农友致富"的标语。这些标语对农业电视栏目的内容定位起到了强调、烘托作用。

(五)优秀节目主持人

优秀节目主持人是电视台的"台柱子",也是频道及栏目的符号之一。节目中不中听、耐不耐看与主持人的主持风格息息相关。中央电视台优秀节目主持人为频道、栏目、节目增色添彩功不可没,如白岩松的雄辩冷峻、敬一丹的亲切自如、水均益的机警自信、撒贝宁的轻松洒脱、崔永元的敏捷幽默、鞠萍的天真活泼……他们主持的节目和栏目皆因风格各异而为不同的观众群所喜爱和认可。这些优秀节目主持人的特点、长处各有千秋,可以说,他们主持节目的不同风格就是对频道和栏目极好的包装,这就是所谓的明星效应,它可增强观众对频道栏目的认识、关注以及喜爱程度。但是目前农业节目知名主持人还很少,特别是有自己特点的能够让广大观众印象深刻的农业节目主持人相对更少。中央电视台第七套的毕明鑫和肖东坡以及湖南卫视的李冰可以说有一定的知名度,但仍难改变农业节目知名主持人/优秀主持人匮乏的局面。现在农业电视急需用一些包装手段推出自己的知名主持人,改变农业节目主持人不温不火的局面。

(六)名牌栏目

栏目是电视频道的基本框架。创名牌栏目,吸引目标观众,这对频道的形象包装至关重要,因为品牌的成功就意味着市场的成功。山西电视台的《黄土地》成为全国的十佳栏目;中央电视台第七套的《致富经》和《乡村大世界》栏目已经成为中央电视台的品牌栏目;广西电视台的《走近农家》栏目成为广西电视台的名牌电视栏目之一;福建电视台的《农村新事》是福建省广播影视集团重点栏目中唯一的一个对农电视栏目;湖南电视台的《乡村发现》在全国拥有一定的收视份额;山东电视台的《乡村季风》深受观众的欢迎,这些栏目都成为很多观众固定收看的栏目。名牌栏目有效地提高了电视台的知名度和收视率,这就是所谓的品牌效应。

(七)综合包装

频道或栏目的包装往往不是借用一种单一的手段,而常常是画面、文字、语言、音乐、色彩、节奏等的综合运用。

这里值得一提的是,不能忽视色彩对频道形象包装的作用。色彩在人们的感性心理中,有着强烈的感情倾向和图腾意识倾向以及文化传递倾向。如中央电视台将形象色彩定为蓝调,体现中央电视台海纳百川的磅礴气势和蓝天一样宽阔的胸怀。中央电视台第七套农业节目的整体色彩也保留了蓝色,另外增加了金黄色。其中,蓝色是中央电视台总体的包装色彩,金黄色是麦穗、稻穗、玉米的颜色,象征着收获。之后虽多次改版,但农业频道包装的色彩基调一直未曾改变。

包装时还要借助一些具有象征意义的元素,这样可以提升包装的内涵。中央电视台第七套推出的第一个频道宣传片《种子篇》中的种子象征着"三农"事业的蓬勃生机,同样也喻示着农业节目作为"种子",具有不断开拓创新、推动社会进步的作用。这一创意灵感源自影片《阿甘正传》中"羽毛飞翔"的表现方式,用"种子"穿越城乡的飞行来体现农业节目的宣传口号:"耕耘天地间",以及农业节目"服务三农、沟通城乡"的主题。2007年版的宣传片《水篇》中的符号"水"具有生命之源的含义,寓意是农业是万物本"源"。宣传片使用淡雅、恬静、清新的色彩,水波纹在温柔地荡漾,曲线条在婉盈地轻舞,恰如农业节目一样质朴与端庄。这舞动着的水,宛若太阳照耀大地而折射的灿烂光辉中迸发出的一个轻盈的舞者,一招一式都彰显着农业节目传播的理念、主张和诉求。

调动多种手段对频道进行综合包装,能满足尽可能多的观众的收看需求并不断刺激人们新的收视欲望。

第四节　农业电视的管理

电视栏目是电视节目内容和形式的稳定载体,是电视观众识别和选择电视节目的平台与标识,是电视媒体的脸面和形象,是电视台最重要的经济支撑点和增长点,是电视台最基本、最核心、最重要的生产、考核、管理单位和责任主体,同时也是电视媒体吸引观众眼球,提高收视率以赢得最终竞争胜利的重要法宝。由此可见,电视栏目在当今电视媒体中起着举足轻重的作用。

没有规矩,不成方圆。制定全面的规章制度,实行制度化管理,是当前农业电视栏目管理的重要手段。总体来说,农业电视栏目的管理主要涉及选题的管理、长假节目的管理、重点节目的管理、特别节目的管理、节目评价管理等多个方面。

农业电视栏目管理的好与坏,直接决定着栏目的运营是否科学合理,也决定着栏目的发展前景是否乐观。目前,我国农业电视中,有比较系统化、科学化管理的当属中央电视台第七套农业节目,与其他电视台农业节目相比,七套借助中央电视台这棵大树,借鉴并吸纳了台内一些名牌栏目的管理经验,因此在某种程度上可以代表农业节目最先进的管理经验。本节的论述主要以中央电视台第七套农业节目为参照进行探讨。

一、农业节目选题管理

选题是栏目之间必争的资源。一些热点的话题、能够创造高收视率的话题往往是各栏目争相报道的对象。有时这个栏目刚刚播出了一个节目,另外的栏目马上蜂拥而至地去采访,很快就播出了同样内容、角度也差不多的报道。更有甚者,几个栏目在同一天播出内容相同、角度相似的节目,这不利于农业节目的健康发展。中央电视台第七套农业节目中的许多栏目都有一定的交叉性,有一段时间,有关蛇的节目的收视率比较高,于是各个栏目都在抢夺蛇的选题,《乡约》制作养蛇的人物访谈,《致富经》采访养蛇致富的人物,《每日农经》谈论养蛇经济方面的话题,《生活567》制作了如何防止被蛇袭击的专题,《科技苑》介绍了养殖蛇的技术……如果这是一个非常热门的项目,各个栏目从不同的角度争相报道也无可厚非,但是各栏目都以提高收视率为出发点,播出了五花八门的有关蛇的片子,养蛇人纷纷登场,有养蟒蛇的,有养毒蛇的,有养无毒蛇的,即便是毒蛇里面,还分五步蛇、眼镜蛇、银环蛇等,令人眼花缭乱,好不热闹。这样的选题管理毫无疑问是失败的,而且极具错误导向性,许多观众以为养蛇是一个新的经济增长点,许多政府官员也以为这是一个导向,开始盲目上项目,引起了不良的社会反响。

节目选题管理是一件非常重要的事情,尤其是在专业化的频道里面,选题的管理更是决定着频道的整体播出效果,所以急需一套科学的选题管理方法。经过多年的摸索之后,农业频道目前已经形成一套比较科学的选题管理方法。

(一)选题的分类

栏目除了常态选题以外,还有重点节目选题、特别节目选题、强时效节目选题、舆论监督类节目选题、合作类节目选题。

1. 常态选题

这类选题是栏目的基本构成,各个栏目日常播出的选题都属于常态选题。这些选题与栏目的定位要求一致,比如《科技苑》日常播出的一些农业科技类题材的节目:《能除虫的菊花》《刘分二养鸡有绝招》《种草不用土》《驯养太湖白鱼》《母猪孕期管理》《彩狐生产防五怕》《给小狐狸找妈妈》《怀孕母兔的三十天》《让奶牛多产奶》等都是常态选题。《聚焦三农》播出的《切莫让切草机成"切手机"》《告别缺水的故乡》《生物治蝗歼灭战》《保护农田卫士》《疯狂的来客》等,也属于常态选题。

2. 重点节目选题

那些在"三农"领域里题材分量重大、有深度、有创新,有助于提升栏目形象、扩大农业节目影响的选题为重点节目选题。比如为纪念改革开放30周年,农业频道的许多栏目纷纷推出策划方案,其中《科技苑》的系列节目《大地之子》选取了影响中国农业发展进程的10位科学家,着重介绍了这10位科学家30年来的科研历程以及他们的科研人生。这一系列节目因为题材重大,意义深远,成为中央电视台第七套农业节目的重点选题。

3. 特别节目选题

那些配合特别的节日、纪念日和宣传工作以及栏目创新需要,符合栏目或农业节目的内容定位,创作手法和题材内容有所创新,有助于提升栏目和农业节目形象的选题被视为特别节目选题。在世界艾滋病日、世界水日、世界粮食日、荒漠化日等特殊的日子里,中央电视台和省级电视台的农业节目大都会推出与节日主题相吻合的报道。这些节目在制作上往往和常态选题有所不同。在一些节假日里,比如"五一""十一"、春节等,农业频道也会推出自己的特别节目。

4. 强时效节目选题

那些配合重点宣传或题材意义和分量重大,同时需要突出节目时效性的选题为强时效选题。强时效选题最突出的特点是强时效性,比如2008年初南方遭遇罕见的冰雪天气,很多省份农业遭受重创,农民生活困难。在这样的情况下,农业节目组派出多路记者深入灾区一线采访,有的去火车站了解因为雪灾滞留车站人员的情况,有的去农村了解乡村百姓的起居生活,有的驻守在指挥部,随时了解最新的动态与动向……这期间播出的节目都是强时效节目。

5. 舆论监督类节目选题

那些符合阶段性宣传要求,政府重视、群众关注并具有普遍的教育启示意义的选题为舆论监督类选题。播出的这一类选题不能流于对个案性、个体性事件的简单报道,必须具有典型性,内容必须是准确可信的事实,节目播出后能起到"帮忙不添乱"的效果。比如中央电视台《聚焦三农》对安徽阜阳"毒奶粉事件"的报道就属于此类选题。

6. 合作类节目选题

目前,电视已经发展成为文化产业中的一个重要组成部分,既然是产业,就离不开其特有的经济属性,也就决定了电视不能关起门来只顾自己搞创作,而是要走出去寻求合作方,扩大影响力,通过活动寻找企业赞助,这就涉及一部分合作类的选题。尽管电视是一种产业,但是也不能忽视电视作为党和政府喉舌的功能。也就是说,尽管有合作类的选题,有提供赞助的企业,但是并不是什么样的合作都可以进行,什么样的赞助都能接受。合作类的选题必须是与政府、社会团体以及大中型企业之间展开的合作,这种合作可以提升农业节目的形象和品质,同时也能为对方带来一定回报,这样的选题为合作类选题。比如中央电视台第七套每年都举行的"三农人物"颁奖活动就是带有合作性质的选题。一方面,这一题材意义重大,有较好的社会效益,但是要想做好这样一个活动,需要企业的资金支持,而企业也在这样的活动中获得了较高的关注度,这就是一个较为成功的合作类选题。

需要说明的是,有些选题往往同时具有某几个属性,但是通常是按照最突出的属性予以划分的。

(二)选题的管理

针对不同类型的选题有不同的管理方法。一般来说,常态选题的管理大多在栏目内部就可以完成,重点节目、特别节目、强时效节目、舆论监督类节目和合作类节目的选题往往需要总编室的协调和总体把握。

1. 常态节目的选题管理

为了避免各个栏目争相报道同一事件的现象发生,常态选题的最终审批权在总编室,各个栏目都会将近期的选题呈报给总编室,由总编室判断各个栏目之间的重合度。总编室设计了选题申报流程表,各个栏目在申报选题时要填写选题内容,以及能够高度概括节目内容和主题的关键词,不能是"农民""乡村"和"技术"等泛称,一定要有针对性。涉及某一品种的选题,关键词之一必须是该品种的全称;人物类的选题,关键词之一必须是该人物的名字;项目类的选题,关键词之一必须是该项目的全称;技术类选题,关键词之一必须是该技术的全称;新闻事件类选题,关键词之一必须是该事件的主要特征。如果某两个栏目申报的选题有重合现象,电子流程可自动识别关键词重复的选题,将这类选题甄别出来。

为了督促栏目严格地按照规定申报选题、编排节目,总编室还对所申报的常态选题按照ABC三个类别进行划分。

A类选题:围绕党和国家农业经济工作重点和农业部中心工作,服务大局的选题,以及总编室下达的指令性拍摄计划的选题。

C类选题:符合栏目定位,具有个案性、猎奇性倾向的选题。

B类选题:在符合栏目定位的前提下,除了A类和C类之外的选题。

按照以往的收视调查,A类选题往往关注的人较少,因而收视率较低,而C类选题因为具有一定的猎奇性,能够吸引较多的观众,收视率较高。受到这种认识的影响,许多栏目会选择大量拍摄C类选题,往往忽略或者不报道A类选题,而A类选题往往又是意义比较重大的。如何解决这个矛盾?总编室特意对各个栏目的ABC三类选题做了进一步的划分,而且对各个栏目播出ABC三类选题的范围和数量也做了相应的规定。

通过这样的选题管理方式,既有效地避免了选题跑偏,又可以在一定程度上保证节目的收视率。在农业节目的创作现阶段,这是一套行之有效的方法,而且对于综合频道等其他非农业电视频道来说也有借鉴意义。

2. 非常态节目选题的管理

常态节目是栏目的主要组成部分,而非常态节目虽然只占据节目的一小部分,但是却有着非常重要的意义。农业节目以前对非常态节目选题的管理不太在意,在意识到非常态节目的影响力和重要性以后,开始重视起了非常态节目的管理。

非常态节目要提前上报总编室,制订详细的策划方案,包括主题、内容、剧本、表现形式、主创人员、制作周期、播出日期等都要做具体的规划,在申报选题时还必须注明申报的理由以及该节目与常态节目的区别等,有些非常态节目常常会打通栏目,占用其他栏目的时间段,尤其是"五一"

"十一"以及春节期间的节目,常常把栏目时间打通了,这样的话需要提早公告,并在电视上用预告片的方式提前反复告诉观众节目安排的变化,以防止一些忠实的观众因收看不到固定的栏目而流失掉。一些舆论监督节目因为涉及比较敏感的事件,所以在申报的时候必须提供所报道事件的详细材料,注明详细的拍摄地点、联系单位、选题来源、调查进展,明确指出舆论监督的责任人,注明是否采用隐蔽拍摄等。对于一些影响力比较大又比较敏感的选题,总编辑要亲自审批才能拍摄。

由于"五一""十一"、春节长假期间是电视媒体进行相对集中主题宣传的黄金时段,这期间的节目由总编室统一配置节目资源、编排节目播出计划,鼓励各栏目依据自身定位制作长假期间的特别节目,以此提升栏目的品质,扩大农业栏目和农业节目的影响力。长假节目的承办单位可以是单一栏目,也可以是几个栏目,涉及栏目之间合作的,由总编室统一牵头协调并整合各栏目之间的时段、人力等节目资源。

二、节目审查制度

农业节目的审查制度是农业栏目管理的重要举措。农业节目制作完成之后,在播出之前一定要有一个把关口,这就是农业节目的审查体系。审查由栏目组和节目监控部门负责,可以有效地保证农业节目的安全播出。

节目审查制度一般是两级审查,在栏目内进行自我审查后,再提交到监控部门做最后的终极审查。

各栏目的节目审查由栏目制片人负责,制片人要对送审节目的政治导向、节目定位和节目质量负责。栏目要结合实际,制定节目质量标准与审查管理办法。

节目的审查一般较为具体,在现代化的电视创作过程中,节目的审查与选题审报同步进行。这样可以有效避免浪费,也可以保证节目质量。

因为一旦发现问题，就可以随时校正，也可以随时停止创作，将损失降到最低。我们以中央电视台第七套的《科技苑》栏目为例阐述节目的审查过程。

在选题申报时，总导演要进行审查。编导写出申报方案，上报总导演，总导演主持小组策划会进行讨论，对选题进行筛选，对于不符合定位和要求的选题予以淘汰。小组讨论通过后，由总导演带领编导向制片人阐述，再由制片人根据栏目的总体情况对选题做进一步的筛选。

在拍摄过程中，总导演要全程跟踪审查。总导演通过电话、网络、传真等方式，及时掌握编导对策划方案的实施情况，遇到问题及时调整和解决，重大问题要向制片人汇报。

编前策划会的审查。这一审查由总导演主持，讨论节目的题目、结构、立意、悬念、情节、冲突以及科学观点和技术要点的逻辑顺序、创新点的合理性等。在讨论的过程中了解具体的拍摄情况，对于没有拍摄到但又是非常必要的环节，要采取相应的补救措施，或者对思路做出调整。

文案审查。编导按编前策划会讨论结果对文案进行修改，经总导演审阅签字后方可进入编辑阶段。

小片审查。小片编完后先由总导演进行审查，总导演通过后，由制片人审查，制片人签字后方可进入包装阶段。包装后制片人对节目的总体进行审查，包括演播室主持人、灯光、美工、整体感等多个方面，至此就完成了节目审查这一关。

监控部门要对所有栏目的节目进行审查。主要针对内容定位、节目质量、政治安全、技术安全以及节目广告倾向等方面。审查结果分为"通过""修改再审"和"不通过"三个等级。

有下列问题之一的节目不予通过：政治导向错误或违反政策、法规的；不符合栏目或板块定位的；报道事实失真，节目违反科学性的；节目主题不清、内容空洞或结构混乱，严重违背影视创作基本规律的；节目内容

第三章 农业电视的种类和特点

没有积极的社会意义的,或内容品位低下的,特别节目表演技巧拙劣的;技术质量达不到播出要求的;特别节目与经审定的策划方案严重不符的;有严重广告倾向的;法律、行政法规规定禁止的其他内容。

不存在上述问题的,但出现下列情况之一的节目需要在修改后再审:存在声音、画面等方面的技术性问题的;个别节目的个别内容需要增补、删改或做微调的,个别地方的解说词或个别内容的表述需做调整的;存在广告倾向的;其他需要修改的。

三、栏目评价体系

电视栏目的评价体系是电视媒体质量管理控制的前提,是电视节目质量管理体系的重要子系统。这种评价体系是用权威的调查数据、科学的质量指标、统一的管理标准、规范的操作程序,对节目质量的优劣做出权威而客观的评估。当前比较盛行的电视节目评价体系是由收视率调查和欣赏指数组成的二元标准。这一体系较以前有了很大的进步,确实为传播者提供了一把了解观众的尺子,但应该看到的是,收视率和欣赏指数侧重体现的是电视节目"量"的标准,在体现受众对电视节目"质"的评价方面涉及较少。因此,单独依赖这种二元指标来评判一个节目的优劣仍有较大的片面性。

一套完整的农业栏目的节目评价体系的建立,意味着能够综合、立体地去评价一个节目,以节目的社会效益和经济效益为根本出发点,从定量分析和定性分析两个方面入手,从而客观准确地评价节目。如果从指标的角度进行划分,整个栏目评价体系主要有客观指标、主观指标和成本指标三项基本指标。

(一)客观评价指标

所谓客观评价指标,是以收视率为基础,兼顾频道、时段、节目类别等影响收视率的因素,得到被修正后的收视率。主要包括收视率评价指标、技术评价指标和市场评价指标。

1. 收视率评价指标

收视率调查一般委托专门的受众调查机构来完成。目前国内最有影响力的收视率调查机构有两家:由央视调查咨询中心控股于1997年成立的央视－索福瑞媒介研究有限公司(CSM)和1984年开始就在中国发展业务的AC尼尔森公司。另外还有美兰德公司、特雷森公司、零点公司、康赛公司、湖南环球公司、上海广电信息咨询公司等机构。

2. 技术评价指标

技术评价指标主要包括两个方面:一是按照国家电视技术标准对客观的物理指标进行抽样合格率测量;二是由技术专家对正在播出的节目从音频信号、视频信号的技术角度进行评价。这些技术指标由图像清晰度、色彩保真度、亮度层次、音量、音质、声画协调、摄影技术、字母特技等技术要素构成。

3. 市场评价指标

市场评价指标针对广告创收,主要由广告投放率和广告价格来体现,它与收视率紧密相连。广告客户对电视节目的认可程度是市场评价的重要元素。同时,由广告投放率和广告价格组成的市场评价指标也可以从一个侧面反映节目的受欢迎程度。

一般来说,客观评价指标与节目内容之间存在着较为直接的关系,后者对前者的变化通常具有很明显的影响作用,但也不是绝对的。衡量一个节目的优劣,不能仅仅把客观评价指标作为唯一的标准,还应该有满意度的参与。如果说客观指标衡量的是"量"的因素,那么满意度衡量的就是"质"的因素,而且是更重要的因素。

(二)主观评价指标

栏目评价体系的主观指标也有三类,即专家评价指标、观众满意度评价指标和领导评价指标。

1. 专家评价指标

农业电视栏目可邀请相关的专家做质量顾问,给电视节目评分。专家的专业结构应涉及农业传播学、农业经济学、农村社会学、农业文化学和农业教育等多个学科,体现出多元化,这样可以充分利用他们不同的知识面,结合节目提供给调查机构的原始数据进行系统的研究,为传播决策机构提供一些有针对性的方案,进而对节目的设置、调整和布局做出前瞻性的规划。这种做法很大程度上减少了主观色彩,增加了公正性和权威性,规避非专业角度的行政干预。

目前,中央电视台农业节目的审查专家为从事多年科教片和农业影视创作的老导演。通过审查的节目的基本分为 60 分。在节目内容定位和形态定位准确的前提下,有下列情况的给予加分:选题具有新颖性、典型性,或题材重要或分量较重或拍摄难度较大,最高加 5 分。内容丰富、有效信息量大、表现有深度,最高加 15 分。节目的表现形式新颖、有特点,表现手法有创新,镜头及其表现力或音响效果的运用有特色,最高加 10 分。栏目整体技术质量好,最高加 5 分。栏目包装好(包括串连词、主持人表现等),最高加 5 分。最终的得分就是该期节目的总体分数,这个分数是核定节目制作经费的重要依据之一,占复合评价权重的 40%,节目收视率和栏目标的收视率占复合评价的 60%。

2. 观众满意度评价指标

观众满意度评价指标是衡量观众对电视节目喜好程度与评价的一项指标,多用于对电视栏目节目质量的改进,对广告市场的影响较小。观众的栏目满意度主要由满意度、知名度、观众规模、期待度和人气指数等方面构成。其中满意度指的是电视观众对所看过栏目的平均满意程度,直接反映观众对不同栏目的认可度;知名度指标则有着累积效应和传播效应,本身也是一个综合性比较强的指标,体现了栏目的宣传力度、观众的口碑相传等。

对观众满意度的调查除了用来评价栏目品质,这五个指标还能体现出栏目的竞争力。观众对栏目的满意、喜好与惯性收视程度能比较准确地反映栏目是否符合观众的口味。电视台在安排和确定某个节目的时候,常常会考虑多种因素,比如经济因素和政治宣传需要,但是观众收看节目时,其动机和目的要单纯得多,所以观众满意度实际上反映的是一定范围内大众对电视节目的情感需求和理性判断。

3. 领导评价指标

农业电视栏目的领导评价指标是由上一级领导对栏目质量进行主观评价得出的指标。由于节目质量评价的特殊性和复杂性,很多方面的内容通过其他标准是很难反映出来的,而领导层能够观察全局,可以比较深入地了解与节目质量有关的深层的情况,能根据节目的制作难度以及节目的客观情况对栏目做出评价。

(三)成本评价指标

成本评价指标是反映栏目运作投入产出效率的指标。设置此项指标的初衷一是增强节目的成本意识,加强栏目的成本核算;二是为栏目提供有效的排位调节指标,平均收视率存在下滑的栏目可以通过减少投入成本改善在频道栏目评价排名中的位置。

电视栏目成本评价是通过投入产出比实现的。投入产出比是衡量投入和产出的一个重要评估指标,它是以节目成本与广告收入之比来计算的,小投入大产出,评估指数就会显示小于1,而且越小越好;大投入小产出,评估指数就会显示大于1,而且越大越差。这样的比值对于衡量节目的投入和产出清晰可见,一目了然。因此,在节目的横向比较中,既不会由于一味的计算节目成本或者广告收入,而对节目产生偏颇的想法,又不会失去不同节目的可比性。

中央电视台目前使用的是另外一种计算成本评价指标的方法:如果频道中各栏目有广告收入,该频道广告收入的实际广告收入计入评价;如果频道只有部分栏目有广告收入,在计算栏目的产出时,假定栏目同等的收视人数对应着同等的广告收入,用栏目收视率作为收入指标,用栏目每分钟的预算成本作为投入指标。成本指标的设计逻辑为:成本投入高的栏目应该获得较好的市场反应,带来较高的广告回报。因此基于该公式,如果栏目投入成本较低,收视率较高,成本指标就会较高;如果栏目投入成本较高,收视率较低,成本指标就会很低;如果栏目投入成本较高,收视率较高,成本指标就会介于中间值。

计算公式为:节目成本指标=(栏目的收视率÷所有被评价栏目的平均收视率)÷(栏目的每分钟预算成本÷所有被评价栏目平均预算成本)。这样计算下来的成本指标,分值越大越好。由于中央电视台第七套节目目前没有纳入到中央电视台成本评价的体系中,因此只能在农业节目内部采取一些方法来计算成本指标。

不管哪种成本评价方法,电视台都希望投入很少的钱,获取更多的广告收入,同时又能获取较高的收视率和群众满意度。

(四)综合评价指标

综合评价指标是综合节目市场表现,对节目进行评价的量化指标。在综合评价指标中,收视指标、趋势指标、品牌指标、主观指标(领导打分+观众满意度)、成本指标分别被赋予30%、20%、10%、20%、20%的权重。

其运算公式为:综合评价指标=收视指标(30分)+趋势指标(20分)+品牌指标(10分)+主观指标(20分)+成本指标(20分)。

中央电视台每个季度都会依据综合评价指标的排名,对一些栏目提出警示,连续两个季度受到警示的要亮出黄牌,而连续三个季度受到警示的栏目将被淘汰。这样的评价体系相对公平和完善。下面介绍几个与综合评价排名有关的概念。

1. 时段权重:是针对影响节目收视率的时段因素的修正指标。黄金时段的节目收视率一般都高于观众工作时段的收视率。因此将不同时段节目的收视率纳入综合评价体系时要对其进行修正。修正方法为通过比较不同时段观众的开机状况,确定不同时段的权重。一般观众开机率较低的时段,权重相对高些,观众开机率较高的时段,权重相对低些。评价体系一般以被评价当期观众在不同时段开机率的平均值作为修正值的计算基准。

计算公式为:时段权重＝被评价当期全天各时段平均开机率÷栏目所在时段的开机率。

2. 类别权重:是针对影响栏目收视率的类别因素的修正指标。由于观众对不同类型节目的收视意愿是不同的,如新闻、影视剧类节目的观众收视意愿一般较高,获得观众相对容易,而科教文化类节目收视意愿一般较低,因此要对不同类型栏目进行比较,有必要对其进行修正。修正方法是:(1)根据调查数据得出不同类型节目的观众收视意愿值;(2)计算出各类型节目的观众平均收视意愿值;(3)将所有类型节目的观众平均收视意愿值与各类节目的对应值比较,得出各栏目的权值。

计算公式为:类别权重＝所有被评价类别的平均收视意愿强度÷某类别的收视意愿强度。

3. 收视指标:以栏目的绝对收视数据以及权重为计算依据,反映栏目的绝对收视影响力。

4. 趋势指标:通过和前三年平均收视数据的比较,确定栏目收视的成长状态,并转换为趋势指标。

计算公式为:栏目本季度的平均收视率÷该栏目前三年同季度平均收视率。

5. 品牌指标:该指标主要考察栏目的社会影响力、广告号召力、对频道的贡献、资源利用效率等因素。参与品牌价值评分的栏目包括在年度综合评价中位于前八名的栏目(第一套)和前五位的栏目(其他频道);广告收入位于频道前十名的栏目(第一套)和前五位的栏目(其他频道);每年被台里评为优秀的栏目；在两个以上频道播出的栏目；满足以上每项要求的栏目,分别加 2.5 分。

6. 满意度指标：满意度是指过去 7 天收看过这个频道的节目的观众对该频道的平均满意度。评分标准是 100 分制,最高分是 100 分,最低分是 0 分。每个频道都由看过并留有印象的观众对其进行满意度高低的评分。

7. 领导评议指标：是通过领导对栏目质量进行主观评价得出的指标。

8. 节目成本指标：是反映栏目运作投入产出效率的指标。目前中央电视台的评价体系中没有将农业节目的成本列入其中。

第四章 农业电视的现状

美国学者 H. 拉斯维尔于 1948 年在论文《传播在社会中的结构与功能》中,首次提出了构成传播过程的五种基本要素,并按照一定结构顺序将它们排列,形成了后来人们称之为"五 W 模式"或"拉斯维尔模式"的过程模式。这五个 W 分别是英语中五个疑问代词的第一个字母,即:

Who(谁)

Says What(说了什么)

In Which Channal (通过什么渠道)

To Whom (向谁说)

With What Effect (有什么效果)

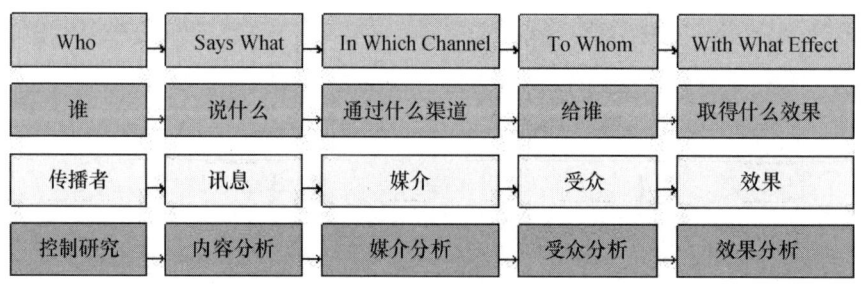

图 4-1 拉斯维尔模式

对于农业电视而言,拉斯维尔模式同样具有重要的意义,五要素构成了农业电视传播的主要内容。因而,本章关于中国农业电视现状的研究

第四章 农业电视的现状

将从控制研究分析、内容分析、媒介分析(即传播渠道分析)、受众分析和效果分析的角度来着手。

第一节 农业电视传播控制现状分析

目前我国正处于社会转型期,政治权威推动的渐进式改革使社会发生了巨变。在城市实现工业化、都市化、现代化的过程中,农村也有了飞速的发展,与此同时,农村的传播生态正在发生一系列的变化。大部分农村村民已经解决了温饱问题,农村的水、电、邮、路等基础设施建设有了重大的进展,进城务工人员超过 1 亿人,农村教育文化水平大幅提升,大众传媒的触角已经伸入大部分乡村,农村已经被卷入中国社会转型大潮,但是农村的发展却仍跟不上时代的步伐,日渐凸显出与城市发展的不协调。

农业电视的控制研究主要是指对传播者的研究,目前传者对受者的传播依然采取信息灌输的方式。理论上农业电视的受众包括所有可能收看农业电视的观众,但实际上农村的受众占到了相当大的比例。农业电视的传播者将城市信息源向农村倾泻的传播活动给农民带来了许多积极的信息,但是也带来了一些消极的影响。

一、信息传播对农村受众来说表现为信息倾泻

农业电视信息灌输式的传播活动给农业、农村、农民带来了诸多影响,具体表现如下:

信息的倾泻性传播加速了这种分化和重组,农民从原来静态和固定的传统身份向流动的、多元的方向发展,形成了农业劳动者、农民工人、农民个体工商户、农民私营企业主、农民知识分子、农民企业家、农村管理者等不同的群体,由此也带来了贫富差距不断扩大等社会问题。

中央电视台第七套《致富经》中播出的一些致富项目,对于大多数农

民来说并不适合,动辄投资数百万甚至上千万,使得他们望而生畏。

信息传播承担着向农村输入现代文化的正向功能,但也伴生了都市文化吞噬乡土文化的负面效应。大量优秀的历史文化遗产分布在广阔的农村大地上,其种类繁多、形式多样,主要包括历史建筑、生产生活习俗、民间艺术、传统工艺、民间歌舞、民间文学等。但是这些优秀的乡土文化,随着现代信息传播的入侵,已经呈现出消亡的态势。"传者本位"致使传播者输入农村的信息带着灌输性、强制性、宣传性乃至虚假性等额外信息,从而在传受关系之间出现大量的"熵",造成了农民的拒绝接受和颠覆式接受,既浪费了大量传播资源又增加了城乡沟通的熵值。

传播主体掌握着农村在城市中的话语权,其城市文化选择的视角使得该群体在传播农村信息时,要么"妖魔化"农村,要么过度"美化"农村,使得城乡沟通呈现"虚像化""拟态化"的传播特点。

在文化市场竞争激烈的当下,农业电视的传播更倾向于经济利益化,甚至出现了不少信息欺诈、信息误导的现象。

农业电视的传播者大体上是一种精英主导下的灌输论者,在这种灌输范式的主导下,精英们的自负与偏见常常与农民无声的抵制构成传受双方的传播障碍,造成传播资源被大量浪费。

二、农业电视传播者现状分析

农业电视的传播者即农业电视的创作者,他们是决定农业节目优劣的关键因素。传播者是一直困扰农业电视发展的瓶颈,电视创作与品牌的发展已经涉及传播者的竞争了,然而农业电视节目的创作队伍建设依旧存在着许多不足。

农业电视在电视领域中属于弱势群体,因而农业节目的从业人员在水平和素质方面也或多或少地不如其他类型的电视节目从业者。在综合频道里,农业栏目组处于弱势地位,因而很多人并不愿意从事农业节目的

第四章 农业电视的现状

创作。

被调查的对象中所学的专业门类比较多,年龄超过35周岁以上的从业人员以农学专业为主,少数是学中文或新闻的。而35周岁以下的从业人员以学电视和新闻的居多,这与近些年来影视专业的扩招有关,大量的影视专业学生就业形势比较严峻,当其他类型的电视节目组(比如法律、经济等类型的节目)没有空缺位置的时候,一部分人开始分流到农业节目组,这也使得近几年来农业节目的创作队伍呈现出专业化程度越来越高的态势,对于农业节目的发展起到一定的积极作用。

在被问到当时为什么选择农业电视时,在被调查的76人中,只有3个人是出于喜欢才选择了农业电视,占被访总人数的3.94%,也就是说大部分农业电视的从业者最初的动机并不是喜欢农业电视,而是有着其他的原因。在这个层面上,就不同于其他类型电视的从业人员,新闻和综艺类节目依然是很多从业人员的选择,当新闻和综艺节目的职位没有空缺时,才会转向其他类型的电视,比如法制、经济以及教育等,农业电视的选择意向最低,这就导致了农业电视从业人员的整体素质略低于其他类型的电视从业人员。最近几年这样的情况有所好转,但是依然存在着差距。人才的流向一直是处在金字塔尖的去了热门电视栏目,而位于中下部的流向农业节目组。而且这一部分农业电视的从业人员一直处于不稳定的状态,在问及"如果有机会可以去从事同一频道的新闻或者娱乐、体育等类型的节目,你会选择离开吗"时,被调查的76人中有71人选择会离开,占被访总数的93.4%,这反映了目前农业节目中的创作人才处于极不稳定的状态。大多数人从事农业节目,并没有把农业节目当成最主要的事业,而是处于观望状态,一旦有机会就跳槽。创作队伍的不稳定导致农业节目的质量很难持续提高。因为农业节目的创作有着特殊性,要求创作者掌握一定的农业知识,特别是类似于科技类节目的创作,更要有坚实的农业基础知识,创作人员在磨合后学会了一些农业知识,并能够熟练地把农业知识运用到电视节目制作中,而新加入的人员还要经过一个相当长的时间才能熟悉农业和电视之间的关系,所以人员流动过于频繁会制约农业节目的发展,致使农业节目的质量很难得到持续性提升,有时甚至出现节目质量下滑的情况。

那么,农业电视从业人员又是如何看待农业节目的呢?在被问及"从农业节目的从业者角度来说,您对农业节目的创作现状是否满意"时,76人中4人回答非常满意,占被访总数的5.3%;21人回答基本满意,占被访总数的27.6%;45人回答不太满意,占被访总数的59.2%;6人回答非常不满意,占被访总数的7.9%。从调查中我们可以看出,大多数农业电视的从业人员对自己所从事的农业电视现状并不满意,在追问为什么会不满意时,大多数从业人员表示原因是多方面的,有的认为离主流的媒体相差太远,有的认为现行的机制制约了创作的发挥,有的认为和自己理想中的电视理念有差距,还有人认为在时效性上农业节目始终与其他类型的电视节目有差距……当绝大多数人对这一创作现状不满意时,说明农业节目自身确实存在着一些问题,但这在某种程度上也可以认为是农业节目有着相当大的上升空间,值得创作人员去努力工作。

总之,农业节目的人才结构还不合理,在人才的招纳、使用和管理等方面还有很多工作要做。农业节目制作部门要有人才危机意识,千方百计地吸引人才、留住人才,更关键的是使用好人才,把加大创作队伍建设上升到为农业节目持续发展的战略高度,从根本上改变农业电视人才匮乏的局面,这对农业节目的持续发展会起到至关重要的作用。

第二节 农业电视传播内容分析

农业电视传播内容从某种意义上理解就是农业电视节目,它是农业电视传播的中心环节,也是农业电视创作最终形成的有形产品。对农业

第四章 农业电视的现状

电视传播内容的分析主要从农业节目的内容和形式等方面进行考察。

一、农业电视节目的数量

农业电视节目稀缺已经成为不争的事实,而且这一问题日益突出。农民在电视观众中占有很大的比例,在全国已注册的各类电视台有上千家,但开办农业节目的只有1%,即使在省级电视台中,农业专栏的开办率也只有4%。很显然,广阔的市场中没有丰富的对农产品,这样的局面是值得人们深思的。

农业电视尽管不是专门做给与"农"字有关的人们看的,但是这一部分人毕竟是农业电视主要的而且是非常重要的目标受众群体,包括从事农业生产的人员、进城务工者以及农村的各年龄阶段的电视观众,尤其是那些生活劳作于农村的农民,理所当然地是这类节目最大的受众群体和受益群体。改革开放以来,电视在满足多层次受众需要方面发挥了积极的作用,但是我们也应当客观地看到,随着市场经济的飞速发展,一部分传媒受经济利益驱动,把注意力转向可以带来丰富广告收入的强势群体,对受众中相对弱势的人群却越来越缺乏关注和热情。我国当下的大众传媒都不约而同地将目标受众锁定为都市白领、中产阶层等。尽管中国传统农业正在向现代化农业转变,农民的角色也日益多元化,农民信息更新也正在加快、信息量需求急剧增大,但大众传媒依旧按照惯性运行,锁定强势受众,因为强势受众不仅具有较强的经济支付能力,而且也具有较大的社会影响力,传媒总是希望以较低成本换取高额回报,所以传媒热衷的传播目标仍是城市而不是农村。

除了中央电视台和省级台以外,特别值得注意的是县级台的节目定位问题。目前,县级台大多节目的生产、播出不是按市场经济方式来经营的,也不是按照受众需求来定位的,而是按照台里制订的节目制作播出计划来运行的。有的县级台根本没有自己的农业节目,在自办节目的新闻

播出时段,除了政府开会就是单位部门的做法介绍,与农民的切身利益相关的新闻少之又少,其他时段就播放电视连续剧。

二、农业电视节目的内容和形式

根据对中西部欠发达地区及苏南经济较发达地区的调查显示:无论是经济欠发达地区,还是经济发达地区,农户们最需要的信息种类集中表现为四大类:宏观类信息——政策、法律、法规等信息;实际操作类信息——新技术、新品种等信息;市场类信息——农产品价格、销路、供求等信息;科技知识类信息——科学文化常识、教育、卫生、健康等信息。然而,就现状而言,广大受众的需求远得不到满足,与"三农"息息相关的政策信息,对农民增收、致富有帮助的市场和科技信息等内容在电视节目中所占比例太小。

农业是第一产业,是国民经济的基础,"三农"问题在每年的政府工作报告中都被列为最重要的内容之一。加入WTO后,我国的农产品面临着激烈的竞争,农民需要信息交流、技术革新、素质提高和法律普及,希望更好地了解外面的世界。媒体尤其是地方媒体应该发挥自己的优势,调整栏目设置,多办一些通俗易懂的对农栏目,以满足农民观众的需要。

目前的电视媒体中充斥着面向城市白领的汽车房产、休闲娱乐、卫生健康等内容,而农民急需的农业信息、政策信息、知识信息得不到及时的传播。电视对农民这一社会弱势群体窘迫生活的展现,并没有很好地反映出他们的价值和尊严。电视所传播的信息无论在内容上还是形式上,都与农村受众的现实需求有着明显的差距,有意无意地使他们成为媒体的"缺席者"和"失语者"。

我国的各级电视台都属于国有电视台,电视作为一种公共产品,有着传达百姓心声、维护公众利益、为广大民众提供服务的义务。农业节目的内容和形式应该符合最广大受众的需要,但是现在由于商业运作模式逐步成为电视经营的主体方式,对于广告和收视率的追求几乎成为压倒一切的目标,上述社会职能受到削弱,特别是在维护公众利益和为公众服务这两方面体现得越来越少了。

三、从创作角度看农业电视的内容

我们不能忽视这样一个事实:对于有着9亿农民的中国来说,农业节目的数量无疑太少,而且存在很多的问题。即便在中央电视台农业频道这样一个国字号的媒体平台中,播出的节目也普遍缺乏社会责任感,再加上栏目与栏目间缺少协同配合,宣传推广声势、力度不够,使得农业节目整体的声音不够响亮。虽然重大的话题都有涉及,但是被不同的栏目分割报道,有的时候甚至被同一个栏目的不同板块分割,线性表现力较差,不能形成接受曲线和记忆曲线的有效积累,达不到所报道信息的"解渴"度,而且也没有造成足够的声势,没有推出有足够影响力的农业节目名人或者大事件。选题边缘界限模糊,并存在"一菜多吃"现象。有些节目只看题目,无法分辨是哪个栏目的选题,比如《爆炸发生以后》《不该发生的血案》《生死救助》《命悬一线》《先声夺人卖葡萄》《伊塘镇有个"黑美人"》《这个地方专养驴》《一头牛卖出2万元》《一公斤卖200元的牛肉》等。这样的选题似乎放之四海而皆准,缺少个性特征,没有独特性、排他性,栏目之间的界限模糊。

四、自觉主动参与社会公益行动的意识较弱

重视和履行社会职责,正确地引导社会舆论,这是时代赋予媒介的历史使命。农业电视作为媒介系统的重要组成部分,要承担起自身的社会责任。

近年来,在商业化大潮中,提高收视率、增加媒体的经济收入似乎成为一种必然。在现代媒体的市场化、产业化运营当中,电视媒体的经济功

能和产业化功能被人为放大,而社会责任则被忽略,农业电视节目普遍存在着不同程度的社会责任缺失的问题,比较突出的有:

社会公信力下滑。农业电视节目正面临着信任危机,一些著名的农业栏目推荐的特养品种或者一些项目,具有严重的误导性。在同一个栏目中,时间仅仅隔了不到一个月,就播出了两个观点完全相反的节目,让观众不知道相信谁好,最终使得观众对其失去信任。

节目内容低俗化。当下媒介媚俗化倾向越来越严重,农业节目也未能幸免。很多农业节目对公众的需求只是进行简单的、畸形的供给和低层次趣味的"迎合",为了迎合和满足部分受众的心理需求,农业节目传播猎奇、血腥等低级趣味的内容。中央电视台第七套《乡约》曾播出过一期《江南狐状元》的节目,选取的主人公是我国成功进行"北狐南养""开发食用"并开辟"养狐热线"的第一人,但节目没有围绕这些有价值、有意义的环节深入展开,而是拿"狐狸精"开涮,主持人与"狐狸精"打情骂俏,说主人公爱上养狐狸就是"迷上了狐狸精",片中狐狸当了主角,嘉宾只是配角,刺激、搞笑似乎是本片的唯一目的。片子中充斥着影视剧中的各种狐狸精、鬼怪的画面,让观众难以接受。同样是这个栏目还播出了一期《老周追妻》的节目,主人公周红卫将自己曾经的婚外情故事拍成电视剧向妻子致歉,警示世人,获得了巨大反响。这本来也是一个不错的选题,可是在采访过程中,主持人却采用"刺激"的手法与主人公讨论起"亲嘴的感受"、伴侣与别人亲嘴时自己的反应等,而且还辅以大量的影视接吻镜头来予以强化,让人很不舒服。

传播热点失衡。当下很多农业节目热衷于经济利益的集体狂欢和"眼球效应"的娱乐、追风、炒作,而对农村地方和谐文化建设的宣传明显不够。有些农业节目对本土文化、悠久历史、优良传统视而不见,而是把能带来丰厚经济回报的娱乐、选秀造星等节目当作品牌来建设,未能负起其应该承担的社会责任。

第三节　影响农业电视的传播渠道因素

一、农业电视传播力的衡量指标

在传媒业界,关于"内容为王"还是"通路为王"的争论一直没有平息,就像企业经营中"产品为王"还是"渠道为王"的纷争一样。事实上,作为媒体运营和企业营销中的两个基本要素与环节,二者之间是相互支撑、相互依托、相辅相成的。在传播通路和营销渠道已经解决或者等同的情况下,内容和产品就成为决定竞争成败的关键因素;而在传播内容和产品质量类似或雷同的市场环境下,传播通路和营销渠道的占有与争夺往往又成为决定经营胜负的先决条件。能够验证电视传播渠道的指标是覆盖率。覆盖率相当于电视媒介信息传播的渠道通路。

我们熟悉的另外两个指标就是收视率和满意度。收视率相当于电视媒介信息产品的销量,而满意度则代表了电视观众对媒介信息产品消费后的评价与喜爱状况。电视频道传播力主要可以从三个维度来衡量,即覆盖率、收视率和满意度(见图4-2),传播力三维评价模式是将频道在覆盖率上的特征 C 和收视率上的特征 R,以及与覆盖、收视工作相关联的满意度指标 S 相综合,计算出传播力 M,从而形成了一种较为客观和完整的立体评价模型。

从传播意义上说,农业电视的覆盖率意味着农业电视信息源(即农业电视内容)的送达范围和受众的人口规模和结构。农业电视节目的传播价值评估指标和方法也可以概括为:农业电视节目传播价值=覆盖率×收视率×满意度。

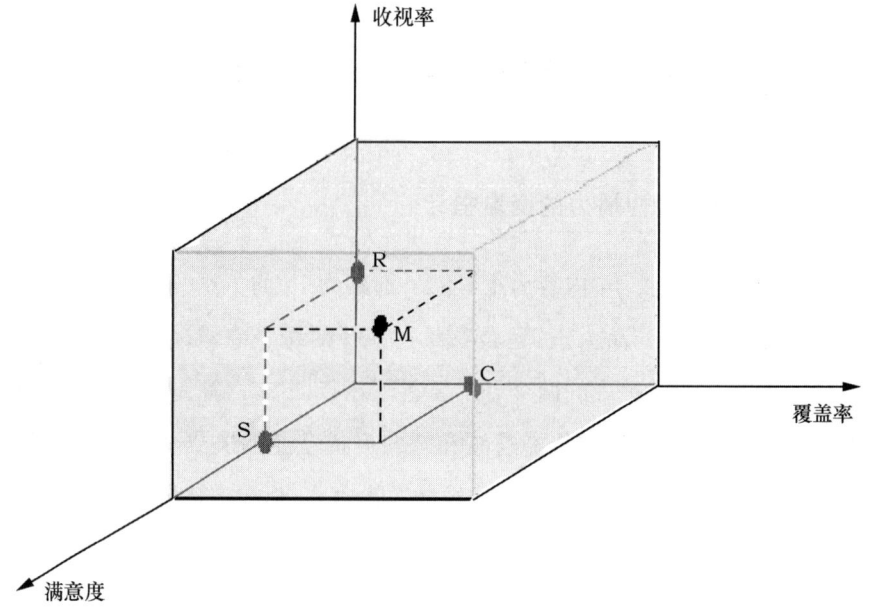

图 4-2　传播力三维评价图①

二、农业电视传播渠道现状

由于历史和现实的各种原因,目前中国各类电视频道覆盖率总体来说处于较低水平。"2006年,中央电视台卫视频道在全国平均覆盖率为58.7%,省级卫视频道在全国平均覆盖率为32.2%,省级地面频道在本省平均覆盖率为48.4%,中国教育电视台频道群在全国平均覆盖率为15%,境外卫视频道因受政策限制,在全国平均覆盖率最低,不到5%。"②这种覆盖与传播的现状在城乡之间呈现出明显的二元结构,电视频道在农村的平均覆盖率远低于城区。

近几年农村经济水平尽管有了明显的提高,农村居民能够接收到的电视频道数也在快速增加,但与城区居民相比仍有着较大的差距。农村

---

① 参见央视-索福瑞公司内部材料:《频道覆盖率与传播价值》。
② 崔燕振、陈洲:《城市与农村:中国电视传播的二元结构》,《市场观察》2007年第8期。

居民能够看到的频道少于城市居民,这对于农民来说就意味着失去很多获取信息的机会,能够收看到的频道中也并不能保证都有农业节目,有些有农业节目的频道还无法传播到农民家中,这对于以农业为主要内容的农业电视而言,在传播上是不利因素。这一情况在2007年中央电视台第七套农业节目扩大覆盖率后有了改观,国家级的半个农业频道终于最大限度地传播到了农村广阔的天地中,覆盖率在中央电视台所有频道中占第二位。

三、农业电视传播的市场环境

随着一、二级大中城市市场竞争环境日益激烈,市场容量基本饱和,加上商品促销的过度泛滥,产品利润渐趋微薄;与此同时,占人口多数的县、乡(镇)、村市场,也就是营销意义中的三、四级市场,[①]逐渐显现出重要的市场地位。

我国县市级及农村人口占全国总人口数近80%,超过10亿人。由此可见,中国农村市场集中了世界上最庞大的消费群体。"虽然城市家庭平均收入目前还是农村家庭平均收入的3倍左右,但两者支出比例基本相同,农村消费总量的规模非常巨大;县市级城镇和农村消费量占到全国消费总量的69%,是中心城市消费量的两倍以上。"[②]特别是近年来农村居民收入大幅增加,农民消费能力迅速增强,农村作为一个有着无限消费潜力的庞大市场而日益受到各方的重视。

中小城市与农村市场消费潜力巨大,但其市场化程度却远不及大城市那么高。目前在中小城市和农村,竞争的企业数量相对较少,几乎还看

---

① 在中国营销界,根据经济水平、人口数量、消费水平等地区发展状况,将我国分为一级、二级、三级、四级市场,北京、上海和广州是一级市场,省会城市和部分发达地级城市为二级市场,其他地级城市和部分经济发达县级市场为三级市场,其他县级城市、乡镇和部分发达地区的农村市场为四级市场。这是中国营销理论的约定俗成的产物,在营销理论教科书上无明显的划分。
② 崔燕振、陈洲:《城市与农村:中国电视传播的二元结构》,《市场观察》2007年第8期。

不到国际跨国公司的身影,因此企业要想在农村发展,在农村的市场上谋求一席之地,其所面临的竞争的激烈程度与在大城市市场中相比要低得多。与一、二级城市高度发达甚至传播过度的媒体广告环境相比,由于受生活习惯、生活环境、文化素质、经济发展状况等方面的制约,农村居民接收信息的渠道较少,对商品广告尚未产生收视疲劳,而且接受新产品的兴趣也较大,从这个角度来说,相比发达城市,农村拥有较好的广告环境,更有利于企业和产品的推广。

电视传播作为当今农村地区影响力最大的信息传播方式,一方面创造着一个有边界的地理以凝聚起特定的群体——观众共同体;而另一方面,电视传播的无边界则以更大的力量解构着一切有形地理的束缚,使固定的地理空间成为一个流动空间。基于此类特性,电视媒体成为我国农村消费者最重要的信息来源和最可信赖的传播媒体。目前,"我国农村居民家庭电视机的普及率已达95.2%,而且广大农村、城镇群众的文化生活还不丰富,收看电视节目早已成为农民生活中的重要部分,约90%的农村居民休闲娱乐的方式是看电视;随着休闲时间的增加,56.9%的农村居民会花费更多的时间在看电视上。农村居民每周平均约有6天会接触电视媒体,远高于其他媒体的接触率。农村电视受众平均每天用于看电视的时间在休息日和工作日分别高达156.9分钟和198.4分钟。"[①]鉴于此,现在将农业电视的传播链条延伸到三、四级市场是一个绝好的时机。一些广告商或企业主希望广告能够在农村广泛传播,这为拥有农业栏目的一些电视台提供了发展良机。

根据央视-索福瑞公司的调查显示,电视广告是企业在三、四级市场与消费者深度沟通最快捷、最有效的渠道。"95.7%的农村居民依赖电视媒体获取信息,投放电视媒体是快速启动农村市场的第一媒体选择,电视

---

① 崔燕振、陈洲:《城市与农村:中国电视传播的二元结构》,《市场观察》2007年第8期。

第四章 农业电视的现状

广告在农村的收视率、到达率等指标都比较高。"[①]"农村居民对各级电视广告的信任度远高于其他媒体广告。"[②]市场的力量是巨大的,农村受众对于电视广告如此信任,这使得众多的广告商殷切希望能够在农村普及电视传播网络,随着有线电视公共网在农村的快速普及、"村村通"工程的快速推广及"中星9号"直播卫星的发射,卫视频道在农村的覆盖通路得以改善,电视频道在农村的覆盖成本大幅下降,农村市场的开拓前景一片光明。

第四节　农业电视受众现状分析

在传播学的研究中,"受众指的是一对多的传播活动的对象和受传者,会场的听众、戏剧的表演、体育比赛的观众,都属于受众的范畴"[③]。受众(audience,又译为受传者,有学者也称其为阅听者),通俗地说就是接收信息的人。它既包括大众传播中的信息接收群体——报刊的读者、广播的听众、电视的观众和互联网的浏览者,也包括小范围信息交流中的个体——参与者和对话的人。从传播学的角度来看,农业电视的受众在传播的过程中扮演着非常重要的角色。从整个传播过程来看,农业节目的受众是媒介传播的目的地和归宿,是农业电视作品的接收者和消费者;与此同时,农业节目的受众作为能动的社会成员,通过反馈又不断地影响着农业电视的生产。在这两个过程中,受众不仅仅是被动的消费者和接收者,同时也是能动的反馈者和创作者。离开了受众,传播活动就失去了意义,就不能称之为传播活动。

德国哲学家克劳斯(Claus)认为,受众按其规模可分成三个不同的层次:第一个层次是特定国家或地区内能够接触到媒介信息的总人口,这是

---

①② 崔燕振、陈洲:《城市与农村:中国电视传播的二元结构》,《市场观察》2007年第8期。
③　郭庆光:《传播学教程》,中国人民大学出版社1999年版,第167页。

最大规模的受众。例如,在中国的电视覆盖区域内,凡拥有电视机或能观看电视节目的人都是电视传媒的受众;第二个层次是对特定媒介或特定信息内容保持着定期接触的人,如报纸的定期读者或电视节目的稳定观众;第三个层次是不但接触了媒介内容而且也在态度或行动上实际接受了媒介影响的人,对传媒而言,这部分人属于有效观众,在他们身上体现了实质性的传播效果。[①]

一、几种主要的受众理论

(一)作为社会群体成员的受众

不同的受众观会导致对受众在大众传播过程中的性质、地位和作用的不同理解。传播效果研究早期的"子弹论""皮下注射论"和"靶子论"的观点,将受众描述为受其本能驱使的、人数庞大、缺乏教养、没有个性和独立见解的群众。在这个理论体系之中,受众被看作是分散的个人,这些个人在大众传媒有计划、有组织的传播活动面前是被动的、缺乏抵抗力的。

如果我们把受众看作是社会群体的成员,就会发现受众并不是孤立的存在,而是分属于不同的社会集团或群体,有着不同的背景。受众对大众传媒的接触通常受到群体归属关系、群体利益以及群体规范的制约。传播学研究表明,受众的群体背景或社会背景是决定他们对事物的态度和行动的重要因素,这种影响有时甚至超过大众传播的影响。

(二)作为市场的受众

在19世纪30年代以后,大众传媒向企业经营形态转变的过程中出现了把受众看作信息产品的消费者的观点。D.麦奎尔认为,如果从市场的角度考虑问题,受众可以定位为特定的媒体或讯息所指向的、具有特定

[①] Claus. R., "The Mass Public at Grips with Mass Communication", *International Social Science Journal*, 20(4), 1968, 625−643.

第四章 农业电视的现状

的社会经济层面上的、潜在的消费者的集合体。①

"受众即市场"是大多数媒介机构的基本特点,反映了传媒活动的某些特性,如经营性、商品性和竞争性,也能够揭示受众作为消费者的某些行为特点,但不能将受众简单地等同于物质商品的消费者,也不能简单地将传媒等同于生产和提供物质商品的企业,这是由精神产品的生产和消费过程的特殊性决定的。

(三)作为权利主体的受众

受众在大众传播中占有极其重要的分量。在媒介传播过程中,受众是传播符号的释码者、传播活动的参与者、传播效果的反馈者和传受活动中的权利主体。他们是传媒信息的使用者和消费者,他们付费获得媒体的产品,有权要求媒体及传播者提供所承诺的服务。多重的身份和角色,使得受众拥有多项基本权利,其中最主要的三种是传播权、知情权和接近权。

1. 传播权(The Right to Communicate)

提及传播权,或许多数人会认为这只是传媒所具有的权利,事实上受众也享有此项权利。我们所说的传播权是指任何个人或组织、机构都有自由表达或传播自己的意见和获取信息的权利。在中国,习惯上称之为言论自由权或表达自由权。它是所有社会成员都享有的基本权利之一,也是大众所拥有的其他一切权利的基础。社会成员是社会生活和社会实践的主体,他们有权将自己的经验、体会、思想、观点和认识通过言论、创作、著述等活动表达出来,并有权通过一切合法手段和渠道加以传播。②

2. 知情权(The Right to Know)

实质上,知情权是传播权的一部分。在学理上,它被认为是从传播权

---

① 参见 McQuail, *Mass Communication: An Introduction*, Sage Publications, London, 1983, Chapter 6。
② 联合国教科文组织:《多种声音,一个世界》,中国对外翻译出版公司第二编译室译,中国对外翻译出版公司 1981 年版,第 155 页。

即言论自由权中引申出来的一项"潜在"的权利。① 从广义上来说,知情权指的是社会成员获得有关自身所处的环境及其变化的信息,以及生活所需各种有用信息的权利,所以在某种程度上,它也是人的生存权的基本内容之一。而狭义的知情权指的是公民对国家的立法、司法和行政等公共权力机构,所拥有的知情和知察的权利,这是公民的一项基本政治权利,也意味着公共权力机构对公民负有信息公开的责任和义务。现在我们讲知情权,多从狭义角度出发。魏永征教授在《新闻传播法教程》一书中指出:公民的知情权,最主要的是获知国家事务和社会公共事务的权利。② 知情权在大众传播中的具体运用为:受众作为媒介的消费者,有权要求媒介提供真实、客观、公正、全面的报道。任何隐瞒或歪曲事实的报道,都是对受众知情权的侵犯。

3. 接近权(The Right of Access to Mass Media)

接近权即一般社会成员利用传播媒介阐述观点、发表言论以及开展各种社会和文化活动的权利;由含义上看,接近权亦是传播权的引申,或者说是传播权的一种特殊表现。二者的区别在于,接近权强调传媒具有向受众开放的义务和责任,从而使广大受众而非政府官员与传媒的关系更加密切。这一权利概念出现于20世纪60年代的美国,并在西方国家产生了普遍的社会影响。

二、农业电视的受众构成

2008年7月至9月,中国农业电影电视中心与中国农业大学团委合作,利用中国农业大学学生暑假返乡,就我国农村地区观众对CCTV-7农业节目收视行为及需求在北京、黑龙江、吉林、辽宁、河南、河北、陕西、甘肃、内蒙古、山东、江苏、安徽、浙江、湖北、湖南、江西、四川、重庆、云南、

---

① See Holsinger & Dilts:*Media Law*,Third Edition,New York,1994,p.360—362。
② 魏永征:《新闻传播法教程》,中国人民大学出版社2002年版,第49页。

第四章 农业电视的现状

福建、广西共 21 个省(市、区)的部分地区进行了问卷调查。通过问卷调查的分析,我们得出农业电视的观众构成情况(如图 4-3)。

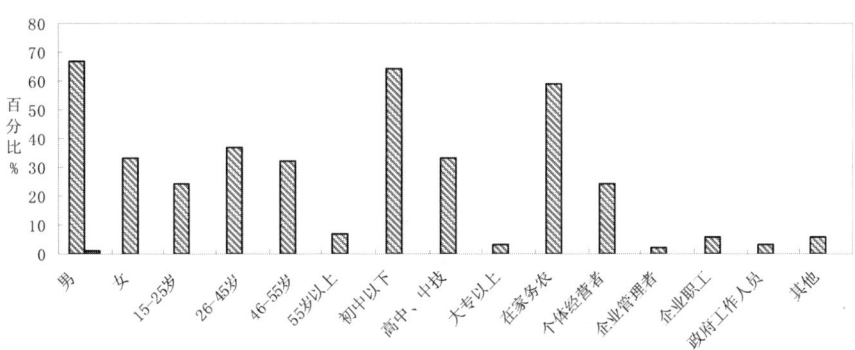

图 4-3 农业电视的观众构成①

调查结果显示,收看 CCTV－7 农业节目的观众中,男性观众占 67%,多于女性观众;年龄主要在 26 岁到 55 岁之间;文化程度相对较低,初中以下文化水平的观众所占比例较大,占调查对象总数的 63%;在家务农的农民占 59%,个体经营者占 24%。

关于农民对农业类信息接触习惯的调查数据显示,农民主要通过电视与熟人来获取农业类信息或知识,他们对于报纸和广播的接触不是很多,对于互联网比较陌生。如表 4-1 所示。

表 4-1 调查区域观众获得农业信息的渠道统计

报纸	广播	电视	互联网	熟人
5%	8%	65%	1%	21%

数据来源:中国农业电影电视中心和中国农业大学 2008 年 7 月至 9 月对 21 省市自治区的调查报告。

调查结果显示,农业节目在华北、东北、华中地区的受众关注度比较高,其次是西南、西北地区。华东部分地区的农民对节目的认知度较差。

---

① 中国农业电影电视中心总编室《创作动态》内部资料,2009 年专刊第 1 期。

福建晋江、邵武地区的农民观众对节目几乎不了解,但在黑龙江及湖南的一些地区,有些农民观众不仅经常收看,而且还做笔记。在重庆巴南地区,当地的政府官员非常重视收看农业节目。

调查表明,受众多数对21:00至22:00时段栏目播出的节目比较满意,18:00时段的栏目因经常干农活而错过收看,像《科技苑》栏目,观众很喜欢看,但是常常没有时间看。

受众为什么会选择农业节目呢？调查的结果显示,大多数农民对于"了解我国农业发展的政策""学习先进的农业科学知识""获取更多的有关农副产品的信息""学习别人的先进经验"持比较同意或非常同意的态度,相对来说,受众对"把握农业发展环境,寻找商机""了解城市的消费信息、就业信息"以及"了解国外农业发展情况"不太关注。受众比较喜欢看的栏目有《每日农经》《科技苑》《致富经》《乡村大世界》和《农广天地》。

三、以几个栏目为例分析农业电视的受众构成

国外先进的电视运作经验表明,电视节目成功的市场化运作,不仅包括节目的定位、主持人的选择、播出组合等方面,受众的市场调查也非常重要。受众调查能够比较广泛、准确地反馈观众对电视节目的意见,便于电视制作方及时对节目进行调整、改进,同时能够为专业研究人员提供数据资料,使研究趋于科学化,避免盲目性。

在上面的论述中,我们知道农业电视频道的受众中男性观众占67%,多于女性观众;年龄主要在26岁到55岁之间;文化程度相对较低,初中以下文化水平的观众所占比例较大,占调查对象总数的63%;在家务农的农民占59%,个体经营者占24%。具体到农业栏目的受众定位,是一件比较难的事情,因为原定的目标受众与实际吸引到的观众往往有很大的出入。在栏目初建时,栏目的管理者常常会设定受众群体,此群体为目标受众,而实际情况并非如当初设定的一样。我们以中央电视台第

七套节目中的农业栏目为例分析农业栏目的目标受众与实际受众。

从表 4-2[①] 中我们可以看出,农业电视栏目的实际观众构成与各栏目最初设计的受众定位并不一致。从目标观众构成和实际观众构成的对比分析中我们可以看到:①《生活 567》和《搜寻天下》的忠实观众学历最高。《生活 567》忠实观众的文化程度以高中/中专/技校、本科为主;《搜寻天下》特别受大专文化程度观众的欢迎。②《致富经》《科技苑》《法制编辑部》和《聚焦三农》四档栏目在高学历文化程度的人群中享有较好的知名度,但节目没能得到这一人群的喜爱,忠实观众以低学历文化程度的人群为主。③《乡村大世界》《乡约》和《生活 567》的忠实观众以女性为主。④《农广天地》和《每日农经》栏目的忠实观众学历较低。《农广天地》的忠实观众以初中文化为主,《每日农经》的忠实观众以小学没毕业和初中文化程度为主。

表 4-2

栏目	目标受众构成	实际受众构成
每日农经	农业生产者和管理组织者,农产品经销商,关注市场动态的官员,关注农产品行情的消费者和对农业有兴趣的人群。	35—54 岁男性观众,学历主要为小学没毕业和初中文化。
聚焦三农	关注"三农"问题的人,包括农村中的普通老百姓、基层乡村干部、地方政府官员、专家以及关注"三农"问题的城里人,同时兼顾城市受众。	45 岁以上男性观众,忠实观众的学历以初中为主。该栏目在高中以上文化,包括大专、本科、研究生文化程度的观众群中享有较好的知名度,但没有获得高文化程度人群的喜爱。
科技苑	具有初中以上文化程度,从事农业生产经营的农业人口,从事农业项目开发的城镇居民和农村基层工作人员,以及关心农村、农业、农民的相关人士。	35—54 岁初中文化程度的男性观众,该栏目在高中以上文化,包括大专、本科、研究生文化程度的观众群中享有较好的知名度,但没有获得高文化程度人群的喜爱。

---

① 资料来源:中国农业电影电视中心总编室内部材料。

续表

栏目	目标受众构成	实际受众构成
致富经	涉农领域中的先进生产者,他们主要是农村致富的带头人、经纪人,在农村有作为有抱负的人,农业产业化企业、涉农产业的从业人员等;从事现代农业和第二、三产业的农民;想投资涉农领域和关心"三农"的城里人;想改变自己经济现状的传统农民。	35—54岁男性观众,该栏目在初中、高中/中专/技校、大专文化程度的人中享有较好的知名度,但最受初中文化程度的观众所喜爱。
法制编辑部	以进入司法程序的各类案件中的农民为主要表现对象,以广大农民和广大市民为主要受众群体。	35岁以上男性观众,学历主要为初中、高中/中专/技校。该栏目在高中、大专、本科、研究生文化程度的观众群中享有较好的知名度,但是没有获得他们的喜爱。
乡村大世界	城乡兼顾,城市乡镇为主,农村为辅。	35—54岁女性观众,学历主要为小学和初中。
基层瞭望	基层干部和农民。	因接受调查人数不足,不具有统计学分析意义。
农广天地	——	35岁以上男性观众,初中文化。
生活567	以年龄25—45岁、小学以上文化程度,并有相对稳定工作的人群为主要受众。	15—34岁,以及45—54岁女性观众,该栏目在高中以上文化,包括大专、本科、研究生文化程度的观众群中享有较好的知名度,观众学历以高中/中专/技校、本科为主。
相约	锁定"以挚爱人生,渴望成功"为同质特征的人群。收视目标以农民为主,兼顾城乡。	以14—24岁,以及45—54岁女性观众为主,忠实观众的学历以初中以下文化程度为主。
搜寻天下	以25—49岁、高中文化程度以上、月收入500元以上的观众为本栏目的目标观众。	25—34岁的男性观众,该栏目在高中以上文化,包括大专、本科、研究生文化程度的观众群中享有较好的知名度,特别受到大专文化和初中文化程度的观众喜爱。

由上可见,各栏目由于定位不同,所吸引的受众也不尽相同,观众的构成情况也较为复杂。因此,农业电视的各个栏目要分析自己的稳定受

众群,分析自己的节目风格,使自己的节目风格尽量与忠实受众群的需要相吻合,然后再在此基础上对栏目进行微调,尽可能地扩大与忠实受众群比较接近的潜在受众群,切不可不切实际地随意改变节目风格,最终有可能把稳定的受众群也丢失了。

四、农业电视的具体收视情况

(一)受众收看农业经济类电视节目的情况

关于农业经济类栏目,受众愿意看与自己生活比较接近、实用、信息量大的节目。收看这样的节目,受众可以及时了解到最新农产品市场信息,还能在真实的事例中学到有用的致富经验和方法。

(二)受众收看农业科技类电视节目的情况

受众比较喜欢的农业科技节目内容包括"农作物栽培管理技术""特种动物养殖技术""农业基础知识"三个方面,对于"农产品加工技术""生态环境保护"等方面的内容关注度不高。90%的受众对中央电视台《科技苑》持满意的态度。

(三)受众收看农村生活、法制类电视节目的情况

受众对生活、法制类节目形式生动活泼、节目内容好看两个方面比较满意。比较喜欢的节目内容集中在"农村生活中的趣事、奇事"和"法律知识普及"两个方面。受众认为掌握一定的法律知识很重要,并且希望了解更多的其他乡村的故事。

(四)受众收看农业文艺、文化类电视节目的情况

对于农业文艺、文化类电视节目,多数受众比较喜欢看,但是关注度不是很高,收看的随意性比较大。比较喜欢的节目内容包括"乡村中自娱自乐的文艺活动和绝技""明星""文艺演出";在节目的形式方面,受众更多地喜欢农民能参与进去、互动性强的娱乐形式。

(五)受众对电视节目内容的关注

通过对受众收看的节目分析,可以了解到受众比较喜欢的节目形式。第一,对于农业经济类电视节目,受众喜欢"一层一层深入调查,加上专家点评"和"请专家到演播室讲评"的形式。他们认为,此类节目中有权威人士参与进来更有可信度,这样他们在进行投资时心里会比较踏实。第二,对于农业科技类电视节目,受众更喜欢"让懂技术的人现身说法"和"把技术演绎成一个故事"。受众认为,农业技术是一件比较难懂的事情,要通过一个节目把某个技术全学会不太现实,所以希望懂技术的专家把关键的需要注意的环节讲明白,并希望节目有衍生产品(比如学习光盘),以便于他们学习和模仿。另外,他们认为,把技术演绎成故事便于记忆,因为记故事比记技术快得多,也有利于更好地学习和应用。第三,对于农村生活和法制类电视节目,受众喜欢"模拟拍摄"和"拍摄真人并讲述过去的事情",原因是他们希望完整地看到整个故事,了解事情到底是怎样发生、发展的,所以"情景再现"更能引起他们的关注。第四,对于农业文艺、文化类电视节目,受众希望节目多一些农村特色,这样可以区别于其他文艺类节目。他们喜欢的节目形式是"在农村搭台表演,自娱自乐",这样他们可以身临其境,也更贴近他们的生活。

受众对电视节目的选择越来越理性,尤其是随着越来越多的农民工陆续返乡,他们对于农业信息的需求越来越大,信息质量要求越来越高。

五、农村受众的特点

(一)受众数量众多

当代农民不仅是中国也是世界上最大的社会群体。我国农民的这种数量特征在相当长的一段时间内不会有根本性的改变。这些农民是农业节目的有效受众,除此之外,还有一些农业管理人员、农业经营人员、农业科技工作者、农业研究人员、涉农信息的接收者以及对农业感兴趣的人也是有效受众。如此看来,农业节目潜在的受众群体将是不可忽视的。

(二)农村人员的基本构成

外出务工者增多——农民工出现。随着市场经济步伐的加快,大量农民离开土地进城务工,成为农民工。目前,全国农民工的人数约为2亿人,其中有1.2亿人在城市务工,有8000万在乡镇企业务工。按照他们的工作性质应该是工人,但是他们的农民身份没有改变。尽管近年来农民工的待遇有所提升,政府对他们的生存状态也给予了极大的关注,但是他们的社会地位仍然亟待提高。

留守人员。农村的留守人员以老年人、儿童和妇女为主,他们的共同特点就是文化程度普遍不高。但是在一些经济发达的农村,情况会有所不同。在江苏苏南、浙江的一些农村,农民很少有外出务工的,留在农村的也不仅仅是老年人和妇女、儿童,青壮年劳动力也同样驻守农村。这与农村经济是否发达有很大关系。

(三)受教育情况不同

文化知识的匮乏,限制了农村观众接受现代新知识、新观念、新技术,农村的经济难以摆脱发展滞后的困局。

我国农村受教育情况呈现出明显的不均衡,在西部经济欠发达地区,15岁以及15岁以上的文盲、半文盲率比全国平均水平高出3个百分点。① 国家级贫困县陕西省陇县下辖10镇5乡240个行政村,总人口25万,从事农业劳动的人口中70%是小学文化程度或文盲,28.9%的农民是初中文化程度,2.1%的农民是高中文化程度。② 而东部沿海地区的情况则有很大改观,农民受教育程度比全国平均水平高很多。

---

① 胡晓玲、杨改学:《西部地区科技传播模式及策略分析》,《现代远距离教育》2001年第1期。
② 谭英、王德海等:《贫困地区不同类型农户科技信息需求分析》,《中国农业大学学报》2003年第3期。

(四)经济发展不均衡导致农村受众的关注点不同

内陆以及老少边穷地区的经济和沿海地区存在很大的差距。沿海地区的农村受众大多关注农业经济类的话题,而老少边穷地区的受众大多关注生活类、法律援助类的话题。经济落后地区中的一些受教育程度高的农民格外关注农业技术和农业经济类的话题,这与他们急于致富和改变自己的生活现状有着密切的关系。

(五)农民在传播领域里属于弱势群体

早在1987年,中宣部、广播电视部联合调查组在历时一年的调查中,就发现主管领导在思想上存在着"重城市,轻农村"的偏差。在传播领域里,农业传播受众处于弱势地位。因为是弱势群体,农村中的有线电视网并不完善,他们无法像城里人一样接收到更多的电视频道。而就农业节目而言,因为轻视受众,致使纯粹的农业节目很少。

(六)农村受众属于游离型受众

这里要借用一个化学概念——游离。化学中的游离指的是元素不和其他物质化合而单独存在,或元素由化合物中分离出来,比喻离开集体或所依附的事物而存在。这里借用这个词来描述那些介于忠实、热心观众与非观众之间的电视观众,即所谓"游离型观众"。"研究发现,游离型观众具备以下三个基本特征:第一,收看电视节目时间偏短、对电视缺乏明显的依赖性。第二,选择节目的随意性比较大、缺乏固定的收视习惯。第三,收看电视节目的指向性比较强,欣赏口味与众有同有异。"[①]我们将几乎每天都看电视的观众称为忠实型观众,每周不少于三天即经常看电视的观众称为热心型观众,每周不少于一天即有时看电视的观众称为游离型观众,每月少于一天即很少看电视的观众称为旁观型观众,极少接触或

---

① 程宏、王建宏主编:《中国电视观众现状报告——2002年全国电视观众抽样调查分析报告和论文集》,中国广播电视出版社2004年版,第144页。

第四章　农业电视的现状

者从不接触的观众称为冷漠型观众。其中,忠实型观众和热心型观众属于显在观众的范畴,游离型观众、旁观型观众和冷漠型观众属于潜在观众的范畴。从表4－3中我们可以看出游离型观众是潜在观众中最有可能向显在观众过渡的那部分。游离型观众处于中间的过渡带,他们最主要的构成是农民。

表4－3　五种类型观众的职业差异(%)①

	从不接触	很少	有时	经常	几乎每天
工人/服务人员	7.6	4.5	3.8	5.1	7.1
管理人员/职员	10.2	1.8	2.7	3.4	5.6
公务员	7.4	0.0	1.4	1.4	3.2
教师、医生等专业技术人员	0.0	0.4	1.4	2.0	3.3
学生	8.9	11.2	22.2	13.7	7.3
军人/警察/武警	0.0	0.0	0.0	0.0	0.3
个体劳动者	5.8	7.4	5.8	5.6	6.3
私营企业主	2.6	0.0	0.3	0.6	1.0
家庭主妇	19.2	6.4	4.2	3.5	3.8
下岗/失业人员	0.0	4.1	1.7	1.4	2.9
离退休人员	4.1	3.2	2.3	3.2	7.5
农民	34.2	53.8	54.2	59.0	51.0
其他	0.0	7.2	0.1	1.0	0.5

了解农业电视受众,有助于传播者更有针对性地传播受众所需要的信息。需要特别说明的是,这里将农业电视节目受众的范围主要划定为农村受众,并不等于说农业节目只有农民和与农业相关的人收看,并不是说城镇的居民不关注农业节目,许多农业栏目,比如中央电视台的《致富经》等,也拥有大量的城市受众。我们之所以在这里将农业电视的受众集

---

① 程宏、王建宏主编:《中国电视观众现状报告——2002年全国电视观众抽样调查分析报告和论文集》,中国广播电视出版社2004年版,第149页。

中在农村受众中,是因为农业节目的目标受众是农民,从媒体的功能来说,农业节目应该是为"三农"服务的。

第五节 农业电视传播效果分析

传播效果是农业电视传播实践的核心议题,也是农业电视传播理论关注的焦点。从一定意义上来说,传播效果是农业电视传播活动的出发点和落脚点,达不到一定传播效果的农业电视传播活动是无效的传播。农业电视传播要达到普及科学知识、弘扬先进文化、服务农村经济建设和精神文明建设的目标,能否将传播内容转化为传播目标,其关键就在于能否准确认识农业电视的传播规律,实现最佳的传播效果。

在探讨农业电视传播效果之前,我们首先需要明确一下"传播效果"的基本概念。在传播学领域,对传播效果这一概念存在两种理解。一种理解认为,传播效果是指带有说服动机的传播行为在受传者身上所引起的心理、态度和行为的变化。另一种理解认为,传播效果指的是传播活动,尤其是报刊、广播、电视等大众传播媒介的活动对受传者和社会产生的一切影响和结果的总体,不管这些影响是有意的还是无意的、直接的还是间接的、显在的还是潜在的。[①] 以上这两种理解构成了传播效果这一概念的双重意义。

具体到农业电视的传播效果,也包含这两层含义。综合性的大众传媒和专业性的农业媒体所进行的农业报道,对农业电视的受众,尤其是农村受众必然会产生一定的影响;而更多的带有说服动机的关于农业的宣传类报道,也必然会引起农业电视受众在心理、态度和行为方面的变化。

传播效果可以分为不同的层面和类型。从层面上分析,传播效果可

---

① 郭庆光:《传播学教程》,中国人民大学出版社1999年版,第188页。

以划分为认知、情感和行为；从类型上分析，可以分为短期效果和长期效果、预期效果和非预期效果、积极效果和消极效果以及逆反效果等。

一、传播效果的三个层面

认知层面。外部信息作用于人们的知觉记忆系统，引起人们知识量的增加和知识构成的变化，属于认知层面上的效果。大众传媒每天为受众提供新的信息，这些信息不断补充、调整、覆盖受众已有的知识、经验。农业电视对受众认知层面的效果主要体现在受众对农业科技、农业政策等信息的积累上。

情感层面。作用于人们的观念或价值体系而引起情绪或感情的变化，属于心理和态度层面上的效果。情感层面的效果体现在影响受众的价值体系和心理态度上。农业电视对受众情感层面的效果主要体现在宣扬科学精神、传播农村新风尚、普及科学知识、反对封建迷信等方面。

行为层面。体现在指导受众的实践体系和行为趋向上。这是大众传播效果最深层次的实现，通过改变认知，影响情感，最终指导受众的行动。该做什么，不该做什么，大众传媒推荐的行为往往为受众所效仿。农业电视对受众行为层面的效果主要体现在推广农业科技成果上。随着农业电视越来越发达，农业科研人员通过农业电视推广自己的科研成果的意识越来越强，而许多成果也确实是在这种推广中深入人心，最终转化为实际生产力的。

这三个层面的效果从程度上看是不断加深的，有一个累积的、量变引起质变的过程。当认知累积到一定程度时，情感就可能发生变化；当情感累积到一定程度时，就可能产生行动。这种传播效果作用机制如图4-4所示。

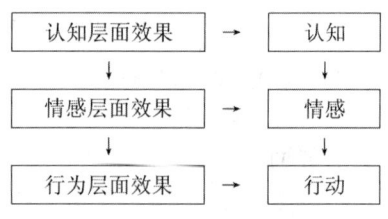

图 4-4　传播效果作用机制

农业电视传播的社会效果主要体现在环境认知效果、价值形成与维护效果以及社会行为示范效果三个层面。农业电视所报道的内容、角度和形式都在影响着受众对农业、农村、农民整体的知觉和印象,制约着他们观察农村社会和涉农问题的视角。农业电视既可以通过舆论引导形成新的规范和价值,又可以通过舆论监督来维护既有的规范和价值。

二、传播效果的类型

英国学者 P. 戈尔丁结合时间和意图两个要素,将大众传播的效果分为短期的预期效果、短期的非预期效果、长期的预期效果和长期的非预期效果四种类型。[①] 这一分类对我们研究农业电视的传播效果具有一定的借鉴意义。

短期的预期效果。农业电视传播一些新制定的惠农政策等,老百姓在第一时间了解和掌握了这些政策,势必迅速做出反应,对农业生产的前景更加乐观。中央电视台第七套《聚焦三农》播出的一系列解读当前热点政策的节目就经常会起到短期的预期效果。

短期的非预期效果。农业电视播出的一些节目,比如对农村封建迷信、虐待遗弃老人、红白喜事大操大办、铺张浪费等农村社会典型事件的报道,本意是想倡导一种文明的方式,可是在不同的农村受众身上会有不同的反应,有的可能会摒弃这些行为,有的可能会模仿这些行为,这就是

---

① 郭庆光:《传播学教程》,中国人民大学出版社 1999 年版,第 190 页。

短期的非预期效果。

长期的预期效果。长期的预期效果指的是就某一主题或者某项事业进行长期的信息传播所产生的与传播者意图相符的累积效果。例如经常性的农业政策宣传、农村计划生育宣传等,经过长期的宣传最终使受众增长了这方面的知识。

长期的非预期效果。长期的非预期效果是指整个传播事业日常的、持久的传播活动所产生的综合效果或者客观效果和预期的有所偏离。

综合上述的分类,结合 P. 戈尔丁的时间和意图两个要素,将短期预期效果、短期非预期效果、长期预期效果、长期非预期效果综合起来,可以将农业电视的传播效果分为正面效果和负面效果。所谓正面效果是指对社会进步产生积极影响的大众传播效果,负面效果是指产生消极不利影响的大众传播效果。

三、农业电视传播的正面效果

农业电视的正面效果表现在以下几个方面:首先是让受众了解党的政策和法律法规;其次是加快农业科学技术的推广;再次是促进农村经济结构的调整;除此之外,还可以推动农村精神文明建设和民主政治建设。

(一)让受众更好地了解党的政策和国家的法律法规

农业电视作为最直接的传播媒体,对于宣传党的政策和法律法规知识有着强大的优势。电视是农民朋友喜闻乐见的一种信息媒介,目前他们的信息主要来源之一就是电视。电视通过图文搭配、场景再现等方式,直接而又生动地将各种信息传递给观众。宣传党的政策和国家的法律法规,是国家赋予电视媒体的一项神圣使命。我国是一个发展中的农业大国,大力发展农业电视,对宣传党的政策和国家的法律法规意义巨大。

(二)促进农业科技成果的推广

科学技术是第一生产力,党中央国务院提出的新农村建设要求加大加快农业科学技术的推广和应用的力度。农业电视对农业科技成果的推广负有不可推卸的使命。农业电视对农业科技成果的介绍,可以让观众直观地了解这些前沿性的科技成果,从而为这些科技成果的推广和转化打下一个坚实的基础。

(三)普及科学知识,提升农民文化素养

农业电视可以对一些常识性的与农业生产或农民生活相关的科学知识起到普及性的作用。农民由于受自身文化素养的限制,自我学习和吸收科学知识的能力有限,农业电视中的一些节目可以引起受众注意,时间久了就会影响到农村的受众,使农民的科学素养有所提升。

现代社会是媒介极为发达的社会,传媒在现代大众文化的形成及传播中扮演着极其重要的角色。没有大众传媒的参与,现代文化的发展不可能这么迅速。大众传媒在农村社会的转型和变迁中充当着重要的角色,对提升农村的文化素质发挥着不可或缺的作用。

(四)促进农村经济结构的调整

打造高产、优质、高效、生态、安全的农业产业,是我国社会主义新农村建设的重要环节之一。农业电视作为一个信息平台,可以及时、多面地展示全国各地经济结构调整的先进经验,通过这种示范宣传,促进经验交流,推动社会的全面进步。

(五)推动农村精神文明建设和民主政治建设

农业电视提高了农民文化科技素质和致富能力,把政策信息、科技知识和致富信息送到农民手中,通过在农村宣传科学思想、弘扬先进文化,最终满足了广大人民群众求知求乐求美的愿望,农村生产、生活的环境得到了改善,农村的政治、经济和精神文明建设得到了同步推进。

农业电视传递着信息,传播着文明。我国几千年的文明发展孕育了深厚的历史文化,可是漫长的封建社会自给自足的生产方式以及艰苦的生活环境影响着人们的生活方式,禁锢了人们的思维,一些保守落后的思想观念亟待变革。农业电视作为传播现代文明的使者,面对新时期新农村建设的大好机遇,理所当然地肩负起了农民思想解放和思想建设的重任。

借助农业电视,可以进一步完善村务公开和民主议事制度,农民群众真正地享有了知情权、参与权、管理权和监督权,村民自治机制使村级党组织领导更加具有活力;引导农民自主开展农村公益性设施建设;增强了农民的法制观念,提高了农民依法行使权利和履行义务的自觉性,引导群众远离"黄赌毒"等社会丑恶行为,从而为农民创造一个安居乐业的社会环境。

四、农业电视传播的负面效果

农业电视传播过程中经常会出现与传播者的最初意图相违背的负面传播效果,其中大部分是传播者没有预料到的逆反效果,但也有一些是传播者事先就能够预判的负面效果,如虚假信息的发布等造成的不良传播效果。下面,我们就农业电视传播中经常出现的一些负面效果做简要分析。

(一)信息误差误导消费者

一些农业节目的报道中,经常会有一些信息误差,这些信息误差不是传播者刻意制造的,而是由于传播者自身的专业知识不足造成的。这样不仅降低了农业电视信息的传播质量,也影响了传播效果,更重要的是它还在一定程度上误导了农村受众对科学知识的理解和学习。例如,曾经轰动全国的湖北省黄石市"毒面粉"事件。2004年,湖北某媒体误把增白剂的国家标准0.06克/公斤报道成0.006克/公斤,根据这一标准认定"豫花"牌特精粉增白剂含量超标14倍,此后众多媒体纷纷跟进,对"毒面粉"进行报道。一时间,在黄石地区,甚至湖北省乃至更大的范围内,人们谈"豫花"牌面粉而色变。一场大规模的"豫花"牌面粉围剿行动很快在荆楚各地全面展开。人们不但拒绝"豫花"牌面粉,而且对所有产自河南的面粉都唯恐避之不及。不仅仅使"豫花"牌面粉损失惨重,更主要的是使河南的面粉产业受到了重创。[①]

(二)虚假信息误导观众

农村受众文化程度普遍偏低,他们对大众传媒中虚假信息的辨别能力十分有限,个别传播者不负责任的虚假(包括夸大其词的宣传)报道,可能会使很多农村受众相信报道的内容,从而产生许多负面传播效果。有关专家呼吁,应当尽快健全政府公共服务体系,保证农民获取真实、有效的信息服务。[②]

(三)相关内容过细引发反效果

最常见的有两种情况:一是报道中的统计数据过多过细,或者披露的相关信息过于详细,泄露被采访对象的商业机密等。我们常常在一些农业经济类的节目中看到农产品的种养总面积、总产量、总收入、单产、纯收入、市场价等数据,这些提高了报道可信度、真实感的枯燥数字,可能成为国外一些机构的情报来源。另一种情况是对一些涉农的负面事件中的细节描述过于详细,或者报道过频。比如农民工犯罪事件等,都不宜做过多过深的报道,特别是不要轻易描述案件细节,以免引起模仿效应。

(四)传播者的报道态度误导农民生产

在农业电视中,传播者经常会在节目中加入自己的态度,而这些态度往往会影响农民的选择。比如在一些节目的结尾,传播者总愿意展示未来,描述这个项目的前景有多好,还建议农民不妨也试一试,殊不知,就是

---

① 参见王明浩:《谁制造了"毒面粉"事件》,《人民日报》2004年10月22日第5版。
② 王进业、苏万明:《听信一则电视信息,他赔了3000多元血汗钱》,《新华每日电讯》2005年4月20日第4版。

这样的态度,有时会让农民盲目做出决定。

(五)经济利益驱使下的报道往往会产生负面效果

在农业电视的报道中,由于经济利益的驱使,许多题材会被翻来覆去地进行多角度报道,使受众误以为是主推的项目而选择这一项目。广西某媒体曾连续报道了关于"海狸鼠养殖"的信息,比如《海狸鼠"走上"国际互联网》《海狸鼠养殖场举行升旗仪式》《海狸鼠养殖场举行首次新闻发布会》《农业部原副部长给海狸鼠养殖场题词》《海狸鼠养殖场给作家颁奖》《残疾人某某养殖海狸鼠摆脱贫困》《海狸鼠养殖场老板某某某到党校深造》等,这些收了赞助费带有明显炒作和鼓动行为的报道,致使大量农民养殖海狸鼠,销路不畅,使得养殖户最终损失惨重。另外,仙人掌事件、蚂蚁事件、狐狸事件、小龙虾事件、荷兰鼠事件等致使农民损失惨重的案例,无一不是受到利益驱使的结果。

总之,我们希望农业电视传播效果中的正面效果多一些,负面效果尽量减少到最低限度,使农业电视真正实现为"三农"服务的初衷和愿望。

第五章　农业电视中使用的大众传播效果理论

第一节　"议程设置"理论和"沉默的螺旋"理论

一、"议程设置"理论

"议程设置"最早可以追溯到1922年出版的李普曼·沃尔特的《舆论》。《舆论》认为大众传播媒介在某种意义上具有把"外在的世界"形成"我们脑中的图画"的作用。此后,朗·诺顿在1958年发表文章,对确定议程的功能进行直接论述:"报纸是所在地议事日程安排的最主要的提议者,它在决定大多数人将要谈论什么"以及"大多数人对问题的看法"和"想法"。1963年,科恩在《报纸与对外政策》中再次表明了这一观点,"报业在告诉人们去想什么上往往难以奏效,但告诉人们该考虑什么却会惊人地成功"。虽然这时还没有明确地提出"议程设置"的概念,但其观念已经形成。

1972年,美国传播学家M.E.麦库姆斯和D.L.肖在经过认真的调查分析后,在《舆论季刊》上发表《大众传播的议程设置功能》证实了这一假设,正式提出了"议程设置"理论。其主要含义是:大众传播具有一种为公众设置"议事日程"的功能,传媒的新闻报道和信息传达活动以赋予各种"议题"不同程度的显著性的方式影响着人们对周围世界的"大事"及其重要性的判断。换句话说,大众传媒作为"大事"加以报道的问题,同样也作为"大事"反映在公众的意识当中;传媒强调得越多,公众对该问题的重视程度也就越高。虽然大众传媒不能直接决定人们怎样思考,但可以向广大受众指明哪些问题是最重要的。

"议程设置"理论是建立在三个基本论点上的,一是各种传播媒介是报道新闻的必不可少的把关人,面对大量的信息,其传播内容是经过严格挑选的;二是人们经常感到,面对复杂的政治现实,需要大众传播媒介进行方向上的指导,把关人的一个重要使命就是帮助受众考虑和决定哪些是超出他们直接经验之外的事件与问题;三是议程设置理论考察的不是某家媒介的某次报道活动所产生的短期的效果,而是作为整体的大众传播媒介在较长时间跨度中的一系列报道活动所产生的中长期的、综合的、宏观的社会效果。

二、"沉默的螺旋"理论

"沉默的螺旋"这一概念最早见于德国社会学家伊丽莎白·诺尔·诺依曼1974年发表的《回归强大的大众媒介观》中,她在1980年发表的《沉默的螺旋:舆论——我们社会的皮肤》中又对其进行了详尽完整的概括。诺依曼认为,大多数人都有被社会孤立的恐惧,个人总是注意观察哪些观点是占优势的、被人们喜欢的,进而采取相应对策:若属于被人们喜欢的、占优势的观点就侃侃而谈;若属于不占优势、不被人们喜欢的则沉默不语。这样就开始了一个沉默螺旋的过程,在这一过程中占优势的舆论被确认为主要意见而越来越强劲,而不占优势的观点则越来越沉默进而消失。在现代社会,人们主要观察媒体所提供的信息,只要媒体充分显示出其积累性、普遍性与和谐性的综合优势就能产生强有力的"形成统一印象"的舆论传播效果。

"沉默的螺旋"理论假说由以下三个命题构成:第一,个人意见的表明是一个社会心理过程。认为社会使背离社会的个人产生孤独感,对孤独的恐惧使得个人不断地估计社会接受的观点是什么;估计的结果影响了个人在公开场合的行为,特别是公开表达观点还是隐藏自己的观点。第二,意见的表明和"沉默"的扩散是一个螺旋式的社会传播过程。也就是说,一方的"沉默"造成另一方意见的增势,使"优势"意见显得更加强大,这种强大反过来又迫使更多的持不同意见者转向"沉默"。如此循环,便形成了一个"一方越来越大声疾呼,而另一方越来越沉默下去的螺旋式过程"。第三,大众传播通过营造"意见环境"来影响和制约舆论。根据诺依曼的观点,舆论的形成不是社会公众"理性讨论"的结果,而是"意见环境"的压力作用于人们惧怕孤立的心理,强制人们对"优势意见"采取趋同行为这一非合理过程的产物。

三、"议程设置"理论和"沉默的螺旋"理论的辩证关系

二者之间存在着此消彼长的关系。"议程设置"理论强调议程的设置对大众效果产生的巨大影响,而"沉默的螺旋"理论则强调被媒介忽视的声音会越来越弱,而媒介予以充分关注的事件会迅猛地发展,声音会越来越强。

二者之间的关系是显而易见的。媒介在设置议程的时候,面对的可能是一堆杂乱无序、没有任何影响力的事件,按照不同的原则对所要传播的议程进行设置,会产生截然不同的效果,直接影响受众的关注度。从这个角度上来讲,公众是否沉默与议程如何设置有很大的关系。一个看似微不足道的话题经过议程设置后可能成为一个热点话题,成为受众瞩目的焦点。

从某种意义上来说,传播者在运用"议程设置"理论和"沉默的螺旋"理论的过程中,更应该侧重于"议程设置"理论,但是也不能忽略"沉默的螺旋"理论。

第五章　农业电视中使用的大众传播效果理论

第二节　辩证运用"议程设置"理论和"沉默的螺旋"理论

从前面的论述中我们得知,传播者在运用"议程设置"理论和"沉默的螺旋"理论的过程中,更应该侧重于"议程设置"理论,那么农业电视该如何运用"议程设置"理论呢?

一、农业电视中合理运用"议程设置"理论

(一)农业节目的把关人制度

"议程设置"的目的基于两种假设,其中之一就是大众传播媒介在改变人们的看法方面效果不佳,但它能很成功地告诉人们应该考虑什么问题。因为人们接触的媒介信息就像透进洞穴中的阳光,要先经过"把关人"的筛选。

"把关人"这个概念,最早是由传播学的奠基人之一库尔特·卢因提出来的。后来传播学者怀特进一步提出:社会上有着大量的新闻素材,大众传媒的新闻报道不是也不可能"有闻必录",而是一个选择取舍的过程。在这个过程中,传媒组织形成了一道"关口",通过这道"关口"传达到受众那里的新闻只是众多新闻素材中的少数。

农业电视的把关人在信息采集、加工、制作、传播的整个流程中起着一定的作用,因此一定要恪守"客观、公正、真实"的原则,尽量减少虚假信息在电视传播活动中的流通,使信息传播沿着健康的轨道发展。信息怎么说,按照什么顺序说,哪些该报道,哪些不该报道,这些细微之处表达的观点都会对社会产生重大影响。把关人要知道自己身上的责任,必须怀有服务社会、尊重民生之心。一个被热炒但有悖公德的节目虽然可以使收视率上升,但不是一个有责任心、以人为本的媒体应该做的。

(二)议程设置时应当考虑农业节目宣传的长期效果

英国学者P.戈尔丁将传播效果分为短期的预期效果、短期的非预期效果、长期的预期效果和长期的非预期效果四种。对农业节目进行议程设置时,大多数负责人都会充分考虑短期的效果,比如说,按照季节和时令编排节目,在春耕的时候播出与农民春耕有关系的节目,在夏收季节也会应时地播出与夏收有关的节目。目前,在进行议程设置时应该加强对中长期的、综合的、宏观的社会效果的考虑,比如农民素质的提高等问题,而要实现这样的传播效果,只播出一两次节目是无法实现的,必须有一个长期的播出计划,或者有一个长期的活动。有些农业节目开展了一些效果很好的活动,比如中央电视台《科技苑》曾开展过的"专家送科技下乡"活动,既可以让农民在"科技下乡"的过程中学到知识,提高自己的科学素质,又可以让专家学以致用,还可以找一些企业做公益活动,让企业、专家、农民在科技下乡活动中都获利。但是,轰轰烈烈的活动只搞过几次便没有延续了,短期的效果也许会实现,但是长远的效果并不明显。

(三)农业节目中议题的设置与选择

媒体通过各种形式突出强调少数"议题",引起受众对这些议题的重视。最后,媒体对一系列议题按一定的先后顺序,给予不同程度的报道。

媒体应该报道哪些议题,强调哪些议题,为我们提供一种怎样的人生观、价值观、世界观,这些问题是值得我们关注的。

在议题选择上,需要切中民众普遍关心的热点问题,为受众答疑解惑,点出问题的根源和症结所在,如有可能还要提出可行的解决办法。

一般而言,农民的利益表达如能进入媒介议程,并经过媒介的有效传播,就能使某些农民关注的社会问题迅速升格为公共问题,并进入公共议程,形成公共舆论,进而为该公共问题进入政策议程形成良好的舆论环境,如此一来,问题的解决就指日可待,政治参与也就会达到预期的效果。但是,现实的情况往往并非如此。农民利益表达的信息传播渠道存在着

诸多问题。一方面,在民意也是生产力的当代社会里,信息表达与传播的公开与公正,信息分享的对称与平衡,将是衡量一个社会的公众参与是否有序的尺度。

当前我国农村村民自治组织相对涣散,导致农民的自我表达难以形成组织化、集体化优势,自给自足的小农生产方式下的农民个体意愿难以形成集体意愿。信息只是在个体之间进行传播,并且没有及时反馈的习惯。由于农村地区缺乏意见领袖、精英人士,信息的收集与反馈更是困难,不仅给国家政策的向下传播造成困难,而且也为农村信息的上传带来了隐患①。同时,农民利益表达渠道的狭窄与表达成本过高,以及农村基层政权对信息本身及信息传播渠道的垄断,导致了本来就很微弱的农民声音被淹没。

另一方面,大众传媒的自身价值取向和对弱势群体的偏见,以及农民对以网络为代表的新媒体技术的陌生,使农民成为媒体的"失语者",进而也使农民在地方政府的决策过程中处于缺位状态。在传播学中,探讨传媒议程与公众议程和政策议程的关系已成为研究热点。在我国,大众传媒近年来在公众议程设置方面扮演着越来越积极的角色,并影响了某些政策议程的设置和调整。但是,以收视率、收听率和商业利益为追求目标的传播媒介,则把镜头更多地聚焦在了强势群体所关注的社会问题上,并积极地为他们的利益诉求开辟表达的空间,促使他们所关注的议题变为公共议题,而农民等弱势群体的声音常常被置于可有可无的境地,传播媒介不仅给农民提供的信息很有限,而且有意无意间"妖魔化"地把农民挤推到社会注意力的边缘,导致农民集体沉默,他们的呼声自然就更难进入主流社会话语圈,无法影响政策议程的设置。

(四)增强农业媒体的权威性

良好的社会信誉是媒体得以存在和发展的基本条件之一,而农业节

---

① 章绍甫:《农村社会情绪难以进入政策议程的原因分析》,《国家行政学院学报》2007年第2期。

目在权威性上似乎先天不足,媒体的议程设置功能从何谈起?人们更愿意从权威媒体那儿获取信息、证实观点,在多种媒体信息自相矛盾的时候,人们对权威媒体的依赖心理更加明显。媒体要增强权威性必须保证信息的真实性,在报道的正式性、权威性、代表性等方面形成自己的优势,并在长期发展的过程中赢得特定受众群的信任。

(五)议程设置必须做到媒介关注度与百姓关注度同频共振

我国现行的新闻传播理论认为,媒介议程设置从某种程度上来说,体现为舆论引导,但舆论的引导并不能随心所欲地进行。媒介的议程设置对受众可能产生影响,然而,媒体的报道不能任意驱使公众思考什么、议论什么。受众对媒介的需求往往是广泛的,并且还有相当的拓展空间。另外,受众对外界的信息接收是有限度的,因而媒介的议程不论设置得多巧妙,受众都只可能接收部分议题,而且受众对于超出自身接触范围的、远距离的或宏观的问题,往往不易受到外界的影响。也就是说,受众对信息的选择具有主观能动性,媒介在设置议程时不应忽视这种主观能动性。这就需要媒介设置的议程符合受众的口味,要选择受众关注的话题。

一家报道信息量偏少的农业电视媒体,自然不会受到受众的青睐。若内容丰富,但缺乏吸引力,即缺乏能使受众兴奋的内容,同样会受到冷落。一家农业电视传媒要在激烈的竞争中脱颖而出,首先要引起受众的"选择性注意"。当今世界,气象万千,变幻莫测,滚动播出的讯息数量多得令人目不暇接;媒体如林,各种传播渠道见缝插针,多如牛毛。在这种背景下,公众对信息总是有很多选择空间的。信息要顺利通过受众这一关,就必须从信息堆中凸显出来。

可以这样说,如果一条信息的内容是广大受众最迫切关心、与其利益直接相关,或能回答他们急于要知道的问题时,受众便会积极地关注,甚至设法去找着读、追踪看。因而,传媒能否抓住受众最近所思、所虑、所急的事情,就在于能否切中时弊,抓住要害;能否点出人们感到但又没意识到的事情,说出受众想说但还说不清、道不明的是与非;能否指点迷津,为受众释疑解惑;能否对症下药,帮助受众指出解决矛盾的办法。

二、不合理的议程设置带来的后果

(一)不合理的社会暗示容易误导社会成员

就大众传媒与社会公众的关系而言,二者明显处于信息占有不对等的状态。在这种情况下,大众传媒具有对公众形成社会暗示的条件和优势。研究表明,大众媒体对议题的强调程度与公众的重视程度成正比。也就是说,大众媒体通过自己的各种强调方式来进行问题重要性的设置。这种设置每天都在进行,而公众在接受这种"设置"时则于无意之中感受着媒体在传递信息之外对信息重要性的评价。这种感受日积月累,在潜移默化中使公众关注的问题在一定程度上逐渐与媒体趋于一致。[①] 这就是大众传媒社会暗示的力量。正是凭借这种无须奖赏也无须惩罚的奇特力量,大众传媒实现了对人们行为方式和价值观念的无形控制。

大众传媒本身是一把双刃剑,它既能引导受众也能误导受众,既能进行社会整合也能引起社会动荡,既能教育人也能造出一批庸人,既能娱乐人也能毒害人的身心健康。[②] 大众传媒一旦被不当使用,不但不能起到社会引导的作用,反而有可能威胁并破坏秩序。中央电视台的农业栏目有一段时间为了追求收视率,播出了很多带有猎奇性质的节目,比如老虎、狮子系列,农业节目成了"动物世界"。有些栏目甚至严重偏离自己的定位,制作了大量类似宠物饲养的节目,让受众觉得农民早已脱离了贫困步入了小康,这实则是一个误区,是对受众的严重误导。

沃尔特·李普曼认为,大众媒体不是对客观存在的现实进行真实反映,媒体使用者往往通过媒介塑造的"虚幻现实"来同真实的现实相对应。

---

① 樊浩:《大众传媒与社会控制》,《新闻出版与交流》2000年第5期。
② 参见夏凡:《试论大众传播的误导》,《现代传播》1997年第6期。

"因为真实的外界实在太大、太复杂、转瞬即逝,使人无法直接熟悉它。我们还无力对付如此多的差别细微、纷繁复杂、变化多端和包容兼并的现象。总之,我们必须在此环境中有所行动,并且在我们力争能驾驭它之前按一个简单些的模型重新塑造它。"①

合理的议程设置和"媒介真实"固然可以通过社会暗示实现对社会成员的有效控制,但不合理的议程设置和"媒介真实"则往往容易误导社会成员。

(二)不合理的社会暗示容易导致刻板印象的产生

在大众传播的过程中,不合理的议程设置和"媒介真实"往往会对受众形成误导,并在类似信息的不断重复中强化人们的刻板印象,导致人们认知偏差的产生。比如,尽管大众传媒通过各种正式途径向大众传播男女平等的观念,但在实际的传播过程中,对女性的反映却远远不及对男性的反映。大众传媒对男女的差别反映一方面加深了人们对男女不平等的刻板印象,另一方面则导致了人们对不同性别产生不同的角色期待,从而阻滞了男女平等意识的普及。

(三)不合理的社会暗示加剧理想与现实的矛盾

一些负责正面宣传的农业电视节目展现给人们的往往是理想的景象,这些理想画面一方面诱发了人们的欲望,激发了人们对美好生活的向往,并对人们原有的艰苦奋斗、勤劳致富等信念产生了强烈的冲击;另一方面则与物质匮乏、困难丛生、挫折不断的社会现实形成鲜明对比,加剧了理想与现实的矛盾,并导致人们相对剥离感的产生,从而引发社会不稳定因素。比如一些农业新闻或者农业专题中,农民都是"楼上楼下、电灯电话"的生活状态,每天喝着茶,拿着分红,住着别墅,空闲时去健身,精神文化生活和物质生活俱佳。这种衣食无忧的生活并非是全国农民的缩

---

① 〔美〕斯蒂文·小约翰:《传播理论》,中国社会科学出版社1999年版,第56页。

影,在东部沿海地区的一些农村是如此,但是更多的农民过的并不是这样的生活,我们国家的经济也远远没有发达到这样的地步。这样的暗示最终会加剧理想与现实的矛盾。

(四)不当暗示可能诱发危害行为

侵犯性暗示理论认为,暴露于侵略性的刺激,会增加一个人生理及情绪的激烈程度。也就是说,电视暴力内容的刺激会增加侵略性行为发生的几率。观察学习理论也认为,人们可通过观看电视中有侵略性画面的节目而学会侵略行为。在某种情况下,电视中的侵略性人物会给予他们示范作用。可见,大众传媒中暴力和色情内容的大量出现往往会在潜移默化中对受众的行为倾向和生活方式产生消极影响,如果对这些影响不加控制,则有可能诱发危害行为。农业法制类节目中的一些细节展示可能会起到这样的反作用。

三、议程设置时要考虑"沉默的螺旋"与"反沉默的螺旋"理论

人们在参加社会活动过程中,会受到传媒不断的诱惑和鼓动,由此逐渐产生一种对立厌恶情绪。当人们认为他们的观点仅有少数人支持时,他们变得谨慎、沉默,因此进一步加强了公众认为此方薄弱的印象,直至明显薄弱的一方除了少数固守他们价值观的坚定的核心人物外彻底消失,或者直至此方观点成为禁忌。于是,冷漠的大众变成了忧郁沉默的人群,一切信息意义和诱惑均内爆于其中,就好像被黑洞吞噬了一样——社会也因缺乏反馈而消隐,不同阶级、不同意识形态、不同文化形式之间,以及媒体的符号制造术与真实本身之间的各种界限均已经"内爆"。[①] "大多数人力图避免因单独持有某些态度和信念而造成的孤立。因此,某人为了解哪些观点是占优势的或得到支持的,哪些是不占支配地位的或是

---

① 王岳川:《全球化消费主义中的当代传媒问题》,《世纪中国》2002年第11期。

正在失去优势的,便对他周围的环境进行观察。如果他相信自己的观点属于后者,因为害怕孤立,他便不太愿意把自己的观点说出来。"①

"沉默的螺旋"理论指出,传媒提示或强调的即使是少数人或不公正的意见,也会被人们当作"多数意见"来认知,其结果是引起"沉默的螺旋"的始动,使人们在判断和行动上产生连锁反应,导致社会生活中占压倒优势的"多数意见"——舆论的产生。它使舆论朝着一个方向偏移,最终听不到不同声音。而社会的进步、文明与繁荣恰是不同声音推动的结果,因此,在"沉默的螺旋"理论之后,人们提出"反沉默的螺旋",建立公共交流平台,使各种各样的意见有表达的机会和场所。

目前我国的一些传统媒体似乎已经认识到了这一点,在组织报道时仅把自己当作一个传递信息的公器,让不同的声音在一个平台上自由交锋、碰撞,让受众自己选择评判,如类似《媒体广场》这样的新闻样式被各大媒体采用,就足以证明这一点。这就使很多人有了更多发声的可能和机会。有了自己的观点以后,可以选择不进入"沉默的螺旋"而是让这些微弱的声音成为主流媒体的声音。媒体要做的不再是让一个声音强大,其他声音消失,而是尽量让这些声音多样化。在这种机制下,最终占主导地位的不一定是媒体支持的或是最初占主流的舆论,而是受众凭借自己的判断力及社会道德标准形成的舆论。

农业节目关注的是最为基层的农民的声音。农民在传媒活动之中常常处于失语者的尴尬位置,受众很难听到农民的真正声音,也很难看到农民的真正形象。媒体中的农民大多数时候是以"幸福"的姿态出现在公众面前的,电视中农民形象最常见的符号就是他们的笑。前些年,农民干着活在笑,抱着庄稼在笑,丰收在望在笑……这些年,农民不缴税了在笑,不交费了在笑,搬进新房舍了在笑……除了笑的场景外,农业电视中出现最

---

① 常昌富、李依倩:《大众观念理论:沉默的螺旋的概念》,见《大众传播学:影响研究范式》,中国社会科学出版社 2000 年版。

第五章 农业电视中使用的大众传播效果理论

多的画面还有农民在数钱,比如发救济了,数钱;分红了,数钱;补贴到位了,数钱;甚至要账到手了、讨薪成功了,数钱……这些没有同期声的农民真的那么幸福、快乐吗?受众想要全方位地了解农民,想看到客观真实的农民,而不是被符号化了的农民。

第三节 "培养理论"和"知沟理论"

一、"培养理论"的内容

"培养理论"(Cultivation Theory),又称"教养理论"或"涵化理论",是由美国宾夕法尼亚州立大学研究者格伯纳(Gerbner)等学者研究得出的。有关"培养理论"的研究被认为是有史以来持续时间最长、规模最大的关于电视传播效果的研究。20 世纪 60 年代,美国国内暴力犯罪问题日益严重,政府认为电视中充斥的暴力内容在一定程度上诱发了人们的暴力行为。为此,政府成立了专门机构"暴力起因与防范委员会",对这一社会问题进行研究,以寻找解决途径。格伯纳等研究者正是在这种情况下承担了"文化指标研究"(Cultural Index Studies)。此项研究由机制分析(institution process analysis)、讯息系统分析(media message analysis)和培养分析(cultivation analysis)三部分组成。其中"培养分析"理论成果最为突出。

研究结果表明,"电视节目中充斥的暴力内容增大了人们对现实社会环境危险程度(遭遇犯罪和暴力侵害的概率)的判断,而且电视媒介接触量越大的人,这种社会不安全感越强。"

格伯纳等人认为,在现代社会,传播媒介提示的"象征性现实"对人们认识和理解现实世界发挥着巨大的作用。由于传播媒介的某些倾向性,人们在心目中描绘的"主观现实"与实际存在的客观现实之间有着很大的偏离。同时,这种影响不是短期的,而是一个长期的、潜移默化的、培养的过程,它在不知不觉当中制约、影响着人们的现实观。

培养理论的核心观点是:电视内容可以培养受众的世界观。例如,接触大量电视暴力节目的受众,对遭受暴力攻击可能性的估计,远高于实际,也高于少接触或不接触同类节目者。这就用实证的方法证实了媒介的长期效果。就对受众世界观、价值观的影响来说,媒介具有正反两方面的效果。一方面,如果媒介对客观世界进行客观的、真实的、全面的反映,提供给受众正确的信息,就可以对培养受众健康全面的世界观、价值观有积极作用;另一方面,如果媒介对客观世界进行了偏颇的描述,就会歪曲人们对客观世界的认识,从而形成不正确的世界观、价值观。

"培养理论"的基本论点是:电视已成为人类社会化过程中一个极为重要的因素,电视的主要功能在于散布、稳定社会行为模式,主要目的不是要改变现有社会行为模式,相反,而是要避免改变。电视具有形而上的上层建筑属性,它与一定时期内的政治经济制度相适应,和一定时期的生产力发展状况相适应,从本质上说是具有阶级性的舆论工具。

"培养理论"是建立在若干前提之上的。充分把握与理解这些前提,是完整准确地理解"培养理论"的关键。

第一,电视节目内容是一致的。

第二,电视信息是具有整体倾向性的。电视所传达的信息是语言、图像、声音等象征符号的有机组合系统,而隐藏在这一象征符号系统背后的则是特定的意识形态系统。这就必然导致了该符号系统意义"结构的完整性"与"整体倾向性"。

第三,鉴于电视内容的一致性,格伯纳认为,受众虽然会在电视节目之间进行选择,但其实并没有太大的选择余地。因此,看电视本身是一种仪式性,而非功能性的过程。

第四,电视不同于印刷与广播媒体。它不需要以识字为获得媒介技术的前提,无论老人、小孩、文盲或者知识分子都可以收看。其声画并举的传播模式给受众以强烈的视觉冲击,同时,电视已经成为人们获取信息与日常娱乐的主要媒介。许多人从出生开始便与电视为伴,被包围在电视所提供的信息之中。身在其中的人们很难对电视世界与现实世界做出清晰正确的区分,更谈不上"自由漫步"于电视世界与现实世界之间了。

二、"知沟理论"的内容

"知沟理论"(Knowledge Gap Theory)是关于大众传播与信息社会中的阶层分化理论。以美国传播学者蒂奇纳为主的"明尼苏达小组"在一系列实证研究的基础上,于1970年在《舆论季刊》上提出了"知沟理论"。

该假说的基本观点是:"随着大众传媒向社会传播的信息日益增长,社会经济地位(social economic status,简称SES)高的人将比社会经济地位低的人以更快的速度获取信息,因此,这两类人之间的知沟将呈扩大而非缩小之势。"[①]也就是说,现存的贫富分化的经济结构决定了信息社会中必然存在两种人,一种是信息富有阶层,一种是信息贫困阶层。从更广泛的意义上来说,"知沟"也就是"信息沟"。

"知沟"假设被置于"社会变迁"(Social Change)的理论框架中,认为社会变迁以公共事务和科技知识的积累为基础,其进程表现为公众对某些观念或科技的不断接受——也就是社会学理论中的"积累变化模式"(accumulative change model)。由于社会结构的次系统(如各社会群体)之间价值观、行为模式的差异,某些次系统能较快适应变革,而另一些次系统反应较为迟钝,甚至一开始就有所抵触,因此导致他们在接受变革能力和速度方面的"鸿沟"(gap)。在这一理论框架中,"知沟"假设揭示了大众传播的负面功能,即随着社会信息流量的增加,高SES群体获取媒介

---

① P. J. Tichenor, G. A. Donohue, and C. N. Olien, "Mass Media Flow and Differential Growth in Knowledge", *Public Opinion Quarterly*, Vol. 34, No 2. 1970.

知识的能力和速度较快,从而可能出现与低SES群体两极分化的趋势,以此推论大众传媒加剧了社会不平等,对社会变迁具有深远的影响。

知沟研究的分析单元是不同社会地位群体的知识差异,其分析的层次主要是宏观的社会结构——社会系统(社会或国家)或次系统(如社区),他们对"知沟"的解释更多地涉及社会结构与整个社会秩序的冲突及维系的问题。1977年,艾特玛和克莱两位学者在个人层次上对该假设作了重大修正,认为个体获取信息的动机及信息对个体的功用差异,是造成"知沟"的另一重要原因。他们提议,从个体行为者的情境需求和动机角度解释"知沟"现象,从而在微观层次上开启了"知沟"研究的另一片天地。①

三、"培养理论"与"知沟理论"的辩证关系

"培养理论"与"知沟理论"二者之间是相互作用、相互影响的关系。"培养理论"强调电视节目的内容可以起到培养观众的作用,而"知沟理论"则强调随着大众传媒对受众的培养,社会经济地位高的人将比社会经济地位低的人更快速地获取信息,因此,这两类人之间的知沟将呈扩大而不是缩小的态势。也就是说,强调了"培养",可能就会在某种程度上扩大"知沟"。因此,农业电视的传播者在强化"培养"作用的同时,要谨防"知沟"现象的发生。

第四节 辩证运用"培养理论"和"知沟理论"

一、农业电视对"培养理论"的运用

在媒介社会中,"现实"分为真实存在的"客观现实",由大众传播媒体

---

① James S. Ettema & F. Gerald Kline, "Differences, and Ceilings: Contingent Condition for Understanding the Knowledge Gap", *Communication Research*, Vol. 4 No. 2, April 1977.

塑造的"媒介现实"或称"符号现实""虚拟现实",以及由"客观现实"与"媒介现实"共同作用于人的头脑而形成的"主观现实"。现代人无时无刻不处于这三种现实的包围之中。身处媒介信息浸润之中的人们,对于现实世界的看法,尤其是对亲身难以体验的现实,更多的来源于媒介所呈现的影像。而由于媒介讯息的一致性与倾向性,这种依靠"媒介现实"建立的"主观现实"必然不可避免地偏离"客观现实",而倾向于"媒介现实"。"培养理论"正是力图厘清"媒介现实"对"主观现实"的影响,探究这种影响发生的原因。

电视是最平民化的传播媒介,是以向社会提供娱乐的形式提供信息的。娱乐内容最有可能实现培养效果。观众的收视心理和习惯,从一定意义上说是媒体培养的。所以说电视制作者所提供的节目质量的高低、品位如何,对于电视观众来说是很重要的。农业电视的制作者决不能以观众最关注暴力、色情内容为借口而制作低俗,甚至荒淫刺激的节目。电视制作者必须把好这一关,认清自己的责任,同时也应认识到观众在其中的重要性。

在农业电视的传播过程中,农业电视的制作者成为培养者,而受众成为被培养者。我们要充分地认识到被培养者的复杂性。被培养者在收看农业电视节目时并不是被动接收的,而是主动参与的,这使得农业电视节目制作的每一个环节,都不能不考虑到被培养者是否接受这个根本性的问题。现代社会,被培养者被划分得越来越细。挑剔、苛求、多文化的被培养者是农业电视制作者不可低估的。这些被培养者具有主动的、积极的、十分复杂的心理活动。他们不断依据自己的文化传统、生活经验、艺术素养和美学趣味,对农业电视节目进行补充和加工。

由于娱乐性节目往往在收视率、发行量、点击率上具有一定的优势,而这些又可以带来一定的商业利益,利益的诱惑致使一部分人为电视的"娱乐化"进行辩护。农业节目中也出现了大量的"娱乐化"和"泛娱乐化"的倾向,而且还有越演越烈之势。支持者认为农业节目的"娱乐化"是为

了"满足受众的需求"。但是,这里有几点需要质疑:

第一,受众的需求究竟是什么?难道仅仅是娱乐,而且对娱乐的渴求程度已经到了要求把一切都用来娱乐化的程度?包括民族文化、精神偶像以及人的尊严?

第二,退一步说,即使受众需要的只是娱乐,那么他们要的是什么样的娱乐?难道就是今天娱乐化的媒体所提供的故作风雅、插科打诨、肆意恶搞、肢解经典的节目?有专家、学者、业内人士用娱乐节目的收视率高来辩护,证明娱乐确实是公众的需求,并以"超女"和"快男"等选秀节目创下了收视率高峰为例证,从而强调农业节目也要借鉴这些娱乐化的因素。这样的看法似乎有一定的道理,但是并不能说明农民受众就需要这样的"娱乐"方式。而恰恰说明我们的荧屏上可供选择的娱乐方式太少,电视上播放的除了"快男"就是"好男儿",观众能有更多的选择吗?在此情况下,娱乐类节目创造高收视率不足为奇,观众的这种需求只能叫作"虚假需求"。

第三,再退一步说,就算当前的娱乐化就是公众所需要的,农业电视是不是就一定要提供给受众娱乐化的节目呢?农业电视所面对的群体主要是最广大的农村受众,这一受众群体的数量在我国是庞大的,而且是不能忽略的一个群体,因而农业电视要考虑受众的真实需要与长远利益,而非近期的、短视的利益。

在过去很长一段时间里,我国媒体的作用一直是唯宣传、唯教育的,这是一个巨大的误区,而大众传媒娱乐功能的发挥,从某种意义上说,使中国的媒体走出了过去的误区,使媒体的社会功能逐步健全,满足了受众多方面的需求,这是媒体功能的一种回归。但是,正可谓"成也萧何,败也萧何",正是这种"娱乐"意识的过度泛滥,导致媒体走向了将娱乐"泛化"到其他领域、"异化"娱乐以及娱乐"弱智化"的误区。

戏谑的模仿,感官的刺激与揭私、滥情等也许曾给观众带来激动和兴奋,但那只是浅层次的快乐,从本质上看,并没有真正满足大众对娱乐的需求。电视娱乐在作为一种生活方式而满足着大众某方面的需求时,就该把对生命的尊重作为娱乐的前提。娱乐应该是以人为根本目的的。农业电视媒体必须真正树立为大众服务的思想,研究电视观众的审美需要和接受心理,真正做到尊重观众,以人为本。特别是在当今消费文化和大众文化时代,强调人的价值,强调精神的魅力,强调人的需要和动机的多重性是十分必要的。否则,农业电视的泛娱乐化倾向就会走向自虐且虐他的末路,因为低俗的农业电视节目不仅是对电视业自身的毁坏,更是对观众情感的伤害。

受众需要"大众化"和"通俗化"的传播内容,但是"大众化"并不等于"娱乐化","通俗化"也并不等于"低俗化"与"庸俗化",受众需要农业节目的娱乐化内容,农业电视理所当然也要为公众提供娱乐的成分,但问题是"怎样"娱乐,娱乐的度有多大呢?这是媒体必须要直面的问题。从"培养"的理论入手,来校正中国农业电视目前在娱乐化道路上出现的偏差。

1. 明确农业媒体的社会职责。以"两会"为例,每年的"两会"上,"三农"问题都是社会各界最为关注的话题之一。然而,以报道"三农"为己任的中央电视台农业频道《聚焦三农》栏目,却经常不能在"两会"期间发出应有的、响亮的声音,甚至失语。农业媒体的社会责任没有凸显出来,没能在公众利益与商业利益的权衡中找准自己的定位。近几年农业媒体的"两会"报道虽有所好转,已着力关注"三农",但是声音依旧沉闷,反响平平,没能承担起农业媒体的社会责任。明确农业媒体的社会职责是遏制农业媒体过度娱乐化与商业化的一把标尺。

2. 提高农业媒体从业人员的职业道德与社会责任感。根据怀特的把关人理论,农业媒体播出的节目,都要经过从业人员的把关,纷繁复杂的信息哪些能够播出,哪些不能播出,在很大程度上取决于从业人员的素养。所以农业媒体要尽快制定自律章程,加强内部的约束与监督,并通过一定的途径,将之内化为媒体从业人员自身的素质与需要。

3. 注重受众媒介素养的培养。目前农业媒体所播出的节目大多远离农民的生活,节目整体质量有待提高,中央级、省级、地方级的农业频道以及各农业栏目所播出的节目与其他类型的节目相比,还存在很多不足。长此下去,受众的审美水平得不到提升。目前要尽快提高农业节目的制作水准、品质和品位,吸引一部分高级知识分子,拉升一般观众的欣赏水平,以提高全体受众的欣赏水平,提高传播内容的品位与格调。

二、农业电视对"知沟"理论的运用

20世纪60年代至70年代,传统大众媒介的发展使信息流的迅速增长成为可能,但这并未使所有人如预期般地同等受益。相反,信息流的增长往往会产生负效果,即某些群体知识的增长远远超过其他群体。"信息沟"将会出现并扩大一个社会群体与另一个社会群体之间在某一特定问题上的知识距离。一定程度上的"知沟"和"信息沟"的存在是合理而且必要的,这是因为一定程度的知识信息差距会激励着社会个体为改变和缩小这种差距而努力地提高自己,而另一些本来已经占有优势的个体为了保持自己的优势,同样要通过不断的努力来维护这种差距,从而在客观上推动了社会的持续健康发展,但社会必须为此提供一种公平有效的途径,以保证这种竞争是良性的。

我们说一定程度上"信息沟"的存在具有合理性并不意味着我们就应该对现存的"知沟"和"信息沟"视而不见,理论上我们可以通过各种手段弥补甚至填平社会上存在的"知沟"和"信息沟",而现实证明这只是一种理想,而且是不必要的。但我们必须采取措施尽可能地缩小这种知识上的差距。当"知沟"和"信息沟"被缩小到一定程度时,便会产生一个庞大而稳定的中产阶级,这是一个社会长期稳定并持续发展的基础。尤其对于我国这样一个发展中国家来说,如何缩小这种信息差距是一个必须慎

第五章 农业电视中使用的大众传播效果理论

重对待的问题。

当社会个体不满于自己的生存环境,而社会又不能为其提供合法有效的途径改善自己的生存环境时,个体便会将这种不满转嫁到社会,成为社会不稳定的因素,甚至可能引起社会的动荡。而个体改善自己生存环境最有效的途径就是知识和信息的获得,并以此缩小自己和社会其他个体的"知沟"和"信息沟",获得公平竞争的机会。

农民通常被认为是处于弱势地位的群体,和其他群体相比,这一群体具有显而易见的劣势,无论是从经济收入、社会地位上来说,还是从受教育程度、福利待遇上讲,农民明显不如其他群体。尽管这些年,农民的生存状况有所好转,但是与其他群体的差距还是存在的,而且这一差距并没有缩小的态势。

在缩小"知沟"和"信息沟"的实践中,农业电视应该注意自己的传播方式和内容。目前很多农业节目都在关注所谓的"主流人群"和"强势群体",而没有考虑"知沟"和"信息沟"日益加深的现状。由于信息化建设高度集中在城市和发达地区,因此出现了信息传播的不平等,无法接触到这些现代化通讯设备的"弱势人群"被排斥在信息沟的另一端,这种不平等势必加剧政治和经济的不平等。而所谓的"主流人群",指的是年轻、有钱、有文化、有势力和有发展前途、追求时尚的人群,"强势群体"一般指那些经济收入较高、有一定的社会地位、在生活时尚和消费潮流方面居于主导地位的阶层。有一种观点认为,"主流人群"和"强势群体"代表了受众中的主流,是一般民众认同的"舆论领袖",媒体通过他们可以去影响一般民众,达到"二级传播"的目的。但事实上,所谓"强势群体"在受众中仍然只是一小部分人,他们代表不了大多数人对信息的需求,也不能成为具有导向作用的"舆论领袖"。相反,农业媒体若在传播和发行上过多地向这部分人倾斜,就会造成受众在接受信息方面的不平等,强者恒强,弱者恒弱,不但在财富之间而且在信息的拥有之间拉大了贫富的差距,扩大了

"知沟"和"信息沟"。因此,农业媒体只有既关注"主流人群"和"强势群体",更关注"弱势群体",才能真正形成媒体与受众的良性互动,从而缩小日益明显的知识和信息的获取差距。

知沟假说提醒我们,社会作为一个整体有必要采取措施,确保全体社会成员都能均衡获取信息。与发达国家相比,我国在硬件软件方面都还有一些差距,应加快发展,全面提高,缩小(知沟)差距。我国在新媒体传播领域仍存在地区差距,因此政府应在"硬件"方面对欠发达地区或低收入阶层给予特殊的扶持政策,推进硬件设施的普及程度。在"媒介使用能力"方面,社会各阶层或者群体之间的差距也正在出现并呈扩大的趋势,应在"软件"方面培养新媒介使用的技能,加强教育。由于不同人群对媒介的接触有所不同,因此信息活动的策划者要细分受众,根据不同的受众选择不同的媒介。

第六章　农业电视的市场战略

第六章　农业电视的市场战略

农业电视的制作部门作为一个非纯营利性的特殊机构,不仅要考虑到经济效益,还要考虑到政治效益、社会效益等,因此,战略的正确与否直接关系到许多层面的问题。尤其是处在经济改革起步期的中国传媒机构,它们经历了相当长一段"胡子眉毛一把抓"的无战略时期,走过一些弯路,经历过一些挫折和失败,才逐渐认识到战略对于媒体的重要性,因此不少机构都积极地付诸实践,伴随整个社会大环境的微调而进行媒体自身战略的摸索和探究。

第一节　电视媒体的市场战略

一、什么是市场战略

"战略"一词源于希腊文 Stratagia,起初作为军事用语出现,原意是"将军的艺术"(the art of the general)。它与战术是成对出现的,战略针对的是全局、长期、基本的问题,而战术针对的是细节、短期、具体的问题。中国古代军事专家关于战略思想的著述也比较多,例如《孙子兵法》《六韬》《三略》等。三国时期军事战略家诸葛亮曾这样评述战略:"不谋万世者,不足谋一时;不谋全局者,不足谋一域。"近代最早将这一概念引入企业界的是美国学者、企业经营史学家钱德勒,他于1962年在《战略与结构:工业企业史的考证》中提出"企业经营战略"的概念并为其下了定义:决定企业的长期目标,选择达到目标的途径,以及为实现这些目标与途径而对资源进行分配。进入20世纪70年代,随着战略理论的研究和管理实践的发展,美国的霍福尔与舒恩德尔率先提出了战略管理的概念,并建立了战略管理模式,如图6-1所示。

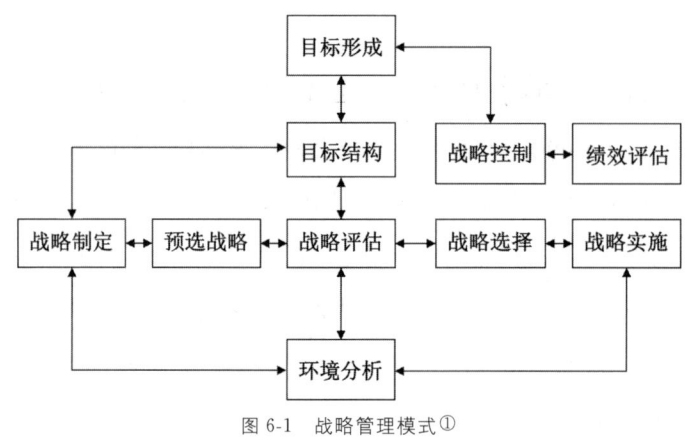

图 6-1　战略管理模式①

这一模式将战略管理分成了六大要素,分别是战略制定、预选战略、战略评估、战略选择、战略实施和战略控制,因此它是一个战略管理的过程模式,奠定了战略管理理论的基础。

有关企业战略的论述,最著名的莫过于哈佛商学院教授迈克尔·波特在哈佛《商业评论》2004年1月号的"哈佛经典"专栏中发表的《什么是战略》。他对战略的意义做了新的阐释,而且对"战略"的含义也做了新的标注。他提到"战略"一是确立一种独特、有力的定位;二是在竞争中做出取舍,其实质就是选择不做哪些事情;三是在企业的各项运营活动之间建立一种配称。当然,同过去一样,波特依旧只是解释这个概念,而没有为

---

① 郑蔚:《中国电视媒体的管理和经营》,中国广播电视出版社2006年版,第47页。

第六章 农业电视的市场战略

其做出准确的定义。他所指的战略更多的是竞争状态下的"战略",是"竞争战略"。他认为"竞争战略"是"公司为之奋斗的一些目标与公司为达到它们而寻求的途径的结合物"①,如图6-2所示。

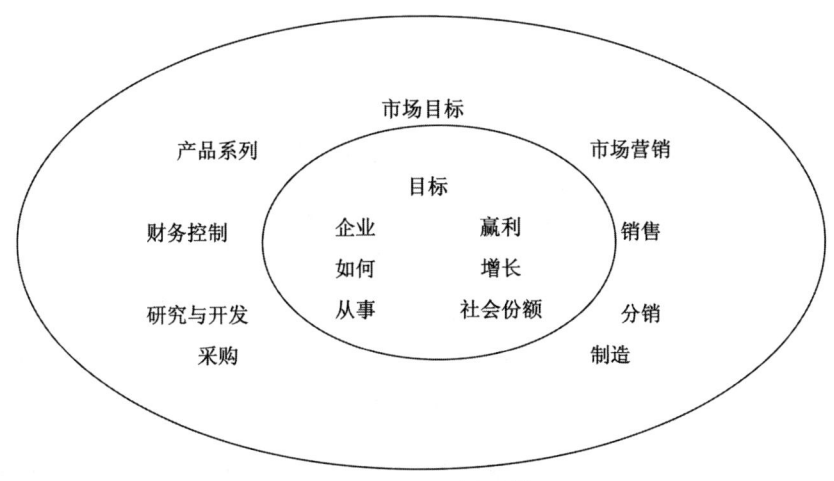

图6-2 竞争战略轮盘②

波特将图6-2称为"竞争战略轮盘",这是一个将公司竞争战略(即波特认为的"战略")诸多关键方面以简图统一阐明的工具。轮盘中心是企业的总目标,即关于公司要如何从事竞争及其特定的经济和非经济目标的笼统目标。辐条处是用来达到这些目标的主要经营方针。从迈克尔·波特对战略的阐释中透露出两个信息:第一,战略是很难有具体定义的。既然是战略,不管是军事战略,还是企业战略,因其所处的环境、形势等条件不同,战略的内容也会大不相同,所谓"兵无常形,水无常势",就是这个道理。第二,概括了战略的具体要点,比如"总目标""方针"等核心概念。

---

①② 〔美〕迈克尔·波特:《竞争战略——分析产业和竞争者的技巧》,见《哈佛商学院 MBA 教程》,经济日报出版社 1997 年版,第 707 页。

二、电视媒体市场战略的独特性

电视作为传媒的一种,也是一个特殊的行业,它与普通企业在诸多方面都存在着不同。

与普通产业相比,电视产业显得"非常年轻",关于它的市场经营理念和实践都显得稚嫩,而且由于电视媒体与生俱来的一些特质,使得这个产业区别于普通产业。美国制定的"北美行业分类系统"(简称 NAICS)[①]依据"以信息为依托的经济"(information-based economy)的特征,开辟了"信息行业"(information sector),将通信、出版、电影、有线电视节目分销、音像录制、在线服务等均划入其中。欧盟在1999年开始的名为"内容创作首创性"(简称"SISU")的研究计划中,也明确提出包括电视在内的各种传媒都是文化产业的一部分,并且在将来会成为市场竞争的主要领域。联合国教科文组织直接对大众传媒做了界定:"按照工业标准生产、再生产、存储以及分配文化产品和服务的一系列活动。"在我国,江泽民同志在十六大报告中第一次把文化事业和文化产业作为两个概念提出来,他指出:"文化事业指从事文化产品生产和提供文化服务的经营性行业。文化产业一般是与公共文化事业相对应的概念。从我国的现实情况看,文化产业主要包括文艺演出、影视业、文化娱乐业、文化旅游业、艺术培训业和艺术品业。从国外的情况看,文化产业的范围涵盖了文化艺术业、广播电视业、新闻出版业、信息网络服务业、教育业、旅游业、体育业、广告业、会展业、咨询业。"

传媒产业之所以特殊是因为传媒产业具有双重属性。一方面,对于社会而言,传媒扮演着政府喉舌、宣传机构等角色,具有舆论监督、舆论引导等宣传功能,因此具有政治特性;另一方面,它又不仅仅是单纯的免费公益事业,也生产产品,也要讲投入、产出,通过收益来维持和壮大自己,

---

① 摘自《2001—2002年中国文化产业蓝皮书总报告》,中国网,2004年1月25日。

因此在一定程度上具有经济属性。在西方,因为传媒大多数是私营实体,更多地表现出经济属性的一面;而在我国,这两种属性往往是同时存在的。主要表现如下:

第一,管理体制。1983年,广播电视部就提出了"三位一体"的管理体制、"条块分割、以块为主"的双重领导体制和"一体多元、双重功能"的运行机制,初步确定我国的电视体制,而且明确规定了全国各电视台的所有权属于国有。在2004年12月的全国广播影视工作会议上,广电总局表示,部分频道允许组建公司进行企业化运作,但吸纳的社会资本不允许超过49%。

第二,运作模式。电视传媒具有两重属性,既属于上层建筑又属于信息产业,既要宣传党和政府的重大理论、方针和政策,又要从事一定的商业运作,以壮大自己的经济实力,提高竞争力;既要追求社会效益,又要追求经济效益,这就是人们常说的"事业化性质,企业化管理"的运作模式。

第三,政治导向高于市场导向。广播电视机构只能进行"有限的商业运作",不能完全走市场化的道路。节目的制作与播出必须以正确的政治导向为前提和基础,必须在此基础上进行有限的商业运作。

三、电视媒体的赢利模式

要想了解电视媒体的赢利模式,首先应该明确电视是一种商品,但是电视这种商品与人们平时所见的商品不同。电视这种商品同时具有市场和宣传特性。具有市场特性是由电视媒体的经济属性所决定的。电视媒体既然具有经济属性,那么它所生产出来的产品就可以进行交换和买卖,这体现在有形的一面,即我们能够看得到摸得着的电视产品。而另一方面,电视具有宣传的特性,这是由电视媒体的社会属性决定的。正是因为电视产品的独特性,电视产品的市场过程要经历两次:第一次是通过媒体把产品传播给普通消费者(受众),第二次则是把受众销售给广告商。西方传播学界将这种特殊的赢利模式称为"二次销售理论"。麦克卢汉指出,传媒所获得的最大经济回报就来自于"第二次售卖",媒介赢利模式如图 6-3 所示[①]。

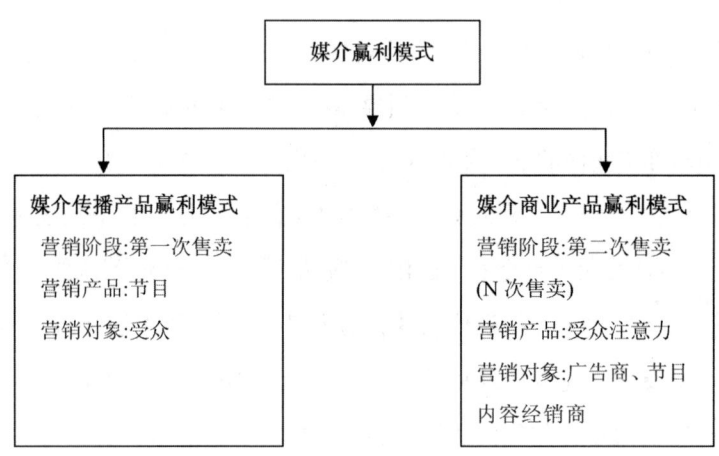

图 6-3 媒介赢利模式

媒介传播产品赢利模式:主要针对收视市场而言,包括受众市场,营销面对的是受众,营销的是媒介有形产品。

媒介商业产品赢利模式:主要针对交易市场而言,包括广告交易市场、节目交易市场、延伸产品交易市场乃至资本运作交易市场等,营销面对的是广告商、节目商,销售的是受众的注意力。

综上所述,电视的市场战略包括两个方面:其一是争取有效的受众;其二是作为商品的电视节目能够获取利润。

第二节 电视媒体的竞争战略

竞争无处不在。以国内电视节目市场为例,根据央视—索福瑞的统计数据,目前,全国共有电视频道近 3000 个,每个城市的观众平均可以收看

---

① 郑蔚:《中国电视媒体的管理和经营》,中国广播电视出版社 2006 年版,第 53 页。

60个左右的电视频道,而随着社会的发展和科技的进步,还会涌现更多的频道,再加上付费频道和接踵而来的IPTV频道,电视媒体竞争异常激烈。

在严峻的竞争态势下,电视媒介战略决策者如何保持立于不败之地呢?竞争战略大师波特在他的两本经典著作——《竞争战略》和《竞争优势》中给出了参考:"保持持续的竞争力",在深入阐述后他提出了三个通用的战略类型:总体成本领先战略、差异战略和集中战略。波特强调:"每一种基本战略在创造和保持一种竞争优势方面都有不同的途径,它将企业寻求竞争优势的类型和战略目标的空间结合起来,战略决策者必须在几种战略中做出选择,否则就会陷入夹在中间的困境。"①

在制定战略时,波特、柯林给出了实施各种战略的方式及可能得到的利益和可能遇到的问题,如表6-1所示。

第三节　农业电视的市场战略

根据波特关于竞争战略的研究框架,下面将展开对中国农业电视竞争战略的研究。

一、成本领先战略

成本是商品经济的价值范畴,是商品价值的组成部分。人们要进行生产经营活动或达到一定的目的,就必须耗费一定的资源(人力、物力和财力),其所费资源的货币表现及其对象化称之为成本。在电视生产的过程中,如果进行所有价值活动的累计成本低于竞争者的成本,那么它就具有成本领先的优势。更为重要的是,如果这种低成本的优势是无法复制的,而且产品的质量还能一直保持某种优势,那么它就可以持续拥有成本领先的优势。

---

① 〔美〕迈克尔·波特:《竞争战略——分析产业和竞争者的技巧》,华夏出版社2003年版,第17页。

表 6-1 各种战略的方式的利益与问题 ①

战略类型	实施战略的方式	利益	存在的风险
成本领先战略	▲大小和规模经济 ▲全球化 ▲重新部署到世界的低成本区域 ▲设计的改进/简单化 ▲更大的劳动效率 ▲更大的运作效率 ▲战略联盟 ▲新的供应来源	▲超越对手 ▲树立进入障碍 ▲抵御五种力量 ·买方砍价能力 ·卖方砍价能力 ·现有企业间的竞争 ·替代产品或服务的威胁 ·新入侵者的威胁	▲成本领先的地位无法保持 ·竞争对手模仿 ·技术革新 ·成本领先的其他基础受到侵蚀 ▲经营差异化的相应地位丧失 ▲成本集中的企业实现细分市场上更低的成本 ▲长期坚持的困难
差异化战略	▲集中于一个或很少的细分市场,建立强大和专业的声音	▲对特定细分市场的了解更详细 ▲建立进入障碍的专业声誉 ▲集中精力的能力	▲经营差异化无法保持 ·竞争对手效仿 ·差异化的基础对客户的重要性削弱 ·区域增长的机会有限 ·区域的衰退 ·过于专业,超出市场的可能 ·专业声誉最终阻止其在其他领域增长和发展 ▲成本的相应地位丧失 ▲差异化集中的企业在细分市场实现更具差异化的经营
集中战略	▲建立强大的品牌 ▲坚持追求那些客户认为重要的因素 ▲在一个或多个活动领域内有出色的表现	▲在市场中远离其他竞争者 ▲建立主要的竞争优势 ▲适应性强	▲集中战略被效仿 ▲成本可能更高 ▲目标市场的结构无吸引力 ·结构侵蚀 ·需求消失 ▲目标广泛竞争对手细分市场 ·市场与其他市场的差异减少 ·宽产品线的优势加强 ▲新的集中战略的企业进一步细分产业市场 ▲难于获得真实的、富有意义的差别战略

① 参考〔美〕迈克尔·波特:《竞争战略——分析产业和竞争者的技巧》第 21 页表格,理查德·柯林:《战略市场营销管理》第 314 页表格绘制,并做了部分修改。

黛安娜王妃车祸事件发生后,全球媒体都在跟踪报道,BBC是最快、最完备地报道整个事件的媒体。这主要是因为BBC拥有其他媒体所不具备的许多优势:地理位置距离最近、掌握黛安娜的资料最多最全、与英国政府关系最亲密、属于本土作战等,制作成本自然会大大低于竞争者,而且这种竞争优势也是其他竞争者模仿不了的。

我们再看一下凤凰卫视。其实在某种程度上,凤凰卫视与负责中央电视台农业节目制作的中国农业电影电视中心有着几分相似之处,最大的相似之处就是二者似乎都是"非主流"的。在众多专业化频道里,由于观念上的认识以及历史遗留问题,农业频道一直是以弱势和非主流的姿态呈现在受众面前的。凤凰卫视总部由于设在香港,因此在内地的任何采访都需要以境外媒体的身份到当地相关部门进行申报、审查,而且凤凰卫视在中国内地的落地情况也十分不理想,在某种程度上也是一个"不入主流"的小媒体。可是这样的一个媒体,却不得不让人刮目相看。

1999年,在美国《财富》杂志刊出的国际知名的盖洛普调查公司关于"中国对品牌认知"的调查显示:"凤凰"被选为国内最知名的品牌之一,与"麦当劳"齐名。高于通用、爱立信、汇丰等著名品牌,并且是唯一入选的传媒机构。北京美兰德信息公司2001年公布的一项调查显示:凤凰卫视被观众认为是"最具影响力的商业华语卫视",70.1%的观众认为"凤凰卫视是国内最受欢迎的境外媒体",74.7%的观众认为"凤凰卫视是正在走向国际的媒体"。2001年,"9·11"事件之后,美国《新闻周刊》以"凤凰腾飞"为题报道了凤凰卫视连续36个小时的"9·11"直播。一时,凤凰卫视被誉为"中文CNN"。这次直播也获得了《南方周末》"2001十大传播突破奖",获奖理由是:凤凰卫视在"9·11"事件发生时,第一时间推出的连续36小时的直播报道,昭示了现代传媒对于重大突发事件报道应有的抉择。这一系列荣誉表明"凤凰"已经声名远扬,在传媒界、在观众心目中创出了自己的品牌。凤凰卫视的品牌是靠哪些因素打造出来的呢？

成本无疑是凤凰卫视制胜的法宝之一。"凤凰"在香港的演播室只有普通客厅大小，加上办公室、控制室等，全部面积只有3000多平方米，而且还不在繁华的中环商业区，而是在九龙居民区。北京的凤凰会馆蜗居在人民大学附近的一幢六层小楼中；凤凰卫视中文台的全部工作人员只有150人，整个凤凰控股有限公司下辖5个台的工作人员总数也不过三五百人，名牌栏目《凤凰早班车》的班底只有4人；《时事开讲》只有董嘉耀和曹景行两个人；《有报天天读》只有一个半人——一个是杨锦麟自己，半个人是与别人共用的编辑。行程4万多公里、经过11个国家的"千禧之旅"，直接成本也只有800多万元。这些数字都是内地电视台不敢想象的。

因为资金不足，每一次大活动都必须有周密的策划，论证无误后才敢投入拍摄。为了节约成本，主持人不仅要做主持人的工作，还必须做其他的工作，也因此培养了一批不是"花瓶"的全能式明星主持人。

因为要控制成本，制作环节一切简便操作，充分授权。凤凰卫视的大多数节目竟然没有"审片"环节，然而原始的操作方式反而更贴近受众。

在控制成本方面，凤凰卫视做到了极致。成本的控制不仅仅体现在人力资源上，还有社会资源上。具体说来就是用最少的人力资源，最大化地发挥社会资源的作用。

但要注意，如果产品不被市场认可，再低的成本也只能是浪费。"凤凰"的成功是两种策略叠加、共同起作用的结果，即以低成本的投入，为观众提供"另类"的选择。这是"凤凰"脱颖而出的关键。中国的农业电视也应该尽快找到适合自己的成本控制之路。

二、差异化战略

耐克公司创始人菲尔·耐特曾经说过这样一段话："企业成功的秘诀

都包含在三个问题里面:怎样才能从顾客那里赢得比竞争对手更多的关注和爱戴?怎样才能永远做到这一点?怎样才能最有效率地做到这一点?"企业怎样才能在激烈的市场竞争中脱颖而出,赢得顾客的"芳心"呢?从日本战略之父大前研一那里我们可以找到答案。大前研一指出,要取得成功就要避免和竞争对手在同样的战场,做同样的事情。这也就是通常所说的差异化。差异化战略,也称别具一格战略、差别化战略,是将公司提供的产品或服务差异化,形成一些在全产业范围中具有独特性的东西。

中国农业电视的发展必须走差异化道路,这取决于农业电视节目本身。农业节目与其他类型的电视节目(如经济、法制、教育、新闻等)之间必然要展开一场"生死之战",在这场"战争"中,农业节目要想获胜,必须要淋漓尽致地展现其最独特的一面。

差异化道路体现在以下几个方面:

第一,节目内容。农业包含的内容非常多,范围非常广泛,衣食住行又都离不开农业,这些都应该是农业节目所关注的。如果舍弃了这些,而偏向其他内容,就失去了节目的生存之本。

第二,整体包装。产品包装的外在形象能直接刺激消费者的视觉,是企业传达情感诉求、实现情感差异化战略的重要举措。在众多商品中,首先吸引人们注意的肯定是那些在包装上独树一帜的。农业节目要想出奇制胜,也必须在整体包装上下功夫。

第三,主持人。能给人们留下深刻记忆的主持人一定是个性鲜明、语言风格与众不同、个人魅力独特的人。农业节目的主持人要想站在电视行业的前列,就必须走自己的道路,形成自己的风格,唯有这样,才能成为与农业节目相匹配的符号,而不是附属于农业节目的一个"贴牌"。

目前,农业节目主持人的整体现状是:具有较为完备的专业知识、有相对丰富的从业经验、具有敬业精神,但是却缺少社会知名度。那么,农业节目的主持人应该是什么样子的呢？根据调查显示，城乡观众认为农业节目主持人应该具有热情大方、可爱亲切、机智风趣、朴实厚道的气质，对主持人的外貌和时尚感的要求则较低。从年龄角度来看，观众认为农业节目的主持人应该在30—40岁，了解农村生活。这与其他类型节目对主持人的要求显然不同，而这也正是农业节目主持人的个性和特色所在。

第四，服务。服务是通过服务人员与消费者的直接接触，将产品的情感诉求传达给消费者而实现差异化的途径。星巴克崛起之秘诀在于添加在咖啡豆中的一种特殊配料——人情味。"第三空间"给消费者带来的既有家庭般的温馨体贴，又有朋友般的包容理解。星巴克将群体情感的亲情和友情做到了完美的融合，将群体情感差异化战略演绎到了极致，从而获得了巨大的成功。农业节目应该有自己的独特服务，这种服务应该与众不同，而且能让受众感到舒适、快乐、有益。

三、专一化战略

专一化战略，也称集中化战略、目标集中战略、目标聚集战略、目标聚集性战略。专一化战略是主攻某个特殊的顾客群、某产品线的一个细分区段或某一地区市场。专一化战略是围绕着很好地为某一特殊目标服务这一中心建立的，它所开发推行的每一项职能化方针都要以此为出发点。

波特在《竞争战略》中还对三种通用战略实施的要求进行了深入的分析。波特认为，三种战略是每一个公司必须明确的，因为徘徊其间的公司处于极其糟糕的战略地位。这样的公司缺少市场占有率，缺少资本投资，从而削弱了"打低成本牌"的资本。全产业范围的差别化的必要条件是放弃对低成本的努力，采用专一化战略，在更加有限的范围内建立起差别化或低成本优势。徘徊其间的公司几乎注定是低利润的，所以必须做出根本性战略决策,向三种通用战略靠拢。一旦公司处于徘徊状态,摆脱这种令人不快的状态往往要经过持续的努力;而相继采用三种战略,波特认为注定会失败,因为它们要求的条件是不一致的。

同时波特也认为,采用"专一化战略"的结果是,公司要么通过满足特定群体的需求而实现差异化,要么在为特定群体提供服务时降低成本,或者可以二者兼得,这样企业的赢利潜力会超过行业的平均赢利水平,企业也可以借此抵御各种竞争因素的威胁。但是,"专一化战略"常常意味着企业难以在整体市场上获得更大的市场份额,该战略包含着利润率与销售额之间互以对方为代价这一层含义。

有这样一些有趣的现象:一个少女用品的广告小伙子看得津津有味,一个儿童食品的广告老奶奶看得哈哈笑,而它们的目标受众却视若无睹,这就是人们所说的"广告错位"。

每天都有成百上千的信息竞相传播,都想在消费者的心中占有一席之地。实际上,除了商场里的货架外,在消费者的脑海里也存在一个货架,如果你只是将货铺到了商场的货架上,而没有铺到消费者脑海中的那个货架上,那就是毫无意义的事情。前一个铺货工作可以由销售员完成,而后一个铺货工作则需要对目标人群进行定位宣传。

在日渐成熟和完善的市场体系中,没有一种单一的产品能适合所有的消费者,也没有一个企业能满足所有的消费者。实施目标市场集中满足策略,首先必须有一个清晰的对象,即目标消费者。

农业电视目前缺少专一化策略,因为考核节目的手段主要是收视率,所以很多农业节目就将最大的受众群体定位为栏目的目标受众群。在各个栏目中都可以看到相对分散的主题,《乡约》播出的《我要回村》节目,讲述的是开面条连锁店的老板回村里打算利用当地资源,扩大自己的经营范围。节目采访的对象"三农"背景模糊,期望城市和乡村的观众都关注这个节目,显然存在受众群体不专一而且太分散的弊病。《乡土》播出的

《杂技里的独门绝技》节目,表现了"肩上芭蕾""口技""接骨散"等绝技,且不说是不是真的独门绝技,专业团体演员的表演在一定程度上也将受众群理想化地扩大了。《聚焦三农》播出的《震后熊猫生存状况调查》,噱头不小,可是实际内容也与"三农"有些偏离。节目想争取更多的关注,可是失去了自己该占领的领域和阵地,得不偿失。

第七章　农业电视的广告营销策略

第一节　电视媒体的广告市场概况

一、电视广告市场的宏观环境

(一)电视媒体进入整合时代

资源整合最符合市场发展趋势。一个专业频道或者栏目的推出需要进行专业的市场划分、定位、调研和节目策划,但最重要的是如何整合和经营。节目是拍摄出来的,但频道却是整合出来的,这一整合是以专业的内容和专业的经营为基础的,内容和经营缺一不可。

媒体频道的整合和节目水平的提高需要大量的人力和物力的支持。电视台的钱从哪里来？MTV 频道在我国的经营收入,90％以上来自广告。但是广告对于电视观众来说是被动接收的信息,如果没有频道和节目作为载体,广告将失去存在的意义。任何媒体都不能等到频道和栏目得到长足的发展后再去思考广告经营,有米要做出一顿好饭来,没米也要做成一顿丰盛的大餐,这就是如今我国广告经营的特色。《东方时空》刚刚开播时,知名度不高,栏目就得想尽办法四处拉广告,农业频道的许多栏目开播时更是如此,一来本身是新栏目,二来又是农业节目,找到广告商更是难上加难。

(二)中外文化交流频繁使我国媒体面临更加严峻的挑战

传媒业的特殊属性,使其长期以来处于政府的层层保护之中,但随着我国加入世贸组织,媒介"生态环境"发生巨大变迁,使得我国传媒业无法回避全球媒介市场的发展新环境和跨国媒介集团的挑战。回避、拒绝和反对,不是改革开放已经30多年的中国应有的态度;主动地参与、融入,甚至"以攻为守",才是明智之举。

当今,传媒的意义不仅仅是政治的,也是文化的、经济的。一个集团、一个民族、一个国家的传媒地位往往也意味着它在全球社会中的政治、文化、经济地位。所以,在全球化时代,传媒必然是开放的、动态的,在竞争中寻求发展。随着中外文化交流的日益频繁,我国媒体的国际化步伐有所加快。我国媒体必须要面对国际传媒业的竞争,而且这一竞争不可避免会愈演愈烈,再加上激烈的国内竞争,媒体竞争已经呈现出全方位的态势。这一竞争带来的后果在电视媒体中体现得尤为明显,电视媒体的广告运营受到了前所未有的冲击。找准竞争的根源,在竞争环境中制定适宜的策略是电视媒体经营者必须解决的课题。

近年来,在"内容为王"的口号下,中外电视节目的交流越来越频繁。很多境外媒体制作的科技、音乐、体育等娱乐性节目在我国媒体中播出,一些生活、服务资讯类节目经过重新包装在我国媒体循环播出且影响巨大。

无论是境外媒体还是境内媒体,瞄准的都是潜力巨大的中国电视市场。境外电视尽管是有限落地,但是许多普通的老百姓已经从电视市场的开放中对其有了接触。现在,我国许多城市已经能收看到境外电视频道了。在广东,凤凰卫视中文台、电影台、HBO、华娱电视、东风卫视、阳光卫视,再加上香港亚视、无线的4个频道,已经成了观众的主要收看目标。

对于我国电视观众来讲,他们并不十分关心谁拿到了中国市场的准入证,他们更感兴趣的是这些境外电视能给他们带来什么样的收视体验。

目前,已落地的30家境外电视频道并不完全面向中国观众,其中大约有三分之一的频道是美国、德国、日本、法国、英国等国家的电视台为在华经商、工作、留学的本国人士提供资讯和娱乐节目的。还有三分之一是专业频道,像凤凰电影台、ESPN体育台、CHANNEL V音乐台、国家地理频道等,这些频道的节目受众相对固定,且较为小众,像ESPN体育台播放的美国NBA篮球、欧洲各国的足球联赛受国人追捧,但更多是转播符合欧美人士口味的棒球、网球、高尔夫球比赛,很少能引起中国观众的兴趣;欧美流行音乐的观众群在国内也比较小。还有三分之一具有综合节目性质的境外电视频道才是中国观众最感兴趣的部分,其代表是凤凰卫视中文台、星空卫视、阳光卫视、华娱电视、东风卫视。

在国际竞争中,我国媒体的影响力还非常有限,在与境外媒体争夺受众、争夺市场份额和广告收入的竞争中稍显逊色,需要不断提升内涵,增强竞争力。

(三)电视媒体之间的竞争日趋激烈

从国内电视业看,电视媒体之间的竞争也日趋激烈。电视业内收视争夺战、覆盖争夺战、人才争夺战、广告争夺战等愈演愈烈,并直接导致电视收视市场的进一步分众化和节目市场竞争的白热化。

首先是覆盖争夺战空前激烈。在电视走向市场的过程中,电视人开始真正把节目市场化的标准定位在收视效果上。越来越多的电视媒体把扩大节目覆盖范围、提高覆盖率作为重点。中央电视台频繁增加频道,省级电视台加紧节目上星落地,节目公司推进节目的交流和播映。城市作为一定地域经济、政治和文化的中心,自然成为争夺的主要地区。而越来越多的电视媒体也早已把目光投向了广大的农村和欠发达地区。

节目争夺战不断升级,各电视媒体纷纷投入力量生产好的电视节目。

20世纪90年代中后期是我国电视节目发展比较迅猛的时期，一批优秀电视节目登上荧屏，推动了中国电视的蓬勃发展。《焦点访谈》（中央电视台1994年）、《新闻30分》（中央电视台1995年）、《实话实说》（中央电视台1996年）、《东方时空》（中央电视台1996年）、《快乐大本营》（湖南卫视1997年）、《玫瑰之约》（湖南卫视1998年）、《幸运52》（中央电视台1998年）、《今日说法》（中央电视台1999年）、《法制进行时》（北京电视台1999年）等，至今仍然深受观众喜爱。2000年以来，中央电视台先后推出了《想挑战吗》《联合对抗》《快乐驿站》《新闻会客厅》《国际观察》《共同关注》《央视论坛》《小崔说事》《非常6+1》《朝闻天下》和《360度》等新节目。2005年，湖南卫视推出了《超级女声》，随后中央电视台推出了《梦想中国》、江苏卫视推出了《绝对唱响》、上海东方卫视推出了《舞林大会》等，再后来《非诚勿扰》《我是歌手》《中国好声音》《我不是明星》《爸爸去哪儿》……节目更换的频率越来越快，基本上每个卫视每两年都会推出和更新自己的主打节目。

2005年"超级女声"比赛的火爆场景至今都让人记忆犹新，湖南卫视、赞助商蒙牛集团以及上海天娱传媒有限公司实现了名利双收。2004年"超级女声"的收入主要由四部分构成，冠名费800万元、冠名商额外投入8000万元、广告收入3000万元、短信收入3000万元。2005年的"超级女声""身价"大涨。冠名费由2004年的800万元调至2000万元，同时对20个15秒套播广告进行招标，每个套播广告将播出200次，底价为350万元，20个套播广告总底价高达7000万元。

(四)频道和栏目改版此起彼伏

在过去相当长的一段时间内，改版一直是电视业界一个非常热门的话题，全国范围内的频道和栏目改版热潮一浪高过一浪。从2002年下半年开始，中央电视台几乎所有频道都在改版。以经济生活节目为主的CCTV－2经过认真筹划后，进行了全面的改版，动作之大，前所未有。

《经济半小时》提出了"创造当日需求"的口号,即主动为观众挑选一条最重要的经济新闻,对观众"最想知道"的新闻事件做有深度、有评论、有多种观点的报道。"做透一条新闻"是改版后栏目的最新定位。新版《中国财经报道》则试图完成从单纯的财经资讯类节目到专业财经深度分析报道类节目的转型。

2003年5月1日CCTV新闻频道正式试播,24小时全球新闻资讯滚动播出,实现了中央电视台以新闻立台的夙愿,也为该台制作更有创新意义的新闻节目提供了平台。为了使广告与栏目的结合更为紧密,最大限度地避免观众流失,保障广告的有效收视率,新闻频道压缩时段广告,以栏目内分段插播广告为主,栏目之间的时段用于节目宣传、公益广告。新闻频道的每段广告时长限定在2.5分钟之内,减少广告播出的数量,不扰乱观众连续收看的节奏,最大限度减少广告时间观众的流失,使广告的收视率更加接近节目的收视率,从而最大程度地保障了广告客户的广告效果。

值得一提的是中央电视台一套节目黄金时间的改版。2003年5月,一套对最有传播价值的电视剧时段进行了改动,由原来的每天一集变成了每天两集。根据CTR的广告监测报告,2003年5月广告时长的使用比例比节目调整前增长了17%,尤其在17点至18点、19点至21点、21点至22点三个时段广告数量增加幅度最大。

总之,电视改版是为了吸引更多的电视观众,或者说在频道和栏目专业化的同时细分目标受众。大部分电视媒体的改版是由广告部先提出的,因为广告收入的压力比一个频道或者栏目的收视率下降所承受的压力更大。从广告经营的角度来看,是否需要改版,改版是否成功,广告收入是最重要的衡量标准。当预定的广告收入目标无法实现或者广告收入必须要再上一个新台阶的时候,改版需求尤其强烈。

二、电视广告市场概况

目前,我国的电视广告已经形成了两个基本事实。

第一,我国消费者对电视广告接触度以及信任度最高,如图7-1所示。

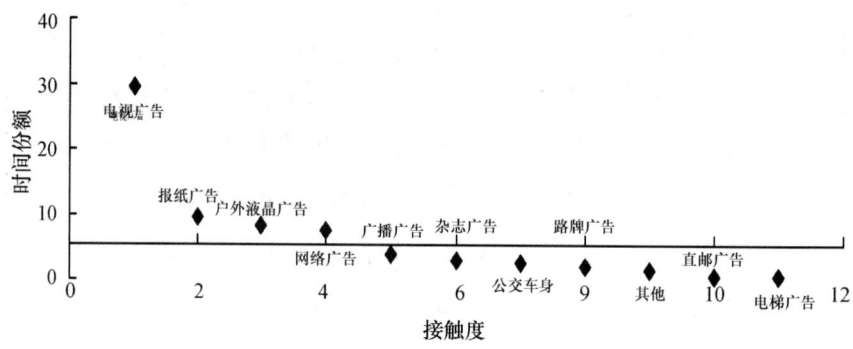

图7-1　中国消费者对媒介的接触度以及信任度①

第二,电视广告长期稳居中国广告市场占有率头把交椅,在广告主媒体投放策略中占据重要的地位。尽管面临新媒体的冲击,但是电视媒体广告的营业额和市场占有率仍然保持着良好的势头。

根据中国传媒大学广告主研究所的调查发现,在大量报道都宣称电视广告在发达国家的影响力有所下降的背景下,我国的消费者仍然相信电视广告,电视广告对我国消费者产生品牌经验的贡献相比欧洲和美国要高1/3。

电视媒体广告市场有着巨大的潜力,和其他传统媒体相比,有着天然的优势,而且观众对于电视媒体广告的接触最为频繁,信任度也最高。

---

① 中国农业电影电视中心内部资料。

第七章　农业电视的广告营销策略

第二节　内容、用户和广告市场的互动关系

研究农业节目广告,就要了解广告市场、用户和内容之间的关系。目前,三者之间呈现的是互动关系,如图 7-2 所示。

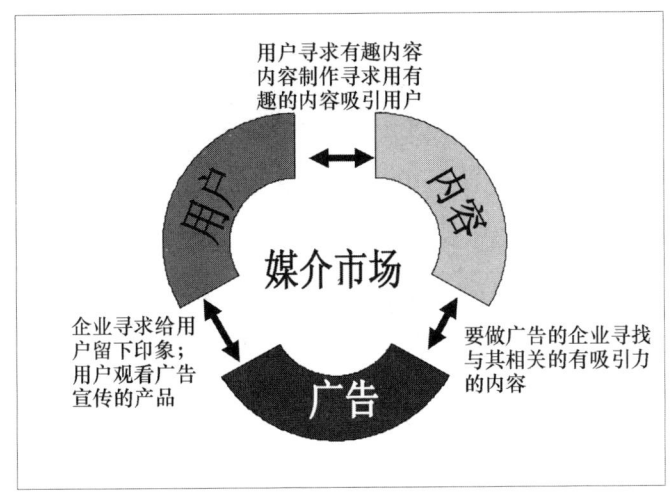

图 7-2　广告、用户和内容之间的关系①

媒介价值是由生产向消费传递,用户需求是根本,内容因需求而调整,广告运营则支持了内容对用户需求的调整能力。

广告和用户共同构筑起了媒介产业结构,在这个结构中,三者的两两互动将广告、媒介与消费进一步联系起来,并最终统一于消费,即媒介内容的消费与广告商品的消费。对于由广告资助的传媒市场而言,追求媒介内容消费者群与广告商品目标消费者群最大程度的重合,是该媒介内容与广告经营在用户市场层面最实质的富有效果的体现。

图 7-3 以电视为例,更进一步分析了内容、广告和消费市场的互动关

---

① 欧洲通讯委员会主编:《e 经济学——数字化市场的战略问题》,辽宁人民出版社 2002 年版。

系。其中,目标受众的收视行为体现为对频道 A、B、C 和节目 D、E 等的选择性组合,目标消费者的消费行为体现为对品牌 A、B、C 和产品 D、E 等的选择性组合,商品市场与媒介市场的结合则通过广告而实现。在电视领域里,广告、收视与消费的市场互动实质上是追求目标受众与目标消费者的更大程度和更有效果的重合。

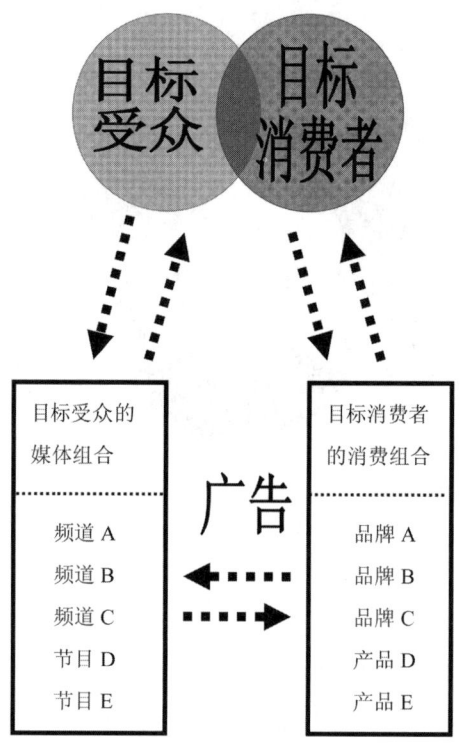

图 7-3　电视传媒市场中收视、消费与广告的互动关系①

在这里,目标受众和目标消费者加在一起,被称为"总和受众"。"总和受众"的成立实际上源自"受众概念的泛化"。后者主要有两层含义:其一是外延的扩大,即随着媒体渗透率的不断提高,媒体受众数量不断增

---

① 中国金鹰电视艺术节组委会、央视一索福瑞媒介研究有限公司(CSM)、北京广播学院:《中国电视市场报告 2003—2004》,华夏出版社 2004 年版,第 43 页。

加;其二是内涵的扩大,这意味着受众不单指信息的接收者,也扩大到产品和服务的消费者。在产品和服务的供应商那里,消费者成为信息和商品的"总和受众"。受众不仅消费媒介内容、接收商品信息,更重要的是他们准备或者已经购买和使用了商品。

"总和受众"分析的思想和方法还可以归因于近年来整合营销传播理论的发展。美国广告协会舒尔茨教授对整合营销传播(IMC)的定义是:"这是一个营销传播计划要领,要求充分认识用来制订综合计划时所使用的各种附加价值的传播手段如普通广告、直接反应、销售促进和公共关系,并将之结合,提供具有良好清晰度,连贯性的信息,使传播影响力最大化。"整合营销传播理论突出地强调了"以消费者为中心",从消费者出发,研究消费者的需求,提出"重新认识消费者心理图像"。随着社会的不断发展,消费者的主动权变大,面对琳琅满目的商品,纷至沓来的信息,消费者的选择也变大;而正是由于选择性的增大,使选择变得困难而复杂,消费者对信息的判断力随之而减弱。

在以消费者为中心的时代,"总和受众"使广告、媒介与消费在消费者层面取得统一。但这个统一并不意味着可以忽略广告、媒介与消费之间两两互动的市场关系。

第三节 农业电视广告现状及发展策略

农业广告主,即为推销农产品、农业生产资料或为宣传某种农业观念,自行或委托他人设计、制作、发布广告的个人或者组织。农业节目的广告主是农业电视广告行业的决定性要素,其对广告作用及重要性的认知水平、对广告运行方式的选择能力以及其广告管理意识的强弱在很大程度上决定着广告市场的规模、专业化程度及发展水平。对农业节目广告主的全面了解与准确掌握对于我们正确认识农业广告行业、成功开展农业广告活动具有重要的意义。

一、农业节目广告主现状分析

现阶段我国农业广告主的特征主要表现在以下五个方面。

(一)农民个体的广告投放行为日渐增多,涉农组织广告行为的发展潜力巨大

近年来,我国农民的市场意识逐渐增强,农民个体商业行为日渐增多,农民在农产品销售中对广告的必要性和重要性有了更为深刻的认识,开始自发地借助广告宣传方式吸引消费者。而且由于先行者的示范作用及效果的显著性,利用广告来提高知名度、开拓销路进行农产品促销的农民个体越来越多。

我国的涉农组织,包括农民合作组织、涉农企业、其他民间涉农企业机构等,其广告投放行为与国外涉农组织相比较少。现阶段我国涉农组织的数量相对较少且大多市场经验不足,一些涉农组织在产品的生产创新方面积极实干,取得了不少成果,但是它们却不善于宣传推广,不仅仅是广告投放得少,其他的宣传手段也不常用,造成相关农产品知名度较低,直接影响着它们在市场上的表现。随着我国农业经济的快速发展、涉农组织经营水平的不断提升,农业广告市场潜力巨大。

(二)在广告意识方面地区差异显著

农民及涉农企业广告意识的强弱与其所在区域农业市场化的发展程度密切相关,并呈现出明显的地区差异。在农业经济发展较快的地区,农民及涉农企业的市场意识普遍高于一般地区,对农业广告在产品营销、品牌创建方面的作用的认识也相对成熟,对广告的使用频率和利用效果也远远优于其他地区。农业市场上地方品牌和全国品牌的形成和畅销有力地彰显着广告传播的效果。而在农业市场化程度相对较低的地区,当地

农产品、农用生产资料等的生产者大多仍未将自身与广告发布者的角色联系到一起。

这种差异主要归因于农村经济在各地区发展的不平衡。随着农业市场化程度的深入,这种差距将逐渐缩小,广告在涉农产品的市场开拓及品牌建设上将发挥更大的作用。

(三)媒体广告投放比例相对较小,投入低于行业平均水平

当下农业产品面对的多为地方性或区域性市场,而且季节影响较大,农业广告主多采用能够产生即时效果或短期效果的促销手段和广告类型,在营销手段上多采用实物促销和活动营销,在广告上多选用 POP 广告[1]、墙体广告、标题广告等类型,媒体广告所占份额相对较少,即便选用,也多选择地方媒体。

(四)广告投放时间性强,广告表现欠缺创意

整体上农业广告主广告活动不频繁,季节性、时令性强。由于农业自身具有季节性的特征,农业广告投放的时间性较强,多集中在播种和收获前后的时间段内。这段时间农产品成熟,或者是农业生产资料的需求高峰期,比如在中国北方,在麦收季节到来前的数周甚至更早的时间里,收麦、打麦等机械广告以及玉米等夏季作物的种子广告便齐齐上阵,广告主选择这段时间进入广告市场,密集宣传,以促成快速购买。但随着农产品生产打破时令的拘囿,广告投放的时间特征必然逐渐减弱,农业广告投放必将走向常态化。超市果蔬区中每日更新的农产品 POP 广告便是一个

---

[1] POP 广告是许多广告形式中的一种,它是英文 point of purchase advertising 的缩写,意为"购买广告点",简称 POP 广告。POP 广告的概念有广义的和狭义两种:广义的 POP 广告,指在商业空间、购买场所、零售商店的周围、内部以及在商品陈设的地方所设置的广告物,如商店的牌匾、店面的装潢和橱窗、店外悬挂的充气广告、条幅、商店内部的装饰、陈设、招贴广告、服务指示、店内发放的广告刊物,进行的广告表演,以及广播、录像电子广告牌广告等。狭义的 POP 广告,仅指在购买场所和零售店内部设置的展销专柜以及在商品周围悬挂、摆放与陈设的可以促进商品销售的广告媒体。

例证。

在农业广告总体数量不多的情况下,广告传播的效果也令人失望。目前,我们所见的广告作品大多停留在最基本的信息告示水平上,广告表现欠缺技巧,多为功能诉求,承载的信息冗余、核心主题不突出。创意策划成分欠缺,表现手法较为单一,作品差异性小,设计制作较为粗糙,广告效果难以确保。

(五)广告管理能力亟待提高

现阶段我国农业广告主的广告投放行为数量不多,质量欠佳。广告行为随机性特征明显,广告目的多为产品促销,总体策划能力相当薄弱,欠缺中长期计划。这些都表明我国农业广告主对广告的使用及管理仍停留在较低的水平,广告作用的发挥受到无形的限制。要加快提升广告管理水平,更好地满足农业市场日益快速发展的需要。

二、农业节目的广告发展策略

(一)节目与广告的良性互动

观众收看电视主要是为了观赏电视节目,广告是观众节目收视的副产品,当观众在节目收视过程中遇到广告时,转换频道或者停止收视是很常见的情况。所以农业节目播出的广告需要讲究科学性和有效性,不能过度投放,要追求节目与广告在观众收视层面的良性互动。

(二)着眼于消费者

随着广告投放增加带来的产品知名度提升,产品销售看好,这说明广告作为市场营销的手段之一,合理运用会对产品市场发展产生积极的推动作用。这一肯定判断使企业对广告手段的运用百试不厌,但是广告对消费的促进作用因产品而异,因市场而异,也与广告投放的科学性、有效性密切相关。在把握广告与消费者的市场互动关系上,仍然需要站在消费者的立场上,科学设计和分析广告创意、制作以及媒介使用效果,把广告的作用发挥到最佳。

(三)充分分析广告客户,找到自己潜在的客户群

一般来说,不同的产品会选择不同媒体发布,广告客户会选择最适合自己产品的媒体作为广告的发布平台。我们对化妆品、食品、饮料、药品、通讯产品广告的平台选择进行分析,以此对农业节目广告经营提供启迪。

1. 近70%的化妆品广告都投放于省级频道(包括卫视频道)

由图7-4可以看出,近70%的化妆品广告都投放在了省级台,其中卫视频道更多一些,而中央电视台只占到8%的份额。化妆品广告投放的策略通常是持续性的大规模投入,而且其中全国性的知名品牌不在少数,巨大的投放往往在省级频道中可以得到更多的实惠。而中央电视台高昂的广告费用使得化妆品广告对其避而远之,没有完全放弃的原因是因为中央电视台在某种意义上可以更好地提升产品的形象。为什么没有选择省级卫视以下的省会城市频道或者是市级电视台呢?这是因为频道级别越高越有利于树立产品良好的形象。基于此,化妆品广告在省级卫视发布性价比最高。

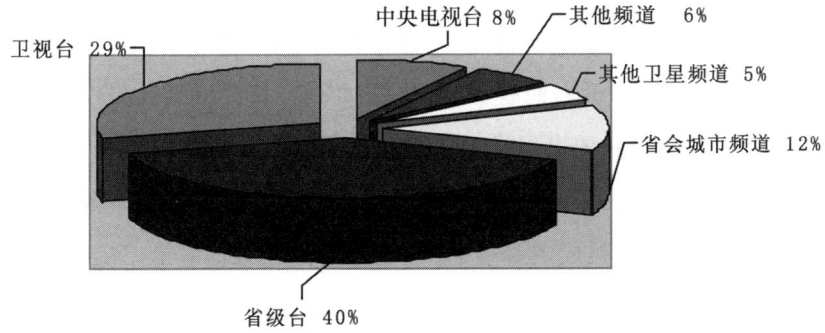

图7-4 化妆品广告投放的频道构成

数据来源:中央电视台市场研究(CTR)

2. 大部分食品广告投放在地方频道

由图7-5可以看出,在食品类的广告投放中,全国性频道(中央电视台和省级卫视)只占有29%的份额,大部分投放选择了地方频道,省台非卫视频道占最大的比例,而且城市频道的投放比例达到了28%,和全国性频道几乎相同。食品广告选择地方频道进行投放,主要是因为食品类产品多为地方品牌。

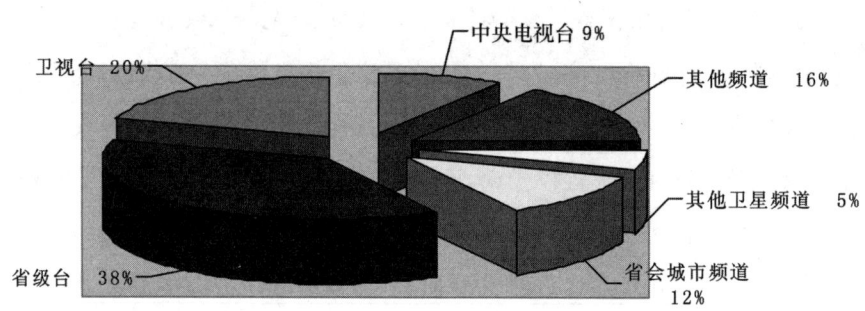

图7-5 食品类广告投放的频道构成

数据来源:中央电视台市场研究(CTR)

3. 36%的饮料广告投放在省级非卫视频道

由图7-6可以看出,饮料广告投放份额排名第一的仍然是省台非卫视频道,达到36%的份额,全国性频道居第二位,中央电视台和省级卫视频道共占31%的份额。但与食品类明显不同的是全国性频道中,中央电视台的比例占到了19%,而省级卫视只占12%,和食品广告的投放比例恰恰相反。这种现象的出现缘于两方面的原因,一是饮料产品在日常消费品层次中高于食品类产品,所以不需要省台去覆盖那些较为偏远的地区;二是饮料的广告投放主要集中在少数几个全国性品牌上。

第七章 农业电视的广告营销策略

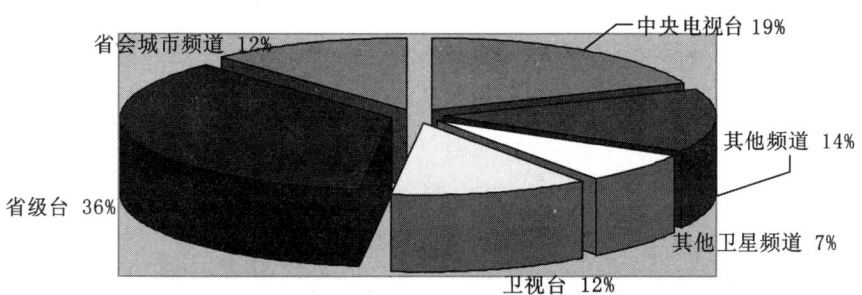

图 7-6 饮料产品广告投放的频道构成
数据来源：中央电视台市场研究（CTR）

4. 药品广告在全国性频道的投放额占较大比例

由图 7-7 可以看出，药品广告在全国性频道的投放份额占 38%，其中省卫视占 29%，中央电视台占 9%。省级非卫视频道占 33%。药品选择全国性频道的比例更高一些，因为它们不仅需要较广的覆盖还需要树立品牌形象。

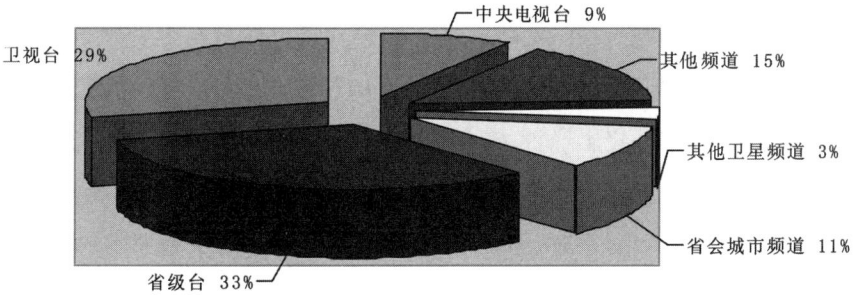

图 7-7 药品广告投放的频道构成
数据来源：中央电视台市场研究（CTR）

5. 通讯产品在中央电视台投放广告的比例相对较高

通讯产品在中央电视台投放广告的比例相对其他产品类别而言较大，达到 18%。中国移动和中国联通的广告投放大多数集中在中央电视台，国内手机产品也在中央电视台的黄金时段进行大量投放，因为这些产品更加注重覆盖的有效程度和品牌形象。在产品不断创新的时代,媒体的差别往往对消费者的认同产生重要的影响。

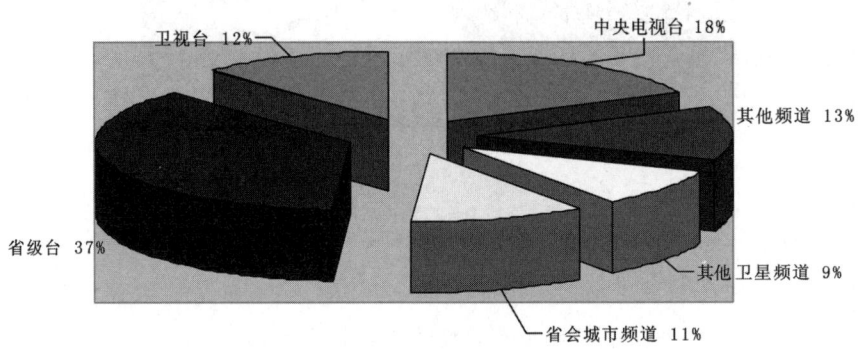

图 7-8　邮电通讯广告投放的频道构成
数据来源:中央电视台市场研究(CTR)

6. 农资类的广告大多选择在农业节目中投放

农资,即农业生产资料,包括农用生产物资及与农业生产有关的技术,比如种子、化肥、农药、兽药、农机、地膜、饲料,以及家用机械、计算机相关技术等。相应的农资广告便是以农用物资与技术为内容的广告作品,比如种子广告、化肥广告、农药广告等,这类广告在CCTV－7农业节目中比较常见。除了农资之外,一些与农业生产有关的机器设备也是农业节目的常见广告客户源,甚至可以用占据半壁江山来形容,如豆腐皮机、凉皮机、砖机等。

在种类繁多的广告客户中,农业节目该争取哪些广告呢?

绝大多数广告客户会选择与自己相关的频道发布广告,那么,农业节目该争取的客户是否只有农业这一个类别呢?

答案是否定的。

随着经济发展和社会主义新农村建设的实施,广阔的农村市场已经引起了越来越多人的关注。除了农业以外,和农民密切相关的药品、食品、化妆品/浴室用品、饮料、酒精类饮品、邮电通讯、服装、家用电器、家居用品和个人用品等,都是农业节目要争取的广告客户源。目前,农业节目中的广告大多数还局限在农资等领域,但这也意味着农业节目的潜在客户群非常庞大。

随着新农村建设的深入开展和一系列支农惠农政策的落实,农村居民收入得到大幅提升。国家统计局公布的2007年经济数据显示:农村居民人均收入4100元,比上年增长15.4%。农民生活水平提高,消费能力持续增长,生产消费模式也悄然发生变化,消费意识、消费内容与城市居民的差距逐渐缩小,红木家具、电脑、金银首饰甚至汽车,高档消费早已走进农村消费领域,文化娱乐、旅游逐渐升温为消费热点,消费支出大幅攀升。在CCTV-7农业节目广告中,我们不仅可以看到晾衣架、家纺、安全门、西装、中高端化妆品、酒类、家电等产品的广告,还会看到钻戒、家用电脑、品牌汽车的广告,农民对于这些改善生活条件、提高生活质量的产品需求强烈。

(四)结合广告主的诉求制定广告战略

对于电视节目制作机构而言,广告主无疑就是上帝。随着中国经济的发展,中国市场逐渐从商品短缺走向相对过剩,供过于求的买方市场已基本形成。市场转变、竞争加剧给企业惯有的营销思维与营销策略带来巨大冲击。如何整合各种营销手段以刺激消费者的需求成为企业关注的焦点,而广告战略的制定则成为焦点中的焦点。

与此同时,媒介类型的总量急剧增加。随着媒体数量的急剧增加,相互的干扰也越来越严重,选择什么样的媒介作为产品发布的平台呢?农业节目又该如何把握住广告客户的需求呢?这还要从广告主营销推广的特点说起。目前,广告主的营销推广活动呈现出以下三大特点。

1. 注重渠道建设,增加零售终端的投入

随着销售方式的变革,一些国外先进的销售方式引入中国,比如直销,广告主开始意识到可以避开中间商,建立起一条从生产到消费的直接通道。这种销售渠道的变化,使得广告主开始对零售的终端投入有所增加。目前,大多数成熟的行业和企业认为,比起广告投放相对滞后的传播效果来说,终端投入带来的直接销售回报更为实际。因此,目前将广告投入转向终端市场的现象呈现增长势头。

2. 广告主日益重视线下广告

一些广告主将路演、赞助以及活动等营销方式称为线下广告(below the line),以区别于传统的在四大媒体上发布的广告,这种传统的在四大媒体上发布的广告一般被称为线上广告(above the line)。传统大众媒体的硬性投放已经不能完全打动消费者了,因此广告主希望借助更多的新形式辅助传统媒体的广告投放,通过多种广告形式的相互整合,形成更为强大的广告效应,在激烈的竞争中获胜。

3. 品牌意识增强,品牌传播手段日趋多元化

目前,广告主的品牌建设开始从早期的知名度建设转向纵深的品牌个性塑造、品牌内涵传达。

广告主的营销呈现出以上的特点,那么,广告主对于媒介的选择情况是怎样的呢?

调查表明,电视依然是快速消费类商品最重要的广告媒介,广告主既能通过它演示产品功能性特征,又能通过情感沟通使产品或品牌产生极大的非功能性附加价值。在形形色色的媒介中,电视依然是知名度最高的媒介。

在电视媒介广告的总体增长中,不同级别的电视媒介被区别对待。国内现存的电视媒介格局在广告主的眼中具有不同的优势,也满足了广告主不同的营销需求。

第七章　农业电视的广告营销策略

表 7-1　广告主眼中各类电视媒体的优势分布①

	中央电视台	省级卫视	卫视以外的省台	市级电视台	境外卫视
覆盖面广	88.4	44.9	11.1	0.9	5.8
价格便宜	1.8	25.8	31.6	56.0	2.7
收视率高	53.8	30.7	19.6	20.0	4.4
可信度高	70.2	19.6	5.8	4.4	7.1
节目品质高	51.1	18.2	7.1	2.7	20.4
媒体服务态度热情	8.4	24.4	23.1	23.1	10.2
媒体服务专业水准高	25.3	9.3	4.0	2.2	14.7
广告操作透明度高	30.7	5.8	3.6	3.6	7.1
有利于改善企业形象	74.7	28.4	8.0	4.9	19.1
促进通路建设	20.9	29.3	17.8	22.7	4.0
目标消费者针对性强	12.9	32.0	35.6	47.1	6.2
其他	2.2	3.1	1.3	3.6	1.8
漏答	8.4	21.8	41.8	29.8	64.9

表 7-1 给我们这样的启示：不同级别的农业节目要采取不同的广告策略。中央电视台的农业节目可以满足那些宣传自身企业形象、广告覆盖面广的诉求，因此有这样诉求的企业往往会选择中央级别的农业节目，可以将那些有影响力和实力的大型企业纳入到客户群中；客户选择省级卫视以及卫视以外省台的农业节目，主要是因为省级电视台广告具有价格相对便宜、目标消费者针对性强的特点，省级电视台的农业节目可以选择省内有一定影响力的企业；广告客户选择市级电视台主要是因为市级电视台广告具有价格低、目标消费者针对性强等特点，所以市级电视台要针对自己的特点，选择那些实力不强且有明显地区和地域特征的企业。这样，各级农业节目就会有相对明确的目标群，从而最大可能地吸引广告主。

---

① 中国金鹰电视艺术节委员会、央视—索福瑞媒介研究有限公司(CSM)、北京广播学院：《中国电视市场报告》，华夏出版社 2004 年版，第 176 页。

(五)电视广告内容会影响广告效果

随着广告媒介传播资源日益丰富,消费者可以选择的广告信息接触渠道也越来越多,这就必然导致一个事实,即消费者现在拥有了更多的消费信息接触渠道,如果农业电视的广告本身不够吸引观众,农业电视的广告就会被日益丰富的各类广告媒介分流。

那么,什么样的广告更能吸引观众——广告的消费者呢?

(1)具有故事情节的农业电视广告比没有故事情节的农业电视广告更容易被消费者记住;

(2)使用间接促销策略的农业电视广告比使用直接促销策略的农业电视广告效果好;

(3)使用标语策略的农业电视广告比未使用标语策略的农业电视广告较容易被记住;

(4)消费者较容易记住与其切身需求相关的产品广告,所以农业节目的广告在设计的时候要多考虑到受众的因素;

(5)农业电视广告长度与受众广告记忆存在负相关关系,短的农业电视广告容易被记住。

农业节目的电视广告并非没有规律可循,广告自身品质的好与坏直接影响到广告播出的效果。目前,较为成熟的农业电视广告运行模式是以公益为理念的公益广告模式。这一模式的推出,加速了农业节目广告的发展速度,而且与强势节目,比如新闻类、服务类、经济类等节目的广告品质不相上下。农业节目广告的公益化发展成为其必然之路。

(六)农业节目广告的公益性——公益三农

农业节目的内容要走公益化的道路,农业节目的广告也应该朝着公益化的方向发展。那么,农业节目的广告该如何公益化呢?

什么是公益广告,让我们先看一个例子。CNN播过一则广告:两个幼儿亲密地在一起玩耍,下面分别写着以色列人、巴勒斯坦人;紧接着又出现波斯尼亚和塞尔维亚幼儿、伊拉克和科威特幼儿等几组亲密玩耍的镜头,然后打出字幕"停止战争,为了孩子",署名"联合国儿童基金会——UNICEF"。这就是一则典型的公益广告,这类广告不是以收费性的商业宣传来创造经济效益的,而是"免费推销"某种意识和主张,向公众输送某种文明道德观念,以提高他们的文明程度,获取良好的社会效益。

公益广告诞生于 20 世纪 40 年代的美国,当时由于美国经济高速发展,引发了一系列社会问题,严重阻碍着社会的发展。为了引起公众的关注和响应,寻找解决问题的有效途径,一些有识之士采用游行标语、传单、报纸广告等形式大声疾呼,公益广告应运而生。

公益广告虽然诞生已经 70 多年,但对于其定义仍众说纷纭。西方经济学家认为,公益广告是为公众利益服务的一种广告行为。新闻学家则认为,公益广告是为公众利益服务的一种新闻宣传。虽然对概念的认定并不统一,但大家取得了基本共识:公益广告是为公众利益服务的。

农业节目的广告该如何打公益牌呢?

首先,要从大的环境入手,营造一个公益三农的环境。由于我国农业发展较为缓慢,因而许多广告主对于在农业节目中投放广告还有一些顾虑。许多大型企业不愿沾上"农"字,在选择媒介发布平台时,农业节目也常常被忽略或者被轻视,最终导致只有"农"字头的一些企业选择农业节目。这是一个恶性循环,越来越多的不知名的小企业的广告汇集到了农业节目,而一些档次稍高的广告又都纷纷撤离农业节目,最后,为了生存,农业节目不得不放低标准,农业节目的广告环境令人担忧。

其次,广告本身也要加强公益性元素。目前,农业节目中的广告大多是粗制滥造的,缺少创意。农业节目本身的广告策划与制作不到位。农业广告的公益性元素更需要加强。

公益广告既要遵循一般广告的创作原则,又要体现公益广告的个性原则。公益广告创作的个性原则包括以下几个方面。

1. 思想政治性原则

公益广告推销的是观念。观念属上层建筑,思想政治性原则是第一要旨。思想政治性原则还要求公益广告的品位高雅。也就是说要把思想性和艺术性统一起来,融思想性于艺术性之中。第43届戛纳国际广告节上,有一个反种族歧视的广告,画面是四个大脑,前三个大小相同,最后一个明显小于前三个,文字说明依次是非洲人、欧洲人、亚洲人和种族主义者(均标在相应大脑下)。让受众自己去思考、去体会,创意独特,令人叫绝。

2. 倡导性原则

公益广告向公众推销观念或行为准则,应以倡导方式进行。传受双方应是平等的交流。摆出教育者的架势,居高临下,以教训人的口气说话,是万万要不得的。这并不是说公益广告不能对不良行为和不良风气发声。公益广告的倡导性原则要求我们采取以正面宣传为主,提醒规劝为辅的方式,与公众进行平等的交流。这方面成功的例子很多,如"珍惜暑假时光""您的家人盼望您安全归来""保护水资源""孩子,不要加入烟民的行列"等。

3. 情感性原则

人的态度,是扎根于情感之中的。如能让观念依附在较易被感知的情感成分上,就会引起人的共鸣。如福建电视台播出的一则"两岸情依依,骨肉盼团圆"的广告,就成功地将祖国统一的观念诉之于情。

"公益广告也是一盏灯",它不断照亮了节目的品牌,也照亮了社会。当前正是农业节目引进公益广告的大好时机,我们要抓住机遇,探索一条市场化、机制化、品牌化的路线,整合更多社会资源,打造农业节目的公益品牌。

第八章　农业电视的品牌之路

第一节　农业电视品牌的创建

对于品牌,定义有很多种,广告专家约翰·菲利普·琼斯(J. P. Jones,1999)对品牌的界定是:能为顾客提供其认为值得购买的功能利益及附加价值的产品。哈金森和柯金(Hankison & Cowking,1993)从六大方面阐述了品牌的定义:视觉印象和效果、可感知性、市场定位、附加价值、形象、个性化。美国市场营销学会对品牌的定义是:品牌是一种名称、术语、标记、符号或设计,或是它们的组合运用,其目的是借以辨认某个销售者,或某群销售者的产品及服务,并使之与竞争对手的产品和服务区别开来。品牌从本质上说,是传递一种信息,一个品牌能表达四层意思:

(1)价值。品牌能提供一定的价值。

(2)文化。品牌可能附加和象征了一种文化。

(3)个性。品牌能代表一定的个性。

(4)使用者。品牌体现了购买或使用这种产品是哪一类消费者,这一类消费者也代表一定的文化、个性。

品牌是个复杂的符号。一个品牌不单单是一种名称、术语、标记、符号或设计,或它们的组合运用,更重要的是品牌所传递的价值、文化和个性，它们确定了品牌的基础。

"品牌"二字对电视产业而言到底意味着什么呢？如果仅从字面上理解，品牌者，就是有品位、有标志、有名气的产品、企业，甚至人物。比如名牌栏目、名牌频道、名牌主持人、名牌电视机构等，都可能是一种品牌。但对电视产业来说，品牌实际上代表着电视人与观众交流时所传达的一整套核心价值观，是电视人对观众所做的庄严承诺。

在中央电视台的评价体系中，品牌是一个重要的评价指标。品牌主要考察栏目的社会影响力、广告的号召力、对频道贡献、资源利用效率等因素。农业节目该如何打造自己的品牌呢？

农业节目要生存和发展，首先要有精彩的电视节目作为支撑。有了精彩的电视节目，就能聚集人气，提高收视率，从而吸引更多的广告客户。电视节目虽然是精神产品，不同于物质产品，但都必须面对群众、面对消费者。人们买东西时喜欢买名牌，是因为对品牌商品有一种认同感。这种认同，来自于对商品的定位、质量、价格、包装、服务等多方面的信任，这就是商品品牌的力量。同样的道理，品牌电视节目能够使更多的观众自愿地锁定节目，而无需宣传动员。

农业节目要确立自己的品牌就要靠创新，任何栏目的成功都要有先进的理念作支撑，以先进的理念指导实践，才能在竞争中永远保持领先位置。电视品牌的形成、发展要靠不断地创新来维系，特别是在电视频道相对过剩、节目资源相对不足，而媒体竞争日趋激烈的背景下，电视节目或栏目的创新就显得更为重要。在电视节目的制作中，借鉴是必要的，但是一味地对别人的节目形式实行"拿来主义"，而不是认真领悟别人节目的精髓，就很难使自己的节目具有个性，树立起节目的品牌形象。靠一时的炒作哄抬上去，品牌形象也难以维持，免不了昙花一现的命运。

农业电视品牌节目要有自己的"个性"。经济学上有个"产品异质化"概念，是指在众多产品中消费者觉察到的某一特定产品与其他同类产品所具有的真实或潜在的细微差别。观众对雷同、重复的节目已经感到厌倦。任何一个充满"个性"节目的出现,无论是节目内容、主持人还是节目的片头、片花、灯光、音响等具有突出的特性,都会引人关注。充满个性的节目要素,是观众认同节目品牌,维持节目品牌形象的重要基础。成功的品牌节目几乎都拥有维持品牌形象的突出"个性",如《聚焦三农》的特点就是舆论监督,《乡约》栏目是不断开掘与展现嘉宾的魅力,只可惜二者做得都远不如《焦点访谈》与《对话》栏目。

电视节目品牌的打造是一个系统工程,包含的内容很多,但只要我们认真地研究它的特点及规律,积极应对,主动开拓,在电视品牌的建设上花大力气、下大功夫,就能够不断地推陈出新,打造出属于自己的品牌节目。

目前,中国的农业电视大多数还处在品牌的建设时期。以中国农业电影电视中心制作播出的农业节目为例。1996年农业节目开播,当时的栏目形态十分稚拙,甚至对栏目化的认识都很粗浅,品牌化的概念更无从谈起。随着我国电视发展的总体步伐加快,当电视业的整体竞争在几年间迅速升级,进入品牌化竞争阶段的时候,农业节目也初步形成了自己的特色,在"三农"大事上农业节目不再失语,社会影响力也在逐渐增强。

第二节 农业电视品牌的维持与发展

在激烈的竞争中,推出品牌节目固然重要,但更重要的是维持节目品牌,使节目品牌深入人心,保持和提升节目的影响力和经济效益。

那么,农业节目该怎样维持并发展自己的品牌呢?

农业节目不同于其他类型的电视节目,它的根本是农业,它的任务是为"三农"服务。农业节目品牌的初步形成,首先得益于坚守定位。要维持和发展农业节目的品牌,就必须在坚守农业节目定位的基础上寻求

发展。

中央电视台在1999年提出"频道专业化、栏目个性化、节目精品化"的三化改革。2005年启动"频道品牌化"的改革。2007年提出继续强化频道定位,整合频道资源,增加频道和节目的导向性、思想性和可视性,建立和完善品牌维护机制,用2—3年的时间,打造品牌栏目集群,完成专业频道品牌化。

目前,农业节目虽然已经形成了自己的专业特色,但是,农业节目品牌的维持要求农业节目必须坚定不移地走专业特色品牌建设的道路。

一、确立和统一品牌意识

农业节目的从业人员必须统一思想认识,充分认识到在电视竞争白热化的今天,农业节目的品牌不仅是农业节目发展的内在需要,更承载和展现着农业节目的价值取向,体现着从业人员的社会责任和职业使命。每个农业节目的从业人员必须在内心深处树立农业节目品牌意识,清晰了解农业节目品牌的核心价值观,并热爱、认同它,为它的发展壮大付出自己的一份努力,这是品牌化工作必须首先解决的问题。

二、围绕品牌战略调整创作思路

电视传播是观众在家庭中接收并始终处于主动地位的一种信任传播,失去广大观众的认可就失去一切,一些农业节目已经在观众心目中有了一个固有的定位,这一定位不能动摇。

但是,我们又不得不承认,目前农业节目的品牌还具有某种局限性,有些品牌只是频道内的品牌,还没有在全国范围内具有较大影响的旗舰性品牌栏目。农业节目可以采用举办大型活动来完成品牌知名度的飞跃,接着带动整体品牌战略的推进。随着竞争的升级,不能仅仅靠"手榴弹"式的节目产品,它只能产生有限的爆破效果,还要集中力量运作出具备"原子弹"效力的电视活动以实现品牌突围。

以CCTV-7《聚焦三农》栏目为例。该栏目是CCTV-7唯一一档新闻和深度报道栏目,它承担着解析农业政策、直击农村热点、倾听农民心声的重任,是把握国家"三农"政策的窗口。该栏目借助中央电视台的强大平台,曾制作播出过一些较有影响力的节目,如《解读"中央一号文件"》《阜阳奶粉事件调查》《直击山西黑砖窑》《夺命的安全帽》《专访"水稻之父"袁隆平》《李振声:麦田的守望者》《追缴假化肥》《尴尬的新居》,也举办过一些大型活动以及特别节目,如党的十七大特别节目《这五年》,全国"两会"系列报道《又是一年春来到》《我们的新农村》系列公益晚会以及"情系三农 中华同心 革命老区扶贫行"大型电视活动等。尽管如此,这些节目在某种程度上仍然只是"手榴弹",有威力,但其威力不足以引起轰动效应。《阜阳奶粉事件调查》是中央级媒体首次报道此事件的节目,节目播出后,产生了一定的影响,但是直到中央电视台《经济半小时》栏目介入之后,才引起了社会的广泛关注。

三、根据品牌建设要求优化管理

在农业节目品牌化维持与发展阶段,要用品牌化的建设要求调整创作的思路、人才使用的思路、各方面的经营思路;要设立专门的部门或者专人对农业节目品牌建设进行专题调研、深入研究和全程管理,真正发挥作用;要明确制定一套中长期品牌战略管理工作流程,并保证其切实可操作性,否则在品牌建设执行过程中会偏向关注短期利益,最终减少或放弃对品牌建设提供必要的财力物力支持和心理支持。

四、以丰富的节目内容来维护品牌形象

观众收看节目的目的要么是获取信息,要么是娱乐消遣,要么是获得知识。要满足观众的这些需要,就要为观众提供丰富的节目内容。现在一些电视台不惜花费巨资对节目进行"外包装",而忽视了对节目内容、品位等内涵的开掘,使一些节目出现了"形式大于内容"的状况。这些节目可能会在推出的初期因为花哨的形式而暂时吸引部分观众的注意,但是"徒有其表"的节目,没有丰富的内容支撑,它的影响力肯定不会长久。

五、以理性创新维护节目的品牌形象

随着我国电视进入市场竞争的轨道,许多电视节目不断地变换自己的"面孔",以便在日益激烈的节目竞争中争取观众。各家电视台都想通过调整和改变电视节目的内容或结构来适应不断变化的观众需求,使节目的品牌形象更加丰富、更加突出。节目的创新要么是为了巩固节目现有的收视群,要么是为了获得更大的发展空间。随着电视市场竞争日益激烈,我国电视节目改版创新的周期呈越来越频繁之势。

一个电视节目树立起品牌形象,占领一定的市场份额,拥有一群固定的观众,要靠不断的努力才能获得,是电视人心血的结晶。如果在创新的过程中电视人只看到创新后可能带来的巨大利益,而忽视了其中可能存在的风险,将不利于节目品牌的维持和发展。节目在创新后有可能品牌形象更加突出,影响更大,但也有可能失去了原有品牌的特色,使品牌形象大打折扣。节目创新可能增加了吸引观众的新元素,但是也存在着失去观众的某种风险。因此,节目的创新要在对电视竞争市场进行全面调查分析的基础上进行,以此来使创新后的节目适应社会发展的需要,适应观众需求的变化,适应电视市场竞争的需要,使创新后的节目品牌形象更加突出,节目品牌的影响力更大。如果不对电视市场的竞争环境进行深入了解,草率地、频繁地做出改版的决定,将会是低效的或无效的,甚至会出现影响节目品牌形象的负面效果。

从市场学的角度看,"老顾客"是一种极其宝贵的资源。市场研究表明,在市场竞争中,赢得一位"新顾客"往往要比留住一位"老顾客"的代价大 4—7 倍。因此,在对节目进行创新的时候一定要考虑老观众的需要,首先要设法吸引住老观众。老观众对节目的信任、忠诚和养成的收视习惯是节目品牌维持的基础,要在尽量稳住老观众的前提下进一步吸引更多的新观众来关注节目。

六、举办活动是塑造频道品牌的重要方式

打造精品节目的一个重要方式就是举办各种活动。中央电视台的春节联欢晚会可以说是最典型的年度活动。目前,电视台活动内容更加丰富,各种年度评选、年度大赛层出不穷,例如中央电视台的《感动中国》《年度经济人物评选》,广东卫视的"明日之星"选拔赛等。

目前,中国的农业节目中依赖活动提升品牌的还不多见,大多数还只是处于维持节目正常运行的阶段,但电视创作大环境要求农业节目必须尽快走出这样的现状,探寻农业节目的特色品牌之路。

总之,在电视业的竞争中不仅要打造节目品牌,更重要的是保持节目品牌的影响力。在实际的运作中要深入分析社会的需求及变化,掌握媒介市场竞争的规律,以突出的个性、丰富的内涵、理性的创新使节目品牌形象长期维持下去,使节目在市场竞争中取得良好的收视率和经济效益。

第三节　农业节目主持人品牌的塑造

将品牌的概念放在节目主持人的角度去考虑,就是电视节目主持人品牌是观众对其所持有的一种印象或情感,描述了主持人与观众建立传者和受者的传受关系时的全部体验。

主持人的品牌形象就是存在于观众头脑中的印象,在不断收看这位主持人主持的节目的过程中,这种印象就会演化并加深,最终形成品牌关系。

一、电视节目主持人的品牌内涵

电视节目主持人品牌具有文化和商业双重属性。具有文化的属性，是因为主持人的品牌一旦形成，其价值和内涵首先体现在人文因素上。具有商业的属性，是因为主持人能直接为媒体赢得众多消费者（观众），带来巨大的商业利益。

主持人品牌是主持人在观众心目中的印象，是在不断地观看电视节目过程中通过认知、体验、信任形成感情，从而产生的一种期待。这种期待源于主持人能为观众提供多少他们看重的价值。比如，当观众收看《焦点访谈》的时候，会有一种印象：这是一个为老百姓伸张正义的栏目，主持人敬一丹是一个严谨、严肃的人，敬一丹成为正气的化身，观众由此产生一种期待，希望在下次节目中再次看到主持人敬一丹为老百姓说话的场面。

品牌关系的核心是感情因素。提起某个主持人，观众首先想到的可能是他（她）的相貌、声音、性格，但是更多的是是否见过他（她），喜欢或者不喜欢。由北京师范大学艺术与传媒学院等单位发布的《六城市青年观众电视收视状况调查报告》显示，主持人竟以15.9%的比例居于调查结果的末位。在对主持人"不受欢迎理由"的调查中，73%的人认为"主持人风格做作"，43%的人认为"千篇一律、呆板"，87%的人认为"个人风度差、浅薄、卖弄、油嘴滑舌却绕不到地方"，49%的人认为"涵养差、一看就是背稿子"，48%的人认为"表现个人与栏目游离太远"。可见，主持人的个性形象会直接影响到人们对栏目的认可和喜爱，有时会影响人们对电视节目的关注与评价。

二、培养有个性的主持人对农业节目的意义

现在电视媒体都在努力地打造自己的品牌栏目，最大限度地争取观

众,这就更需要把电视节目主持人的主观能动性充分调动起来,使之形成并不断发展"自我风格"。一个电视台若有几位"自我风格"鲜明的名主持人和社会认可的"名牌栏目",就会更具有竞争力。

(一)增加栏目和频道的辨识度

主持人是一个栏目甚至一个频道的符号。一说起刘仪伟,观众就会想到那个教大家做菜的主持人,说着不流利的普通话,很风趣也很卖力地在电视上做着各式菜肴。刘仪伟和中央电视台二套的《天天饮食》栏目已经融为一体,成为一个符号。目前的农业节目缺少这样有影响力的主持人。

(二)拉动农业节目的收视率

由于名人效应,具有一定影响力和号召力的主持人会拉动农业节目的收视率。中央电视台七套的《每日农经》栏目就是成功依靠明星主持人提升收视率的典范。《每日农经》栏目创建之初,收视率曾经一度低迷,多次受到中央电视台的警示,后来栏目引进了明星主持人笑林,依靠明星的感召力,《每日农经》栏目的收视率一路攀升,现在稳居中央电视台七套节目的前几位。

(三)实现农业节目主持人品牌价值的最大化

从主持人对节目产生的影响中,我们清晰地看到:塑造和培养有风格的主持人——实现品牌价值最大化——提升媒体影响力和公信力,这是一个良性循环。可以这样说,主持人的风格越鲜明,其被开发和培养的价值就越大,就越有利于农业节目整体知名度、影响力的提升,越有利于电视产业链条的整体开发。

三、农业节目主持人的风格定位

目前,农业节目主持人整体情况是:有较为完备的专业知识、有相对丰富的从业经验、具有敬业精神,进入了需要提升与打磨的关键阶段。根据中央电视台市场调查显示,CCTV-7农业节目的主持人整体上还欠缺知名度,观众熟知的主持人还不多。城乡观众认为农业节目主持人应具有热情大方、可爱亲切、机智风趣、朴实厚道的气质,对主持人的外貌和时尚感的要求则较低。从年龄角度来看,观众认为农业节目主持人应在30至40岁之间,且了解农村生活。

从以上的调查我们可以分析出,农业节目主持人的定位应该是这样的:真诚、热情、自然、大气、有一定的农村生活阅历。从风格角度来说,我们还可以分为:机智型、幽默型、乡土型,甚至还可以根据需要,对主持人进行角色演绎,塑造出循循善诱、有一定威信的村支书型、说书人型等。

四、农业节目主持人的品牌塑造

首先,要对现有的农业节目主持人群体进行分析定位研究。

主持人是品牌的代言人,是构成品牌的人格化符号。崔永元的"坏笑"、元元的调侃、王志的寻根究底的追问,都成为这些明星主持人的标志。

我们以中央电视台农业频道的主持人为例,应该说他们还是存在着一定的个性差异的。比如《聚焦三农》的张纬是沉稳、知识型,《科技苑》的陆梅属大气、庄重型,《乡约》的肖东坡是幽默型……当务之急是在这些主持人原有的差异中挖掘出他们潜在的个性魅力,这需要请专门的机构和人员来研究、揣摩,根据他们的形象与气质、爱好以及潜力进行科学的分析与预测,进而使主持人队伍风格更加明晰。确定哪些主持人可以走传统路线,如大方、端庄、稳重;哪些人可以走现代路线,如诙谐、伶俐、机智。还应该有计划、有步骤地将那些有发展潜质的主持人送到专业院校继续深造,使之及时补充先进的传播理论和相关技能。

其次,主持人要进行自我的修炼与塑造。

第八章 农业电视的品牌之路

节目主持人要树立自己的独特风格。首先,必须要充分认识、分析自己,对自己的气质、知识、性格、爱好、音色、语调、语气进行正确的评估。一个人的气质和风度虽然与形象、身材、装扮有关,但从本质上看,却是一个人内在涵养的外在表现。其次,要树立自己的主持风格,不仅要做到知己,还要知彼,也就是说要吃准栏目和节目的类型,扬长避短,使自己的主持方式贴合栏目,贴近观众。

受众对于栏目的忠诚度,一定程度上来源于主持人的"品牌"效应。一些品牌栏目的主持人甚至成为栏目的核心智囊——制片人。制片人和主持人的一体化,是电视栏目品牌发展的一个良好信号。正是拥有了出色的主持人,电视栏目的"品"和"牌"实现了有机衔接,因此很多电视台都将主持人视为"台宝"加以保护,给予特殊待遇。

农业节目的品牌之路,是农业节目发展到现阶段的必然,是农业节目持久生命力的必然,也是农业节目在众多电视节目类型中立足的必然,因此,要从农业节目的方方面面入手抓精品品牌建设,只有这样农业节目才会尽快赶上现代媒介的发展速度,并与现代媒介共同发展、共同进步。

第九章 农业电视的公益化之路

第一节 我国媒体公益化现状

在探讨农业节目的公益化道路之前,首先必须对我国媒体的公益化情况做一梳理。我们首先要弄明白的问题就是什么是公益化。

一、公益化的含义

公益化是和商业化相对立的。商业化的核心是经济效益,而公益化的核心是社会效益。公益化事业具有以下的特点:

(一)外在性

属于公益事业的部门和企业及其活动一般处在直接生产过程、个别经营活动和居民的日常生活之外,独立存在、并行运转,并构成相对独立的系统。

(二)社会性

大部分公益事业主要依靠国家财政投入,成果主要表现为社会效益。

(三)共享性

公益事业的成果是由社会全体成员共享的。

(四)无形性

公益事业所提供的产品大多是无形的服务,而不是有形的物质产品。

(五)福利性

公益事业所提供的产品带有社会福利性质。

二、我国媒体公益化现状

(一)娱乐化和泛娱乐化依旧是我国媒体的主要特征

我国电视事业快速发展,在满足人民群众日益增长的精神文化需求、传播社会主义先进文化方面,发挥着越来越重要的作用。但是随着媒介消费主义的盛行,媒介的主体形象也发生了转换。在以往的"生产社会"中,媒介极力推出的主体形象大多来源于生产性领域——工业、农业、部队、科学等行业部门,如20世纪50—70年代我国媒体宣传的一系列先进英雄人物,包括时传祥、雷锋、王进喜、焦裕禄、陈景润等,无不来自于社会生产实践第一线。这期间媒体虽也宣传了一些文学艺术体育界人士,如著名的文学家、艺术家、运动员,但他们不属于大众娱乐领域。而现在媒介的主体形象已悄然发生转换,各种影视、歌舞、体育等明星逐渐取代"生产英雄",占据越来越显著的地位。在大众传媒上随处可见的各种明星,展示给大众的主要不是他们历经磨炼的创造过程本身,不是他们的能力和进取心,而是他们的生活习惯、衣着及平时的喜好,特别是有关他们的家庭、情爱、私生活的内容。对明星的报道,带给人们更多的是一种形体的审美、感官的愉悦与享受。这种媒介形象与"生产英雄"具有本质的区别,在他们身上已丧失了"生产英雄"的崇高美、悲壮美,可他们却得到普通人特别是青少年们的极力推崇,这些明星被称为"消费偶像"。

媒体正是以娱乐性、感官刺激性来激发大众的购买欲,吸引大众消费"媒介产品"的。不可否认,娱乐休闲的确是媒介自身功能的一部分,但如

今媒体致力于通过感官刺激来迎合大众,它所营造的无疑是一种庸俗的、低级趣味的消费氛围。

(二)对公益性有所认识,但是不成规模和气候

目前,已有越来越多的学者和电视创作人员开始关注公益性问题了,一些电视台已经开始了这方面的探索:凤凰卫视在2004年就与中华慈善总会合作,成立了凤凰慈善关爱基金,专门关注弱势群体。江苏卫视正在打造"以资讯为核心,情感为特色"的频道形象。素以娱乐闻名的湖南卫视也开始向"以公益为特色的综合频道"转型。这一趋势甚至蔓延到了民营电视制作机构:2006年伊始,嘉实传媒——中国第一家民营传媒机构,率先将自身的发展战略向"关爱"的方向延伸,通过和中国少年儿童基金会等社会组织合作,初步构建了一个"关爱"平台,形成了电视台播出机构、公益组织执行机构、观众参与群体、有社会责任感的企业之间的一种良性的互动。

不可否认,中国传媒界在公益方面做过很多事情,但却没有形成大的规模,没有把公益当成一种事业来发展,持续性不强,往往只有遇到重大的自然灾害时才会出现公益性的节目及义演、募捐活动等。而且更多的电视人把这样的内容作为一项政治任务来做,没有意识到公益精神背后巨大的观众资源和商业开发价值。

第二节 农业电视的公益化趋势

一、农业电视为何必须走公益化之路

目前,在我国的电视媒体上,公益活动要么是一个栏目的活动,要么只是电视台里应景的一个活动,而不是一个常态的持续的活动。我国的农业节目不能只是应时应景地举办一两个公益活动,而是要自始至终地

在节目中贯穿公益化的服务思想。

(一)农业节目的公益化之路是目标受众群的需要

农业节目的服务对象是广大农民,是社会消费水平较低的一个群体,因此要把社会效益放在首位,紧密配合党和政府"三农"工作中心,大力宣传党和政府的强农惠农政策。在栏目设置与节目安排方面,首先要满足农民群众了解政策法规、致富信息、农业技术等方面的收听需求,并注意从各个层面对农村社会生活、农业发展变化、进城农民工就业、农产品加工流通、食品安全、农产品消费等予以全方位的关注和报道。

(二)农业节目的公益化之路是我国特殊国情的需要

我国是一个农业大国,"三农问题"解决得好与坏,关系到中国的社会发展,"三农问题"正日益引起党中央和全国人民的高度重视。

农业、农村、农民问题是事关全面建设小康社会成败的关键。要从根本上解决我国的"三农问题",加速新农村建设的进程,最重要的是要加强农村科学传播,切实提高农村的科学文化普及率,提高农业生产的科技含量,提高农民的科学文化素养,进而从根本上改善农业生产条件,提高农业效益,增加农民收入。

提高农民的科技文化素质是增加农民收入、全面建设社会主义新农村的根本措施。我们知道,公众科学素养是反映一个国家国力强盛、社会进步的重要标志,也是全面小康社会的重要指标,更是贯彻科学发展观、建设和谐社会的必要条件。

根据中国科普研究所2005年进行的第六次中国公众科学素养抽样调查,除正规的学校教育之外,大众媒体是科学的主要传播途径。我们现在所处的时代是一个传媒的时代,大众传媒是人们获得外界信息的主要渠道。因此,通过大众传媒来进行科学普及,符合广大农村的实际需要,也符合新农村建设的需要。

我国农民由于受教育程度的限制,科学素养水平较低。要真正解决

"三农问题",彻底改变我国农村的落后面貌,根本性的措施还是要提高公众的科学文化素质。"富了口袋、穷了脑袋"的农民不是新农民,"物质富裕、精神贫乏"的农村不是社会主义新农村。要努力提高广大农村人口的科学文化素质,在农村营造科学生产、文明生活、和谐有序的社会主义新风尚,造就一大批有文化、懂技术、会经营的新型农民。新农村建设的核心问题是农民的素质问题。农民的科学文化水平制约了先进技术和装备在农业生产中的应用。没有农民科学文化素质的提高,没有适应现代农业建设需要的新型农民,新农村就缺乏根本的支撑。

我们要通过对农宣传,以提高农村公众科学素质为目标,大力开展农村科普宣传教育活动。提高农民获取科技知识和依靠科技致富、发展生产、保护环境、改善生活条件的能力,提高农民学习新知识、运用新技术、健康成长、科学生活的能力,提高农村公众反对封建迷信、革除陈规陋习的能力。

这样的国情需要我们的媒体走公益化的道路,尤其是农业节目,面对的目标受众群是最广大的农民,走公益化的道路是必要的,也是责无旁贷的。

二、农业节目如何走公益化之路

从上面的论述中,我们知道了农业节目的公益化是必要的,但是当前我国农业节目走公益化的道路能否行得通呢?要回答这个问题,需要先了解农业电视的属性。农业电视有其经济属性,而且目前电视台里的多数节目都是走商业化路线的,公益性节目很少,那么对农业节目提出走公益化的路线是否适应当下的时代要求呢?

以下几点可以说明,在当下,农业节目走公益化道路是行得通的,而且时机是最佳的。中央电视台的农业节目与其他类型的节目相比还存在某种劣势,但是在目前的态势下,农业节目是最适合走公益化之路的。农业节目走公益路线的多重利好因素如下：

首先是国家政策的支持。村村通工程保证了农业节目的高覆盖率。国家重视农业，因而许多关于农业的电视节目的入户率是很高的，如表9-1所示。

表9-1　2007年全国频道覆盖率TOP10

排名	频道名称	覆盖率（%）
1	中央电视台一套	91.4
2	中央电视台七套	65.4
3	山东卫视	65.0
4	湖南卫视	64.4
5	安徽一套	63.4
6	中央电视台二套	62.9
7	中央电视台四套	62.3
8	四川卫视	58.8
9	中央电视台六套	58.6
10	中央电视台五套	57.8

数据来源：央视－索福瑞媒介研究有限公司数据（CSM）。

自2004年开始，中央连续发布了关于"三农"的一系列文件。党的十六届五中全会明确提出，今后很长一段时间，我国经济发展都要把"工业反哺农业，城市带动农村"作为工作重点。2006年2月，党中央、国务院又出台相关文件，免征农业税及特产税。此外，国家针对农村市场的医疗、保健、基建等各行业加大了投入力度，为众多企业提供了更多的机会。

我国农村贫困监测数据显示，从1978年到2007年，尚未解决温饱的绝对贫困人口数量已由2.5亿下降至1479万，占农村总人口的比重由30.7%下降到1.6%。

2007年，全国扶贫开发重点县通公路、通电、通广播电视、通电话的自然村比例分别达到了82.8%、96.5%、92.2%和85.2%。

其次是农村受众的发展。国家"三农"政策的出台，增加了农民的收入,减轻了农民的负担,尽管与城市、城镇居民的收入和生活水平还存在很大的差距,但是不可否认的是这种差距较以往正在缩小,而且农民的消费能力正在提升。也就是说农民已经具备了一定的购买力。

再次是农业节目自身广告产品的变化。随着媒介的发展,农业节目与其他类型的节目差距在逐渐缩小。由于农业节目随着我国社会大环境的变化而呈现出良好的上升态势,农业节目的广告主从中得到了一定的实惠,而且大多数的广告主依旧坚守着农业节目的阵地。随着农业节目受重视程度的增加,广告主的投入也在增加。就中央电视台第七套节目来说,农业节目的广告收入近几年呈现持续高速增长的态势,增长率曾高达50%,这在中央级媒体也是不多见的。而且农业节目的广告收入一直远远高于位于同一频道的军事和少儿节目的广告收入。

第四,广告主营销推广的趋势也是农业节目的利好因素。目前,广告主开始积极开发三级、四级市场和农村市场,而企业本身的社会责任感也在加强。

农业节目在如此利好的情况下,其公益化的道路该如何走呢？农业节目首先要生存,需要制作的经费。如果没有经费支撑,农业节目会步入一个恶性循环的境地。所以,这里提出的公益化指的是公益化的事业、商业化的运作模式,将公益视为一种营销,即公益营销。

将公益视为一种营销,这是很多企业所不愿意的,但事物本身有着这样的规律:爱人者,人恒爱之。虽然我们的目的不是为了某种回馈,但回馈却是诚心为之的自然结果,有了这种结果而不过分地只强调企业的经济利益,而是将经济利益与责任有机地结合在一起,这就是公益营销。

节目的内容要具有公益化的特征。也就是说,关注大多数的农民,让大多数的农民参与到农业节目中,使农业节目真正成为农民的朋友。

公益性还体现在农业节目一定要坚持自己特有的定位。农业节目是为"三农"服务的,是最大限度地反映"三农"工作的节目。然而目前猎奇依然存在于农业节目的创作之中。猎奇满足了一小部分观众的特殊需求,但是却损伤了广大农民的利益,从而降低了农业节目的公益性。我们来看一下一些片名:《"神油"不神》《"卖饭"?"卖色"?》《"月色杀手"》《"卖"尸奇案》……从片名上看确实是从猎奇入手的。也许栏目这样编排有自己的考虑,但是这种以牺牲公益性来换取收视率的做法,从长远来看是得不偿失的。缺失公益性的做法,最终会使节目失去其赖以生存的观众。

农业节目的公益化,使得农业节目呈现出良好的发展态势,而且对于各方面来说都是一件利好的事情,受众得到了最为实惠的传播,节目内容本身的品质得到了提升,广告主的宣传达到了最佳的效果,媒介的影响力也得到了最为充分的发挥与提升。因此,从某种意义上说,农业节目的公益化就如同一剂良药,为农业节目的发展提供了动力与支撑。

第十章　新媒体环境下农业电视寻求新的发展

当前正处于新旧媒体更替时代,农业节目不得不面对新媒体的冲击。那么,此时探讨农业节目的发展之路,必须要考虑到新媒体的因素,在新媒体的背景下来探讨,这样才不会使农业节目的未来发展偏离正确的轨道。

第一节　新媒体概述

一、何谓新媒体

清华大学熊澄宇教授认为,新媒体是一个不断变化发展的概念。"在今天,网络基础上又有延伸,无线移动的问题,还有出现其他新的媒体形态,跟计算机相关的。这都可以说是新媒体"。[①]

也有专家提出,"只有媒体构成的基本要素有别于传统媒体,才能称得上是新媒体。否则,最多也就是在原来的基础上的变形或改进提高","目前的新媒体应该定义为在电信网络基础上出现的媒体形态——包括使用有线和无线通道的方式"。[②]

[①] 韩剑:《新媒体时代的新闻传播》,《中国传媒科技》2013年第14期。
[②] 刘倩:《新媒体环境下电视媒体的发展》,《现代经济信息》2014年第21期。

第十章　新媒体环境下农业电视寻求新的发展

还有学者把新媒体定义为"互动式数字化复合媒体"。

美国《连线》杂志对新媒体的定义是"所有人对所有人的传播"。

关于新媒体，多数专家并没有给出标准答案。其实，简单地说，除了传统媒体之外的媒体都可以称为"新媒体"，包括手机、网络衍生物、交通工具媒体、办公及生活场所媒体、数字电视、移动电视、IPTV、博客、播客等。

二、新媒体的特点

每一项媒体技术的出现都深刻地改变着世界，新媒体技术也不例外。它是广播影视自诞生以来面临的最大的一场技术革命，这场革命虽然以新一代数字技术、网络技术、信息技术为基础，却远远超出了技术本身的范畴。它不仅正在改变着传统媒体的传播方式，更将给整个广电产业带来一场根本性的变革。这场变革以技术升级为起点，终将带来传输手段、接收终端、赢利模式和运营主体的深层次、全方位革命，从而使广播电视的资源、内容、服务和产业发生从量到质的变化。

毫无疑问，新媒体拥有众多传统媒体无法比拟的优势，如海量的存储信息，背景资料的立体化呈现，交互式、个性化服务等，也正是在与传统媒体的比较中，新媒体显现出了自身的特点。

首先是其传播的无疆界。新媒体融合了传统媒体的优势，将传统媒体之间的界限打破了。如基于信息技术、网络技术和数字技术的网络新媒体，打破了行业、区域之间的界限，消除了信息发布者和接收者之间的"隔阂"，以开放、融合的姿态，满足人们表达和接收需求。

其次是其交互性的特点。新媒体给观众带来了多种收视选择，带来了个性化和多元化的信息服务，使受众的参与性与主动性大大增强。

渠道容量不是指一个渠道能传送的信号的数量，而是指渠道的信息表达能力，或者说，渠道传送信息源产生的信息数量。无论是平面媒介的

报纸、杂志,还是传统的电子媒介如电视、广播,在一定的传播周期中,版面、频道、时段、采编人员等传播资源是既定的,是无法无限拓展的。网络媒体的出现改变了以往的规则。理论上,网络媒体的渠道容量几乎是无限的,表现在信息数量和表现手段两个方面。

由于网络媒体具有丰富的渠道容量,因而能对传统媒体的议程设置内容进行过滤,并产生"马太效应",使得部分新闻被"强化",变得更加具有影响力。

三、数字电视

数字电视,是指从电视节目采集、录制、播出到发射、接收全部采用数字编码与数字传输技术的新一代电视系统。具体说,就是经过数字压缩和数字调制后,将传统的模拟信号转化成数字信息(0,1),然后将这些数字信息传送给用户。传送的方式有卫星、地面无线广播或有线电缆,接收时再经过数字解调和数字视音频解码处理还原出原来的图像及伴音。

与原来的模拟电视技术相比,数字电视有以下优点:

(1)高清晰度的电视画面:数字电视画面的高清晰度可以与DVD相媲美。

(2)优质的音响效果:由于采用了数字技术,使得数字电视的伴音更趋逼真。

(3)超强的抗干扰能力:数字电视不易受外界的干扰,避免了串台、串音、噪音等影响。

(4)传输效率高:利用有线电视网中的模拟频道可以传送8—10套标准清晰度电视节目。

(5)可以兼容现有的模拟电视机:在普通的模拟电视机上加一个机顶盒,就可以接收数字电视节目。

(6)提供全新的业务:借助双向网络,数字电视可以提供给用户多种

第十章 新媒体环境下农业电视寻求新的发展

服务。

四、网络电视——IPTV

IPTV 即交互网络电视,一般是指通过互联网络,特别是宽带互联网络传播视频节目的服务形式,是在电信网络 IP 技术的基础上实现的多媒体视频节目互动传播的方式。它是一种利用宽带的有线电视网,集互联网、多媒体、通讯等多种技术于一体,向家庭用户提供包括数字电视在内的多种交互式服务的崭新技术。

IPTV 系统主要包括流媒体①服务、节目采编、存储及认证计费等子系统,主要存储及传送的内容是以 MPEG－4 为编码核心的流媒体文件,基于 IP 网络传输,通常要在边缘设置内容分配服务节点,配置流媒体服务及存储设备。

互动性是 IPTV 的重要特征之一。有专家指出,IPTV 用户不再是被动的信息接收者,而是可以根据需要有选择地收看节目内容。

五、手机电视

如今的手机已不单单是通讯工具,它还担当起了"第五媒体"的重任。手机电视是通过网络运营商和终端设备制造商的配合,将传播内容以手机为载体传播给受众。

六、博客和播客

博客,被看作是一种颠覆传统的传播方式。只要在网上注册一下,就可以获得博客的使用权。博客具有即时性、自主性、开放性和互动性等特

---

① 流媒体一般指的是把连续的影像和声音信息经过压缩处理后放到网站服务器,让用户一边传输一边观看、收听,而不需要等整个压缩文件下载到自己机器后才可以观看的视频/音频传输、压缩技术。使用者事先需要安装播放软件。

231

点,这为人们提供了一定程度的话语自由。这种自由颠覆了"把关人"的概念,但同时也混杂了很多负面的东西。

播客被誉为是新一代的电视。同 21 世纪初低调诞生的博客相比,播客似乎一问世就受到了人们的特别关注。那些自我录制节目并通过网络发布的人通常被称为播客。如果说博客是新一代的报纸,那么播客就是新一代的电视。

播客实现了从文字传播向音频、视频传播转化,增加了娱乐成分。播客还满足了人们自我表达、张扬个性的需求,同时也加强了媒介汇流与互动。

七、微博和微信

作为当下发展最快的新媒体形式,微博、微信与传统的新闻网站最大的区别在于其传播速度和便捷性。从传播途径来看,微博、微信能够受到人们的欢迎,证明它满足了人们对信息获取的需求,比如思想需求、心理需求、审美或者其他方面的利益需求等。从表现手法上看,发表微博、微信的方式方法非常便捷,受到的限制极少,大多数人都可以通过微博、微信分享身边发生的新鲜事物或者自己关注的焦点,并抒发情感以及对社会事件的看法。随时关注、发送微博、微信已经成为很多人的一种生活习惯。因此,简单的交流形式迅速转化为快速、高效的传播模式。

何谓微博?国内知名新媒体领域研究学者陈永东在国内率先给出了微博的定义。他认为,微博是一种通过关注机制分享简短实时信息的广播式的社交网络平台。其中有五方面的内涵:(1)关注机制——可单向可双向;(2)简短内容——通常为 140 字以内;(3)实时信息——最新实时信息;(4)广播式——公开的信息,谁都可以浏览;(5)社交网络平台——把微博归为社交网络。

百度百科给微信的定义是:"微信是腾讯公司推出的一个为智能手

机提供即时通讯服务的免费应用程序。微信支持跨通信运营商、跨操作系统平台通过网络快速发送免费（需消耗少量网络流量）语音短信、视频、图片和文字，支持多人群聊的手机聊天软件。"

第二节　新媒体环境下农业电视的发展之路

一、新媒体对农业电视的冲击与影响

新媒体时代，媒体的赢利法则已经发生改变，获取利润的方法和途径也要随之改变。传统媒体的赢利法宝是用内容来吸引受众，阅读率和收视率决定了广告投放量。但在新媒体时代，这种法则已经行不通了。新媒体的传播优势已经得到了越来越多投资者、广告主、营销机构的认同，对传统媒体的冲击日益凸显。

从受众角度来看，新媒体的不断涌现，使人们陷入了多屏时代。新媒体由于个性化突出、受众选择性增多、表现形式多样、交互性极强，已经博得了越来越多受众的喜爱。农业电视的受众将有限的时间重新分配，逐渐向新媒体转移。从2003年起，人均每天看电视的时间基本上维持均衡，没有发生很大的变化，但是阅读报纸杂志的时间在持续下降，唯一上升的就是上网的人数。我国互联网的用户量以超过20%的增长率增长，而在2010年，这一数字已经达到了2.3个亿。尽管农业电视受众看似基本上没有变化，但是随着新媒体的发展，农业电视受众的分流将成为必然。

新媒体对观众注意力的争夺和对广告市场的侵吞将农业电视推到了媒体变革的风口浪尖。

二、机遇与挑战并存

新媒体将传播载体从广播、电视扩大到了电脑和手机，将传输渠道从无线、有线网扩大到了卫星、互联网,呈现出了传播的丰富性;手机电视可以随身携带,移动接收;IPTV能够双向互动,自由点播,等等。这些技术变革使消费者能够随时随地、随心所欲地从新媒体中获取自己所需要的,从而满足自己个性化的收视需求。

提到新媒体,不能不提一下数字电视中的老故事频道。2005年CCTV老故事频道开始试播,2006年4月16日正式播出。该频道是面向全国通过中央数字平台播出的唯一一家以历史人文类纪录片为主的电视频道,由中央新闻纪录电影制片厂的专业制作队伍倾力打造。中央新闻纪录电影制片厂典藏了5000多部纪录影片和42万分钟历史影片资料,整合了国内外历史研究资料和制作资源,成功推出数字付费CCTV老故事频道。推出老故事频道,新影厂有着极大的优势。新影厂成立60多年来,共摄制了7000多部新闻纪录影片,为国家储备了无可替代的宝贵影像档案。

以此为借鉴,无论是地方电视台还是中央电视台的农业频道,这么多年积累下来的节目就是资源。农业节目有自己的特殊性,有些农业节目不受时效的影响,这是其他类型的节目所无法比拟的优势。可是这些节目往往只播出一次,就被永远地搁置在库房里了。我们可以将这些资源进行整合,形成一个农业节目的资料库。

作为开办较早的数字电视频道,老故事频道可以说是有着得天独厚的条件,有天时地利人和的优势,有许多的优惠政策,然而即便如此,受众对老故事频道依旧感到十分陌生。这究竟是怎样的一个频道?播放什么样的节目?有什么样的节目形态?在哪里播出?怎样收看?许多观众对此一无所知。

老故事频道给我们一个这样的启示:农业电视节目要走新媒体之路,首先要让潜在的受众充分地认识新媒体。

在互联网刚刚兴起的时代,大众对于互联网的认识是模糊的、不确定

第十章 新媒体环境下农业电视寻求新的发展

的,但是随着人们对互联网认识的加深,民众对互联网的需求也在加大,因而促进了互联网的发展。时至今日,互联网已经在人们的生活中扮演了一个重要的角色。而新媒体,目前还处于受众对其需求不大的阶段。

传媒界和经济界的许多专家已经将目光放在了新媒体的产业化上,的确,业界对它的高度关注显示了新媒体超强的魅力。

在新媒体的发展潮流中,农业电视和其他类型的电视节目站在了同一起跑线上。这是一个机遇,同时也是一个挑战。

新媒体时代与电视时代截然不同,其产业化模式也必然不同。目前传统电视很大一部分资金来源于广告收入,电视受众对于广告的接收多少带有一定的强迫性。

经调查,受众普遍对广告或多或少地带有排斥的心理,尤其是一些虚假、粗制滥造和垃圾广告,更是令观众深恶痛绝。在电视上播放的广告,有相当一部分就是这样的广告。换句话说,我们现在之所以能花很少的钱就可以看到众多的电视节目,在一定程度上正是那些广告商在埋单。广告商为什么愿意埋单呢?因为,受众在收看节目的时候,广告附带在节目里,是不能跳过、不可选择的。尽管有些人一看到广告就换频道,但是我们都有这样的经历,在换频道的时候,无论怎么换,都能看到正在播出的某条广告。也就是说,相当一部分观众是在换台中自觉不自觉地完成了对广告的收看。更何况,有些人怕错过节目,还不愿意换台,宁愿守候。但是在新媒体时代,传播方式发生了重大变化,受众可以进行选择,可以将广告跳过。

到目前为止,人们还远远没有形成对广告的收视期待,可是,新媒体时代的传播方式使得收看广告必须靠受众的主动点击来完成。谁会愿意花钱花时间来点击广告呢?如果没有了点击率,广告的投放商会不会继续在这里投放广告?如果没有广告商的支持,电视节目的制作经费从何而来?没有充足的经费保障,节目的质量又该怎样保持甚至提升呢?

如果广告商的利润无法保证,"受众—广告商—传媒机构"三方的生态链条将被打破。如何在数字交互时代重构"受众—广告商—传媒机构"三方的生态链,使之良性运转,是推进新媒体进程中不得不考虑的一个问题。

以数字电视为例。数字电视提供的最主要的服务就是视频点播(VOD)。VOD是一种全新的电视收视方式,它不像传统方式那样,用户只能被动地收看电视台播放的节目,它提供了更大的选择权、更强的交互能力,传用户之所需,看用户之所点,有效地提高了节目的参与性、互动性。数字电视给我们提供了一个非常美好的服务期待,使我们从"看电视"时代走进了"用电视"时代。这正是数字电视的魅力所在。这种交互性带有很大的选择性,因而,只有当节目资源相当丰富的时候,我们才有可以选择的余地。也就是说,在推行数字化的同时,千万不能忽略节目内容。

在数字电视的最早期,技术可能是制约数字电视发展的瓶颈,但是一旦技术有所突破或者趋于成熟的时候,技术就不再是问题,制约数字电视发展的就是内容了。

数字电视服务能够提供的节目内容将从目前有线电视的平均30个频道扩大到500个甚至更多频道,但是目前我国电视节目的制作、引进能力远远不能满足需求。模拟时代的电视就是一个内容缺失的年代,而数字电视时代,人们对内容的期待值会增加,宽容度会降低,这就要求数字电视节目内容更加丰富。《中国数字电视报告》显示,55.1%的广电机构认为能够收看更多的节目内容是用户选择数字电视的首要因素。观众倾向选择数字电视的前三项主要原因分别是"多频道""更早看到精彩内容"和"清晰的节目"。由此我们可以看出,传播内容的质量最终将决定数字电视在市场上的境遇。

但对于现阶段我国的电视创作队伍而言,短时间内还很难满足这些

第十章 新媒体环境下农业电视寻求新的发展

要求。随着技术上全面实现数字化,随之而来的就是内容的缺乏、节目形态的单一、单纯的栏目复制、节目低俗与粗制滥造等问题。这不但会消减人们对数字电视的热情,而且会引起人们对"付费"这一模式的逆反心理,不利于新媒体的发展。

三、积极融合新媒体

新兴媒体在全球范围内蚕食着传统媒体的市场,用户正在不断分流,网民每周在线的时间超过 1000 分钟,消费者被海量信息围绕,其中包括来自网络的大量广告。所以默多克说,新兴媒体前进的步伐快得惊人,互联网将要摧毁的行业比它创造的要多得多。面对这样的变化我们必须要有自己的方向。要想不被狼吃掉,最好的办法就是自己也变成狼。从传统媒体到新媒体,打破新旧之分,走向纵横融合是历史的必然。只有深入挖掘自身优势,认识到整合营销的战略意义,才能成为真正的赢家。

新兴媒体对传统媒体构成了威胁,但是同时也提供了众多的机会。传统的电视作为全球性的大众传播媒介,有两大弱点,即选择性差、保存性差。在一些领域,比如说资讯类节目,电视并不具备优势。比如旅游类的资讯节目,在半个小时的节目当中,也许只在最后五分钟才看到一条关于旅游的资讯。而通过网络或者其他媒介,可以更方便、快捷地获取相关信息。在农业节目中,以资讯为主的《每日农经》就面临这样的问题。农业资讯节目可以与新媒体融合,比如 IPTV 业务,在一定程度上克服传统电视线性传播的缺点。从技术的角度来看,新媒体可以看作是传统媒体在不同传播介质上的延伸,传统媒体需要新媒体做载体,将内容通过不同的载体进行制作与传播,营造分享资源的机制与条件,这已经成为未来媒体运作的基本模式之一。农业节目可以通过不同的媒介来传播,把传统媒体和新媒体进行打包营销。

以《致富经》的一期日常节目《把火锅分开卖》为例来说明:

节目讲述了长春火锅店的店主姜道泽开火锅店的故事。五年来,他最骄傲的一件事就是做出了这种用牛排和酱汤一起熬制的火锅。自从他开店以来,消费者每天要排队才能吃到他的火锅。故事的主人公姜道泽,自幼生活在延边朝鲜族自治州,牛排酱汤火锅是他去朝鲜旅游时的一次意外发现。当地农民用自己家里做的酱烧的一种汤特别好喝,姜道泽回国后就用延边朝鲜族自己的制酱方法炖制牛排,研究了整整两年,做出了牛排酱汤火锅,经过几年的市场运作,在长春已经有了一定的名气。为了让自己的产品始终具有新鲜感,姜道泽经常到各地考察吸取经验,在考察时他发现南方以及一些大城市比较受欢迎的是那种迷你火锅,客流量非常大,火锅也变成了一种快餐形式。当时在北方,大多数时候吃火锅都是一群人围一桌,姜道泽发现小火锅能吸引一到两个人的消费者,如果一群人消费和单人消费他都能够掌握,那他就会获得更大的利润。而2007年年末2008年年初的东北长春,小火锅其实也在悄无声息地向这座城市渗透。先一步者得天下,姜道泽决定马上在店内添加一人一锅的牛排酱汤小火锅。然而即使小火锅广告贴在最醒目的位置上,无论服务员怎么极力推荐,姜道泽发现,来店里吃饭的人依然选择热气腾腾的大锅牛排酱汤火锅,小火锅无人问津。店里的管理人员开始有了分歧,姜道泽却坚持自己的做法,并提出了改进措施。

和大锅的牛排酱汤火锅相比,姜道泽觉得小火锅更精致,由于像大火锅连汤带肉地端上来没有特色,他便把牛排和酱汤分解开,一汤,一排,配上蔬菜米饭合成一套,然后让顾客自己选择放多少,怎么吃,但味道还是原有的味道。这种小火锅被姜道泽定位为时尚健康,他开始在长春的一些媒体上做促销宣传,渐渐

第十章 新媒体环境下农业电视寻求新的发展

地原来一定要结伴去吃的牛排酱汤火锅现在一个人去也可以品尝了。然而,就在小锅牛排酱汤火锅渐渐被消费者认可的时候,姜道泽和管理团队发生了激烈的争执。原因是火锅店在亏损。为什么会亏损呢?换成小火锅以后,原来四人台,使用大火锅时可以坐4—5个人,现在很多人是单独出来吃小火锅的,客流量又不是很大,每张桌子都有人用餐,但都是零零散散的客人,这样下来,营业额自然大大下降了。

到底是把小锅的牛排酱汤火锅继续推广下去还是撤出市场?姜道泽和管理团队意见严重分歧,如果小火锅下市,店内就会恢复正常,等位的人也不会流失;如果继续推广,翻台率太低,就算店内张张桌子翻台也很难达到原来的营业额,到底何去何从?在坚持推荐小火锅半年后,姜道泽找到了失败的原因——地方选错了。当初卖大火锅的地方客流量不够大,这样的话用餐的时间就特别集中,小火锅人均消费少,翻台率又不够,这种小火锅就得开在繁华商圈,人流量特别大的地方。于是姜道泽决定重新选址,这次他选择了人流密集,写字楼的白领和逛街的散客都很多的繁华地段。

新店址的流动客源多,又是快餐的形式,解决了小火锅占台位、翻台率低的问题,因为姜道泽的店在长春很有名气,本身就有客户群,刚开张,路过的人就陆续进来消费了。虽然一张台位的消费没有大店高,但整体算总账却一点也不少。

20分钟的节目,故事讲述得一波三折,可是这样的一个节目在电视台播放后,和其他节目一样就被封存在库房里了。其实只要稍加整合,并融合新媒体,就可以达到既节约资源又扩大传播范围的目的。

这样一个节目经过整合至少可以衍生出以下几个部分:

(1)生活部分:民以食为天,可以把牛排酱汤火锅的制作方法进行详细介绍。

(2)致富故事部分:可以讲述主人公的致富理念。故事主人公姜道泽去朝鲜旅游时意外发现当地农民做的酱汤特别好喝,姜道泽回国后研究了两年,终于做出了牛排酱汤火锅,经过几年的市场运作,他的火锅店在长春经营得红红火火。可是就在这个时候,主人公却决定改变经营策略。以致富为主线的故事,可以给人启迪。节目可以用纪录片的方式记录姜道泽经营小火锅的过程,可以淋漓尽致地表现主人公的生活,讲述商人不为人知的生活经历。

(3)致富信息部分:可以提供相关的致富信息,比如说火锅店如何经营等。

(4)市场行情部分:介绍不同地区不同种类火锅的市场行情。

(5)风险分析与提示部分:为了避免投资者一哄而上,盲目上项目,可以进行必要的风险提示。比如说夏季火锅店可能会不景气、北方不适合的火锅种类等,这种提示对于正准备投资的人是非常必要的。

(6)供求双方平台:提供技术、需求等信息,成为一个纽带、一个桥梁,使供求双方直接对接。

由一个节目整合衍生出来的六个节目,可以借助新媒体进行传播。博客、播客、微信、微博、IPTV、数字收费电视、手机电视等都是很好的载体,也容易引起受众的关注。

以农业科技类节目《科技苑》为例。《科技苑》是中央电视台第七套农业频道的一档农业科技类节目,按照一般人的理解,这个节目的受众面很窄,因为报道内容太过专业,事实上也的确如此。从《科技苑》栏目多年来的收视率分析可以知道,常年关注《科技苑》的多是那些从事种植业、养殖业和加工业的农民,此外还有一些农业科技工作者。这是一个不大的收视群体,《科技苑》栏目在意识到这一点后,决定借助新媒体的力量拓展农

第十章 新媒体环境下农业电视寻求新的发展

业栏目的生存空间,于是提炼了栏目中农业科技节目的一些精华要素,将其以IPTV的方式在网络上发布,比如说《羊驼养殖》,提炼后变为"它是百度神兽,还是致富高手,也许只是一只羊驼",令网民充满了期待。此外,《科技苑》栏目还通过以下多种途径引发人们的争论,以期达到吸引观众关注节目的目的。

(1) 辩论:您是否用过气化炉,觉得如何?

(2) 提问:肉鸽养殖能否成为第四大家禽养殖?

(3) 推荐:谈创业,发家有路之开店篇。

(4) 调查:八〇后的孩子是否有搞养殖的耐心?

(5) 爆料:用玉米做涂料,你相信是真的吗?

这些引起关注的话题都源于《科技苑》栏目曾经播出的《气化炉技术》《肉鸽养殖技术》等节目,在新媒体上经过整合后推出,吸引了不少其他层面的观众,使得《科技苑》栏目的收视率有所提升,实现了新媒体和传统媒体的互惠互利。

传统媒体与新媒体多平台、多方位、多渠道的深层次合作与互动,既能增加自己的收益,又能形成集约化的运作模式、宣传模式,从而获得更大的发展空间。制作农业节目的媒体有真正原创的内容资源,这是最大的优势,是很多新媒体所不具备的,而只有融合在一起,才能将两者的优势最大化地发挥出来。

对于新媒体这样的新生事物,我们是"摸着石头过河",但绝不是莽撞地过河,或者不顾一切后果地过河。在过河的过程中,需要我们的勇气,更需要我们的智慧,只有这样,我们才能顺利到达河的彼岸。新媒体环境下农业电视的发展就是这样一个过程。

 中国农业电视发展战略研究

第十一章 农业电视频道专业化:前行中的探索

第一节 我国创办农业电视频道的必要性

曾有业内人士提出,鉴于农民朋友对电视的忠诚程度,我国应开办专门的农业频道,而且频道的定位要姓"农",节目的配置要属"农",节目的播出和编排要利"农"。那么有没有必要专门为农民、农业、农村办农业节目,或者说更大规模办农业节目而单独设立一个农业频道呢?

我们知道电视有两个属性:其一,电视有大众媒体的属性。认同以观众需求为本位的大众化传播成为电视行业世界性的潮流。在这个潮流的引导下,电视的娱乐化、都市化倾向越来越明显,这种潮流是电视作为大众媒体发展的客观现象。其二,电视作为重要文化产业,它的产业属性已经被充分挖掘,电视产业甚至已经成为一个国家、一个地区展示综合实力的重要指标。在这方面我们已经取得了很大的进步,但跟国际先进水平相比较,我们的差距甚大。

有人认为,面向都市娱乐化是世界电视的发展潮流,已经能够满足广大农业、农民、农村观众的需求,并且从绝对数量上来看,收看电视节目的主体结构已经是农民,因而不需要专门为农业、农村、农民开办更多的电视节目。

第十一章 农业电视频道专业化：前行中的探索

在市场经济条件下，电视产业追求经济效益的最大化，因此选择以消费能力强的城市观众、经济回报高的高收入群体为核心目标，按照他们的需求来制作电视节目，不专门创建农业频道，无可厚非。但是这样的认识需要进一步完善，需要更加客观、全面地认识这个问题。

第一，我国的"三农"问题和其他国家不一样，"三农"问题得不到更好的解决，就不能更好地落实科学发展观，和谐社会就难以实现，国家就不能得到发展。因此必须把对农电视提到更高的政治、社会、经济、文化层面来看待。它的发展并不能完全说是市场行为，尤其是对农电视，应该被看作是统筹城乡发展、建设社会主义新农村工作的重要组成部分，用电视媒体特有的优势推进国家"三农"工作，宣传政策，普及科学知识，促进农产品流通，引导健康先进的农产品文化。农村舆论的控制器、农村政治发展的推动器、农村观念的更新器、农村经济的推动器、农村文化的转型器，这一概括是对农电视节目的公共意义所在。

第二，我国的社会经济发展已经进入城市反哺农村的新阶段，要清楚地认识到农民的生活水平依然较低，在二元经济结构条件下农民还有许多特殊需求，必须引起高度重视，我们的媒体，特别是地方媒体，要有强烈的意识去关注、去做这样的事情，去创造社会效益，使社会更加和谐。

第三，设立对农频道是满足九亿农民收视的需求。农村观众通常是传播领域中的弱势群体，因为农村观众在媒介资源的享受和利用、信息接收工具的拥有量、享受消费媒介的时间、接收信息和自我表达能力方面，均不如城市受众，因此寻求改善农村传播现状的对策，尽快将农民中潜在受众转化为现实受众，促进农村受众素质的整体提高，加速农村经济的发展，成为亟待解决的现实课题。根据一份对农民的调查显示，当被问及"了解外面发生的事情主要通过哪种渠道"时，87.5%的被访者选择了"电视"。① 可见，为广大农民服务，传播农业信息，最有效的途径是通过电视

---

① 霍晓丽：《农业信息化建设刻不容缓》，河北日报网，www.ap88.com/info/detail.jsp？id=32106。

实现。农村观众既有一般观众的需要,也有自身特定的收视需要。他们除了娱乐的需求之外,也需要一些农业政策的解析,还需要了解发生在自己身边的事情。目前,中央电视台开设了包括新闻、经济、综艺、体育、电视剧、电影、少儿、戏曲和军事·农业在内的诸多频道,而农业节目只占第七套节目的一部分,还没有设立专门的国家级农业频道。省级电视台中尽管有几个专门的农业频道,但都是没有上星的节目,因而无法满足全国农村受众的需求。缺少全国性的农业频道已经成为当前电视界的软肋之一。

第四,农业、农村的广阔市场,是电视产业的内在发展动力。相对于其他经济活动而言,农业是利润较低的传统产业,但我们应该看到,农业涉及的庞大产业链中,潜藏着巨大的电视广告市场。在社会主义新农村建设过程中,伴随着农民消费能力的增长,农民必将成为具有巨大市场回报的目标群体。因此,农业频道的市场化同样也有着诱人的前景。从电视产业化发展的目标出发,创办农业专业频道是正确的市场选择,有着广阔的发展空间。

第五,国家不断改善农业电视发展投资环境,为创办国家级农业频道带来了巨大的机遇。1998年,国家广电总局、发改委、财政部、信息产业部等八部委联合实施了村村通广播电视工程;2002年,农业部和国家广电总局联合下发了《关于实施中央电视台第七套农业节目进村入户工程的通知》,农业节目"进村入户工程"开始在安徽、黑龙江、河北、天津等地的20多个县进行试点,这项工程的实施使CCTV-7农业节目在试点地区农村的进村入户率达到85%以上。国家政策向农业倾斜的大环境以及现有农业节目制作经验的积累,都为国家级农业频道的开设提供了有利的条件。

2004年1月21日,和我们同属农业大国的印度正式开播专门的"农民专业频道"之后,在我国要求开设国家级农业频道的呼声越来越高,尤

第十一章 农业电视频道专业化:前行中的探索

其是在国家对"三农"问题高度重视的今天,在农民对电视有着高度依赖的前提下,这一呼声更是空前高涨。

第二节 创建农业电视频道的构想

创建农业电视频道,可以从三个层面考虑,即创建国家级农业频道、省级农业频道和地市级农业频道三级农业频道。创建国家级农业频道,一方面向全国传达中央重视农业电视宣传的政策信号,同时也对全国各地开办农业频道和制作农业节目给予激励和指引。而省级农业频道的创建和地市级农业频道的大量涌现,在一定程度上可以与中央电视台的农业频道遥相呼应,在某种程度上也改变了当前农业电视频道的弱势地位。

一、积极争取创建国家级农业电视频道

早在1986年,农业部就曾向国务院申请创建国家级农业电视频道,直到今天这一努力和愿望依然存在。目前的CCTV-7农业节目每天播出8小时,并且已经拥有《致富经》《每日农经》《乡村大世界》《科技苑》等一批已经在观众中树立了良好口碑的品牌栏目,农业频道可以在这些品牌栏目的基础上,进一步开拓创新,实现农业频道在较高起点上的跨越式发展。

二、创办省级农业电视频道

我国由于幅员辽阔,南北方和东西部的差异性比较大。国家级农业频道在某种程度上还不能满足各地的需求,比如中央电视台CCTV-7《科技苑》栏目播出的许多节目就带有明显的地域特征,播出的《橡胶割胶技术》《香蕉的种植管理》等节目就不适合北方以及部分南方观众收看,而《北方温室的管理》等节目又不适合南方观众收看,如果创建省级专业农

业频道,这样的问题就能得到很好的解决。近几年,一些省级农业频道纷纷创建,已经成立的省级农业频道有吉林电视台的乡村频道、山东电视台的农科频道、河北电视台的农民频道、浙江电视台的公共·新农村频道和河南电视台的新农村频道。对于我们这样一个农业大国来说,省级农业频道的数量还是太少了。

三、创建地市级农业电视频道

由于很多农民有收看本地电视台的习惯,他们更多的是从本地电视台获取信息,所以有必要成立地市级农业电视频道。一方面可以自制一些贴近本地农民生产生活的节目,另一方面可以转播省级和国家级农业频道的优秀节目,这样有利于资源的最优化和最佳配置。目前,地市台开办的农业频道有山东临沂电视台的农村科普频道、安徽亳州电视台的农村频道、湖北随州市电视台的农村频道。随着新农村建设的加快,将会创建更多的地方农业频道。

四、当前农业电视频道所面临的问题

一方面是广大的农村市场,另一方面是国家从上到下的重视,那么,为什么农业频道一直迟迟得不到快速的发展?当前的农业频道究竟面临着什么样的问题呢?我们以数量最多的省级农业频道为例进行说明。

(一)体制机制不顺,定位不明确,经费严重不足

专门的农业频道的定位应该是公益性的非营利频道,要有足够的资金保障。但是在实际的运营过程中,这些专门的农业频道并不是纯公益性的,而是走市场化的道路。市场化意味着农业节目要赢利,要创收。收视率的压力、运营的压力使得创作人员无暇考虑创作,只能被迫考虑创收,致使节目的质量越来越差。与综艺类等其他类型的节目相比,农业节目并不处于优势地位,为了完成创收任务,农业节目的创作人员不得不将

更多的精力放在寻找广告商上,长此以往就形成了一个恶性循环。

(二)广告经营困难

广告一直困扰着省级农业频道的发展,和其他类型的频道相比,农业频道的广告创收有很多劣势。农业频道因为其专业性,收视率一般都不太理想,播出的对农节目城市观众不爱看,农村观众因覆盖不足,又有许多人看不到。广告主对农业频道的关注度也较小。因为农村的购买力相对较低,广告主对农村市场不感兴趣;而与农村关联密切的农资广告主也不关注农业频道,农资行业普遍微利,这些农资广告主做不起广告;一些有实力做广告的农资广告主,也很少有长期投放广告的,因为考虑到农资的季节性特征,短期广告行为居多。广告经营困难,致使节目的制作经费捉襟见肘,省级农业频道生存压力巨大。

(三)节目来源严重不足

目前,对农节目主要依靠频道自身的力量制作,但是由于财力投入不足、人才匮乏,制作的节目根本满足不了播出的需求。一是农业节目的拍摄周期一般相对较长,比如种植类的选题要跟踪拍摄一个生长周期,因而制作的难度比较大,导致节目的数量比较少。二是对农节目受地域性、季节性的影响比较大,我国不同区域的种植养殖品种等方面的差异较大,一些地区性的农业节目一旦离开了本地区就失去了意义,造成各地对农频道之间对农节目的交换很少。三是其他类型的电视可以借助民营公司的力量,可是对农节目由于其特殊性,民营公司主观上不愿意、客观上也不适合制作。四是对农节目的制作难度大。农业节目所关注的农村很多都在偏远山区,采访半径比较大,再加上财力物力人力不济等原因,大大限制了农业节目的制作。总之,在节目源上,农业频道实际上处在一个两难境地,外购不容易,自制也很难。

(四)复合型人才奇缺

农业电视需要既熟悉电视业特点又懂"三农"的复合型人才,但是当前的农业电视制作部门十分缺少这样的复合型人才。因为农村问题的复杂性、农业问题的专业性、农民与市民相比的特殊性、在农村采访的艰苦性等,对农业电视从业人员的知识结构以及专业素质提出很高的要求。目前,我国缺乏对这类人才的培养,也没有鼓励这类人才脱颖而出的用人机制和奖励机制。

(五)覆盖错位问题突出

农业频道现在主要采取有线方式进行覆盖,少数频道是无线覆盖。不管是有线覆盖,还是无线覆盖,目前农业频道在覆盖时遇到了一些问题,形成了能接收到的主要是城区观众,但城区观众不需要收看,农村观众想看却接收不到的尴尬局面。如山东电视台农科频道,目前的有线覆盖虽已经达到了80％左右,但大多是不看农业频道的城区。即便是在节目已经落地的地方,也因为农村有线电视的覆盖率低,导致很多农民无法看到。

第三节 创建农业电视频道的策略

从以上的论述中可以看到,创建农业频道是必要的,那么,农业频道到底该如何创建呢?

一、需要综合解决农业电视频道经费问题

首先,农业频道的部分经费要靠政府补贴,这是由农业频道的公益性所决定的。国家公共财政应该采取适宜的方式对农业频道进行补贴,保证农业频道的基本生存。在实际操作上,政府要根据农业频道实际播出的农业节目数量和质量来确定补贴的额度,要尽快建立一套农业频道节目评价体系,进行科学的补贴。经济发达地区补贴的额度可以相对少一些,而中西部不发达地区则要加大补贴的力度。

第十一章 农业电视频道专业化:前行中的探索

其次,由广电主管部门协调其他类型的频道对农业频道进行内部补贴。农业频道和其他专业频道同属于广电系统,可以将效益好的专业频道的部分收入补贴给农业频道。

最后,要免除农业频道应缴纳的税收。农业频道是纯公益属性,且处于发展初期,应实施免税政策。目前,农业频道与其他频道一样要缴纳将近10%的税收。尽管绝对数不大,但对农业频道来说却是一个沉重的负担。

二、实行无偿覆盖政策

当前,很多地区都无法收看农业频道,特别是在一些农村,他们本应该最需要农业节目,却无法收看农业节目。目前的无线覆盖设备老化、功率小,致使许多农村覆盖不到,而有线方式需要借道市县有线网络,但市县网络需要收取落地费。覆盖问题成为农业频道发展的瓶颈之一,鉴于此,无线覆盖设施设备的改造应由同级政府负责,而市县有线网络应该履行基本服务义务,无偿传输农村频道。

三、加强人才队伍培养

在第四章第一节关于传播者的论述中,我们了解了目前农业节目的创作人才的现状。目前,农业节目的创作队伍对农业知识的了解还存在一知半解的现象,复合型的人才奇缺。懂农业的创作人员很少,能将农业和电视二者结合在一起的创作人员更是少之又少。在调查中,大多数创作人员对创作现状并不满意,而且认为目前的人才知识结构不太符合农业电视现阶段的创作。因此,急需对农业电视的创作者进行有针对性的培训。培训的对象既针对管理者,也针对采编人员和节目技术制作人员。培训的内容主要是农业、对农节目采制技巧和农技常识。有条件的地方,可建立农村频道顾问咨询机构,开展经常性的培训活动。

四、尽快创建国家级农业频道

应当尽快创建国家级农业频道。未来的国家级农业频道应该立足于现有的 CCTV-7 农业节目的基础上,这样可以利用和发挥原有农业节目制作基础和优势。中国农业电影电视中心通过长期承办 CCTV-7 农业节目,已经积累了大量的电视节目制作经验和农业节目的素材,具有较强的农业节目制作实力和运作能力。此外,现有的 CCTV-7 农业节目已经形成了较为完整的栏目群,未来的国家级农业频道可以在这些节目群的基础上进行拓展和完善。

未来的国家级农业频道,无论从功能定位还是政策扶持上都将担负起疏导与解决"三农"问题的重要使命,具有独特话语权优势。专门的国家级农业频道一旦成立,将整合各方权威资源、信息资源与专家资源,贴近民生需求,对农村经济的发展做出有效预测,成为制定基层农业经济政策和农民生产投入决策的风向标。

中央电视台对观众调查显示,农村人口对于电视有着更高的依赖程度。这种依赖除了表现在对娱乐、生活、新闻等一般需求的依赖外,更集中于对农事指导、致富经验、产品销路等信息的获取上。对于一般性的需求,农民可以通过许多综合性的频道获得,而农民的特殊需求只能在专业频道上获得,因此国家级的农业频道应该最大限度地满足全国各地农民了解掌握农业、农村的政策法规、经济信息、科学技术的特殊收视需求,这也将是国家级农业频道的优势所在。

截至 2014 年年底,全国有农业频道 9.5 个,其中中央电视台把农村、军事合设为一个频道;省级电视台开办的农业频道有:吉林电视台的乡村频道、山东电视台的农科频道、河北电视台的农民频道、浙江电视台的公共·新农村频道和河南电视台的新农村频道;地市台开办的农业频道有:山东临沂电视台的农村科普频道、安徽亳州电视台的农村频道、湖北随州市电视台的农村频道、山东寿光市电视台的蔬菜频道。

农业频道的创建,是农业电视的发展趋势,也必将面临许多问题。但是,既然专业化的道路是一条必然之路,国家就应该尽快制定相关政策,促使国家级农业频道尽快创建,这样也可以带动更多的省、地市级农业频道的创建,资源也可以尽快实现共享,尽早形成自上而下、链条完整的农业电视体系。

结束语

伴随着我国电视业的发展,从1958年5月1日第一家电视台成立到2016年5月1日,已整整走过了58年。半个多世纪的风雨历程,中国的农业电视也发生了翻天覆地的变化。从初期的青涩,到现在的日趋成熟,中国农业电视走过了一条不同寻常的道路。

然而,对于中国农业电视的研究却不容乐观。理论界和学术界有意无意地忽略了这一领域,这不仅关乎最大数量受众的话语权问题,也关乎中国电视业的发展。

研究中国农业电视,首先要对中国农业电视的发展史进行梳理。笔者查阅了大量的文献资料,走访了很多当年参与农业电视栏目创建的老电视人,获取了非常珍贵的第一手资料。

中国农业电视早期的传播并不成规模,大多数是混杂在其他类型的栏目中播出的,比如说《新闻联播》中关于农业题材的报道,一直到1983年中央电视台成立了专门的农业栏目,农业电视才作为一个单独的电视门类活跃在中国的电视界。

"三农"工作是党和政府全部工作的重中之重,农业电视宣传工作是"三农"工作的重要组成部分,电视媒体具有形象生动、声画兼备的优势,使得农业电视宣传工作在"三农"宣传事业中处于重要的地位,专业化的农业电视节目更是我国农民了解党和国家"三农"方针政策的重要渠道。

而农业电视传播在农村经济发展中也具有极其重要的地位和作用,农业电视为农民提供技术支持和科学知识普及,并帮助农民了解市场、认识市场最终走向市场,从而帮助农民增收。农业电视在丰富农村的精神文化生活、倡导健康文明的生活方式、提升农民的道德素质、移风易俗等方面也起着重要的作用。

可是农业电视的发展却仍不尽如人意,首先节目数量不多,其次节目质量差强人意。

一方面是意义重大,另一方面却是关注较少。"三农"问题成为国家的重中之重,可是与"三农"密切相关的农业电视却备受冷落。

一直以来,我国农业电视都是在夹缝中生存与发展。中央电视台农业频道可是说是我国农业电视中最为系统、最为权威的节目制作体系,笔者以这一最为权威的农业节目制作体系为主要文本,兼顾省级卫视、地市级电视台等农业栏目,对我国农业电视的现状进行了分析。我国农业电视目前仍然处于初级阶段,我国农业电视的现状仍然不容乐观。2006年,中央电视台发布的观众满意度调查报告中称CCTV-7首次被列为强势频道。《致富经》成为农业节目的代表,在观众中享有一定的知名度,收视满意度较高,并成为农业节目乃至中央电视台所有类型节目中的品牌栏目。但是,这并不能证明农业电视从此就摆脱了弱势地位,《致富经》栏目的一枝独秀只能说明是少数农业节目借助强势平台——中央电视台而获得了较好的社会反馈而已。笔者认为,只有当农业节目在全国各级电视台都占有了一席之地,并且社会各方面对其关注度普遍提高时,才能说农业节目具有强势媒体的态势。

在这样的情形之下对我国农业电视的发展进行前瞻性的研究无疑具有极其重要的意义。笔者认为,中国农业电视要尽快在宏观和微观上拉近与电视行业整体的距离。

(1)要在农业电视的发展过程中合理运用传播学的一些理论,包括受众和传播效果等理论。其他类型的电视节目已经充分利用和借鉴了传播学的一些理论,并且已经运用到了生产和实践之中,而农业电视在这方面还几近空白。

(2)市场化是我国农业电视无法回避的话题。我国农业电视的市场化包含播出内容的市场化、广告的市场化两个方面。对于非纯营利性的特殊机构而言,经济效益和政治效益、社会效益是同等重要的,因而内容上的市场化要在公益性的前提之下进行,农业节目广告的市场化也应该打公益化这张牌。

(3)农业节目要想在电视行业中立住脚,必须要前瞻性地提出走精品化之路。农业节目拥有庞大的受众群体,目前农业节目的收视率与其他类型的节目相比并不逊色,甚至有些栏目还要略高一筹,但是农业节目的影响力却远远不如其他类型的一些节目,归根结底,原因就是农业节目缺乏自己的精品品牌。这样的构想对于目前还处于初级阶段的农业节目而言无疑有很大的难度,但是如果不这样做,农业节目与其他类型节目的差距将会越来越大。

(4)新媒体对农业节目的冲击目前还不明显,但是随着电视业的发展和新媒体技术的日趋成熟与完善,农业电视受到冲击与影响也将不远。越是品牌栏目,受到的冲击越明显。建议农业电视中一些有影响力的栏目要尽快找到应对新媒体的策略:一方面要积极地与新媒体融合,另一方面还要发挥电视媒体本身的优势,最终找到新旧媒体之间的结合点与切入点。

(5)针对国情以及农业节目的深远意义,建议尽快开通国家级的专门的农业频道,这是农业电视的发展趋势,也是电视业的发展趋势。在国家级农业频道的带动下,尽快形成国家级、省级、市级、县级四级农业电视网络体系。

农业电视的研究是一个具有理论意义和实践意义的课题,笔者对它

的研究仅仅是一个开始,志在抛砖引玉,希望有更多的研究者关注中国农业电视的发展。由于学识和视野上的局限,在研究过程中还存在很多不足,还需要进一步完善,一些研究工作还来不及进行。研究是无止境的,笔者希望能在今后的学习工作中,在大家的帮助下,不断提升研究水平,将中国农业电视研究这个课题不断深入、完善下去。

附件1

中央电视台农业节目基本质量标准[①]

电视节目类别多种多样,因此节目的具体质量标准既有共性,也有个性,个性又因类别不同而异。为确保并进一步提高农业节目的质量,减少送审节目的返修率,现提出基本质量标准。

一、内容定位准确

送审节目必须符合中心批复的或经编委会重新认定的栏目内容定位。

二、栏目形态稳定

送审节目必须符合中心批复的或经编委会重新认定的栏目形态定位。特别节目的形态必须与编委会批复的方案相吻合。

三、导向正确

所有的节目内容要符合国家政策法规,要有利于国家安全、稳定,民族团结,节目中不得出现以下内容:

1. 危害国家统一、主权和领土完整的;

2. 危害国家荣誉和利益或诽谤、丑化党和国家及领导人形象的;

3. 煽动民族分裂,破坏民族团结的;

4. 泄露国家秘密或违规报道涉外案件的;

5. 诽谤、侮辱他人或侵犯他人合法权益的;

6. 宣扬淫秽、迷信、伪科学、邪教或者渲染暴力的;

---

① 资料来源:中国农业电影电视中心内部资料。

7. 违反规定,对汛情、疫情、震情等灾情进行片面或擅自报道的;

8. 超越司法程序,对案件进行定性式报道的;

9. 违反规定,对给社会稳定带来不良影响的群体事件、案件进行片面报道的;

10. 有其他政治导向错误的。

四、主题明确清晰

五、叙事结构符合逻辑

六、内容丰富、扎实

对不同的节目类别有不同的要求:

1. 时政信息类:内容真实、准确、可信,时效性强。

2. 深度报道类:以事实说话,叙述客观,报道公正,讲究分析,论据有力,层次分明,逻辑严谨,有较强的说服力。

3. 人物专题类:个性鲜明,形象丰满,有生活色彩,注重人物的内心世界和人物的历史背景,以情感人。如果有现场观众,则充分考虑到现场的互动。

4. 事件专题类:准确揭示事件发生的原因及过程变化,能对事件结果产生的影响启动纵向与横向的思考。

5. 谈话专题类:话题具备一定的吸引力。话题的深入讲究技巧,并追求真诚的交流气氛。现场观众有互动。如果是人物访谈,要按人物类的要求进行创作。

6. 技术推广类:既有实用性,又具有可操作性,且内容通俗易懂。细节表现和镜头表现力强,让人看得清楚,看得明白。科学内容和技术要点准确无误。

7. 科普类:融知识性、科学性和趣味性为一体,注重科学思想、科学精神和科学方法的传播,寓教于乐。

8. 综艺益智类:

益智类节目:在内容和形式上能把娱乐性和知识性巧妙地结合起来,竞猜答题注意到了内容的科学性、逻辑性和趣味性。

文艺节目:体现艺术上的高水平、情趣上的高品位,有较高的审美价值和较强的娱乐性。

大型晚会:节目编排、演员阵容、舞美服饰都体现较高的规格水准。

9. 电视剧类:除情节丰富、富有悬念外,表演和语言贴近生活,没有渲染色情、暴力的嫌疑。

10. 重点节目:除符合前面提到的同类别的节目质量要求外,题材有一定的分量。

11. 系列节目:作为整体中的一部分,每集有相对独立的小主题,前后集之间有必要的勾连。

七、镜头表现力强,主体明确,光线运用好。构图合理,镜头稳定,技巧运用得当。

八、语言表达准确无误,清晰明了。

九、主持人自然大方,穿戴整洁得体且符合时节,不染发(彩色)。语言生活化。

十、出镜记者自然得体。

十一、节目内容不得有以下具有广告倾向的镜头:

1. 企业大门;

2. 商品名和企业名称在同一画面;

3. 企业的各种获奖证书、奖杯、奖品;

4. 不同类别的节目涉及各种产品、消费品或其他商品时,出现了与产品有关的企业名称(有协议的除外,但每位被采访对象的单位名称在10分钟左右的节目中出现不得超过两次,5分钟左右的节目不得超过一次)。

十二、技术质量符合标准:

1. 构成音响的各元素比例恰当,音量稳定。解说及同期声清晰、饱满,没有明显的噪声、失真及过长的混响。

2. 画面没有带伤、断磁或明显的噪波、信号失落。焦点清晰,曝光准确,白平衡正确,画面稳定。

3. 待审的节目中不能出现任何长度的黑场(渐隐渐显技巧除外)、彩条、空白画面、夹帧、丢帧。

4. 一般情况下,渐隐渐显技巧的长度不超过1秒。

5. 混录声应在一声道,其余声道不得有任何信号。

6. 送审的节目,磁带上的起点时间码为 00:00:00:00(时:分:秒:帧),开始1分钟为彩条信号及1声道1000Hz 0VU 的伴音信号;00:01:00:00 ~ 00:01:29:24 部分为无声黑场;从 00:01:30:00 起为正式节目,正式节目起点的时间码误差为0帧。磁迹和时间码必须连续。节目后要录有30秒无声黑场。

7. 视频信号峰－峰值电平幅度基本达到1伏特,最大峰－峰值不超过1.1伏特;音频电平峰值应该达到0VU,不超过3VU。

8. 播出带的节目长度可以用结束点的时间码减去起始点的时间码得到,也可以用CTL码读出,两者中的最小值必须大于节目的播出长度,两者误差必须小于1秒。

9. 每盘磁带中的各个节目的起、止点,每期节目的代码、栏目号、节目时长等必须在该期的"节目磁带登记表"上按要求填写。磁带盘芯上填写的栏目名称、栏目序号、时长、节目名必须与"节目磁带登记表"上的一致。磁带外盒、磁带盘芯和"节目磁带登记表"上所标的序号、条形码必须一致。

10. 为提高播出节目技术质量,首先应保证素材的技术质量,摄录一体机的档次和技术状态是保证素材质量的必要条件。要求摄像机必须是3CCD产品,首先推荐采用4:2:2的数字格式摄录一体机,目前该格式主要包括:DVC-PRO50,DIGITAL-BETACAM(DVW),BETACAM-SX,IMX。其次推荐采用 4:1:1 或 4:2:0 的数字格式摄录一体机,目前该格式主要包括:DVC-PRO25、DVCAM、专业 DV 设备。尽量避免使用模拟分量摄像机及 3CCD 掌中宝拍摄。不允许使用模拟复合及单 CCD 的数码摄像机拍摄。现场切换台必须具有模拟分量或数字通道。

附件2

对北京地区农民接触媒体情况的问卷调查

一、问卷填写人的个人资料

性别_____年龄____文化程度_____

二、请您认真如实回答以下问题：

1. 对于电视、报纸、书籍、杂志、广播、网络的接触：

对于以上这些最经常接触到的是：①电视 ②报纸 ③书籍 ④杂志 ⑤广播 ⑥网络

偶尔会接触到的是：①电视 ②报纸 ③书籍 ④杂志 ⑤广播 ⑥网络

从来都没有接触过的是：①电视 ②报纸 ③书籍 ④杂志 ⑤广播 ⑥网络

2. 对于各类媒介接触的日平均时长：

每天用于看电视的时间：①基本不接触 ②少于30分钟 ③31－60分钟 ④1－2小时 ⑤2－3小时 ⑥3小时以上

每天用于听广播的时间：①基本不接触 ②少于30分钟 ③31－60分钟 ④1－2小时 ⑤2－3小时 ⑥3小时以上

每天用于看报纸的时间：①基本不接触 ②少于30分钟 ③31－60分钟 ④1－2小时 ⑤2－3小时 ⑥3小时以上

每天用于看杂志的时间：①基本不接触 ②少于30分钟 ③31－60分钟 ④1－2小时 ⑤2－3小时 ⑥3小时以上

每天用于看书的时间：①基本不接触 ②少于30分钟 ③31－60分钟 ④1－2小时 ⑤2－3小时 ⑥3小时以上

每天用于上网的时间：①基本不接触 ②少于30分钟 ③31—60分钟 ④1—2小时 ⑤2—3小时 ⑥3小时以上

3. 对于农业节目最喜欢哪个栏目？①《致富经》②《科技苑》③《每日农经》④《乡村大世界》⑤《聚焦三农》⑥《乡约》⑦《法制编辑部》⑧其他栏目

4. 收看最多的是农业频道的哪个栏目？①《致富经》②《科技苑》③《每日农经》④《乡村大世界》⑤《聚焦三农》⑥《乡约》⑦《法制编辑部》⑧其他栏目

5. 每天收看农业节目的时间是多少？_____

6. 喜欢中央电视台农业节目的哪位主持人？①顾国宁 ②李威 ③陆梅 ④毕明鑫 ⑤刘栋栋 ⑥李冰 ⑦肖东坡 ⑧张玮 ⑨笑林

7. 喜欢中央电视台农业节目的原因：(可以自由回答，根据口述进行记录)

8. 平时能收看到的农业节目有：(自由回答，根据口述进行记录)

问卷结束。辛苦了，谢谢您！

对农业节目从业者的调查问卷

农业节目的从业人员,在电视行业中似乎更具有特殊性,因为他们既要掌握相当丰富的农业知识,又要掌握电视节目制作的知识,属于复合型的人才。为了更好地了解农业电视从业者的情况,笔者设计了下面这份调查问卷。

一、问卷填写人的个人资料:

性别____ 年龄____ 文化程度_____ 所学专业_____

二、请您认真如实回答以下问题:

1. 从事农业节目制作多久?

①1年以内 ②1-3年 ③3-5年 ④5-8年 ⑤8年以上

2. 当时为什么选择从事农业节目制作?

①有机会从其他单位调入 ②收入较为稳定 ③毕业分配 ④其他节目组也试过,没被录用后选择 ⑤出于喜欢 ⑥工作不好找,在这里压力小一些

3. 在从事农业节目之前从事过什么职业?_____

4. 选择从事农业节目制作是出于对农业节目的喜欢吗?①是 ②不是

5. 如果当时从事农业节目制作之前还有可能从事法制或者新闻节目制作,还会选择农业节目吗? ①会 ②不会

6. 如果现在有机会可以去制作同一频道的新闻或者娱乐、体育等类型的节目,你会选择离开吗? ①会 ②不会

7. 你继续从事农业节目的原因:①习惯了,不愿意换了 ②农业节目有更大的发展 ③热爱和喜欢农业节目 ④其他类型的节目不太熟悉,担心做不好 ⑤年龄大了,不想挑战新工作

8. 你觉得什么原因能让你选择离开农业节目呢?①做太久了,不具备挑战性,想换一个具有挑战性的节目 ②对农业节目感到厌烦 ③收入低 ④觉得农业节目没有前途 ⑤其他原因_____

9. 从农业节目的从业者角度来说,你对农业节目的创作现状是否满意?①非常满意 ②基本满意 ③不太满意 ④非常不满意

10. 你认为农业节目目前存在什么问题?①节目质量存在问题 ②主持人不好 ③播出平台不好 ④节目太小气 ⑤其他原因_____

11. 你认为到底是什么群体关注农业节目更多一些?(可以多选)①农民 ②农民工 ③城乡结合部居民 ④城市居民 ⑤知识分子 ⑥涉农企业家 ⑦农技推广人员 ⑧其他_____

12. 你对农业节目的发展有什么建议和意见?_____
_____
_____
_____

问卷完毕。辛苦了,谢谢您!

参考文献

Werner J. Severn, James W. Tankard, Jr., *Communication Theories:Origins, Method, and Uses in the Mass Media*.

Rebecca B. Rubin/Alan M. Rubin/Linda J. Piele, *Communication Research:Strategies and Sources*.

Michael Singletary, *Mass Communication Research:Contemporary Methods and Applications*.

Thomas Baldwin/Steven Mcvoy, *Covergence:Integrating Media, Information and Communication*.

Katherine Miller, *Organizational Communication*.

Roger Fidler, *Media Morphosis:Understanding New Media*.

〔荷〕丹尼斯·麦奎尔:《受众分析》,刘燕南等译,人民大学出版社2006年版。

〔英〕戴维·莫利:《电视、受众与文化研究》,史安斌主译,新华出版社2005年版。

〔美〕隆·莱博:《思考电视》,葛忠明译,中华书局出版社2005年版。

〔美〕戴维·希尔曼:《数字媒体:技术与应用》,清华大学出版社2002年版。

〔美〕斯蒂文·小约翰:《传播理论》,陈德民、叶晓辉译,中国社会科学出版社1999年版。

〔美〕E.M.罗杰斯:《传播学史——一种传记式的方法》,殷晓蓉译,上海译文出版社2012年版。

温铁军:《三农问题与世纪反思》,三联书店2005年版。

郭庆光:《传播学教程》,中国人民大学出版社1999年版。

胡正荣:《传播学总论》,北京广播学院出版社1997年版。

赵凯主编,复旦大学新媒体研究中心编写:《解码新媒体》,文汇出版社2007年版。

陈晓宁:《论新媒体》,中国广播电视出版社2001年版。

赵树凯:《农民对于科技服务的需求——关于1047位农民问卷调查的简要分析之一》,www.shanxigov.cn。

赵树凯:《农民对于电视网络建设的需求——关于1047位农民问卷调查的简要分析之二》,www.shanxigov.cn。

方晓红:《大众传媒与农村》,中华书局2002年版。

陈刚:《大众文化与当代乌托邦》,作家出版社1996年版。

周鸿铎:《区域传播学导论》,中国纺织出版社2005年版。

谢咏才、李红艳主编:《中国乡村传播学》,知识产权出版社2005年版。

中央电视台总编室:《中央电视台栏目收视概览》,内部资料,2004年。

王利芬:《对话美国电视》,中信出版社2006年版。

邵培仁主编:《媒介管理学》,高等教育出版社2002年版。

吴飞主编:《传媒批判力》,中国传媒大学出版社2005年版。

周鸿铎:《媒介经营与管理总论》,经济管理出版社2005年版。

周鸿铎:《广播电视经营与管理》,经济管理出版社2005年版。

周鸿铎:《媒介组合策略》,经济管理出版社2005年版。

周鸿铎:《广播电视经营与管理模式》,经济管理出版社2005年版。

周鸿铎:《媒介调查分析》,经济管理出版社2005年版。

周鸿铎:《电视频道经营实务》,经济管理出版社2005年版。

周鸿铎:《中外广播电视法规比较》,经济管理出版社2005年版。

周鸿铎:《世界五大媒介集团经营之道》,经济管理出版社2005年版。

包国强编著:《媒介营销:理论·方法·案例》,清华大学出版社2005年版。

欧阳国忠:《媒体活动实战报告》,南方日报出版社2005年版。

高鑫:《荧屏艺谭——高鑫自选集》,北京广播学院出版社2004年版。

胡正荣:《媒介的现实与超越——胡正荣自选集》,北京广播学院出版社2004年版。

胡智锋:《电视的观念——胡智锋自选集》,北京广播学院出版社2004年版。

苗棣:《解读电视——苗棣自选集》,北京广播学院出版社2004年版。

周鸿铎:《媒介产业制度论——周鸿铎自选集》,北京广播学院出版社2004年版。

朱羽君:《对电视的生命感悟——朱羽君自选集》,北京广播学院出版社2004年版。

李稚田:《追光音画——李稚田影视文化论集》,中国戏剧出版社2007年版。

于丽主编:《电影电视制片管理学》,中国电影出版社2003年版。

刘立刚等:《广播电视经营管理》,中国广播电视出版社2005年版。

周鸿铎等:《传媒产业机构模式》,经济管理出版社2003年版。

黎斌:《中国电视业资本运营系统分析》,中国传媒大学出版社2006年版。

李岚:《中国电视产业评估体系与方法》,华夏出版社2004年版。

郑蔚:《中国电视媒体的管理与经营》,中国广播电视出版社2006年版。

《科教影视论文集》,中国电子音像出版社2004年版。

蒋原伦、张柠主编:《媒介批评》,广西师范大学出版社2005年版。

胡智锋主编:《影视文化前沿》,北京广播学院出版社2005年版。

孙金岭:《直问中国电视人》,中国海关出版社2002年版。

谭天、王甫:《电视策划学》,中国国际广播出版社2001年版。

王文斌、胡正荣:《世界电视前沿(一)》,华艺出版社2001年版。

王文斌、胡正荣:《世界电视前沿(二)》,华艺出版社2001年版。

《新经济时代解读哈佛》编委会编写:《管理方法》,中国工商联合出版社2001年版。

胡智锋:《电视审美文化论》,北京广播学院出版社2004年版。

秦俊香:《影视创作心理》,中国广播电视出版社2004年版。

李稚田:《电影电视制片管理教程》,北京师范大学出版社2002年版。

《中国农业电影电视中心50年》,中国农业电影电视中心内部资料。

《创作动态》,中国农业电影电视中心内部资料1995—2007年。

《农业影视》,中国农业电影电视中心内部资料1986—2009年。

《神农之光——全国农业电影电视神农奖专辑》,中国农业电影电视中心内部资料2000年。

吴以铮主编:《农业影视佳作选》,农业出版社1999年版。

赵晓春主编:《农业影视创作与传播》,中国传媒大学出版社2005年版。

张同道主编:《电视看客——调查中国电视受众》,安徽教育出版社2003年版。

张同道主编:《时尚拼贴——解析中国电视栏目》,安徽教育出版社2003年版。

邢虹文:《电视与社会——电视社会学引论》,学林出版社2005年版。

陆地主编:《解析中国民营电视》,复旦大学出版社2005年版。

〔英〕索尼娅·利文斯通:《理解电视——受众解读的心理学》,龙耘译,新华出版社 2006年版。

〔英〕奥利弗·博伊德-巴雷特、克里斯·纽博尔德编:《媒介研究的进路——经典文献读本》,汪凯、刘晓红译,新华出版社2004年版。

喻国明:《变革传媒——解析中国传媒转型问题》,华夏出版社2005年版。

〔美〕詹姆斯·沃克、道格拉斯·弗格森编:《美国广播电视产业》,陆地、赵丽颖译,清华大学出版社2005年版。

中国电影家协会产业研究中心:《2007中国电影产业研究报告》,中国电影出版社2007年版。

魏永征、李丹林主编:《影视法导论——电影电视节目制作人须知》,复旦大学出版社2005年版。

于丽主编:《中国电影专业史研究——电影制片、发行、放映卷》,中国电影出版社2006年版。

《现代传播》,中国传媒大学学报,2000-2007年。

中央电视台主编:《电视研究》,1995-2007年。

James Heibrun Charles M. Gray:《艺术文化经济学》(第2版),詹正茂等译,中国人民大学出版社2007年版。

赵曙光:《媒介经济学》,清华大学出版社2007年版。

曾国华:《媒体的扩张:大众传媒的产业化、集约化和全球化》,南方日报出版社2004年版。

〔美〕沃纳·赛佛林、小詹姆斯·坦卡德:《传播理论:起源、方法与应用》,华夏出版社2000年版。

孙宝国:《中国电视节目形态研究》,新华出版社2007年版。

高鑫主编:《影视艺术赏析》,北京广播学院出版社2007年版。

邵培仁主编:《媒介管理学》,高等教育出版社2002年版。

秦勇:《绿色荧屏:中国农业影视二十年创作记》,中国传媒大学出版社2005年版。

欧阳国忠:《媒体活动实战报告》,南方日报出版社2005年版。

朱羽君:《现代电视纪实》,北京广播学院出版社1995年版。

高鑫:《电视纪实作品创作》,北京广播学院出版社2002年版。

张俊德:《现代广播电视新闻学》,四川人民出版社1996年版。

李稚田:《影视语言教程》,北京师范大学出版社1999年版。

胡智锋主编:《影视文化前沿——"转型期"大众审美文化透视》,北京广播学院出版社2003年版。

高鑫:《高鑫电视艺术文集(上下册)》,作家出版社1999年版。

李泽厚:《美学三书》,天津社会科学院出版社2003年版。

杨辛、甘霖:《美学原理》,北京大学出版社2003年版。

彭吉象:《影视美学》,北京大学出版社2002年版。

胡智锋:《电视审美文化论》,北京广播学院出版社2004年版。

秦俊香:《影视创作心理》,中国广播电视出版社2004年版。

程代熙主编:《新时期文艺新潮评析》,河南大学出版社1997年版。

周鸿铎等:《网络产业经营与管理》,经济管理出版社2005年版。

王人殷主编:《1999－2002年电视电影纵览》,文化艺术出版社2003年版。

〔美〕哈罗德·L.塞金、林杰敏,〔印度〕阿瑞丹姆·K.巴塔查里亚:《全球性:在任何地方与任何人进行任何的竞争》,肖亚男译,东方出版社2008年版。

〔美〕鲁道夫·F.韦尔德伯尔、凯瑟琳·S.韦尔德伯尔:《传播!(第十一版)》,周黎明译,中国人民大学出版社2008年版。

〔美〕格兰·斯帕克斯:《媒介效果研究概论》(第二版),何朝阳、网希华译,北京大学出版社2008年版。

赵晓春主编:《农业教育传播》,中国传媒大学出版社2006年版。

赵晓春主编:《农业科技传播》,中国传媒大学出版社2006年版。

赵晓春主编:《农业传播学》,中国传媒大学出版社2005年版。

白贵、王俊杰主编:《广播电视经营管理》,中国广播电视出版社2006年版。

皇甫晓涛:《文化产业新论:14项可能推动世界财富中心转移的新论点》,湖南人民出版社2007年版。

文长辉:《媒介消费学》,中国传媒大学出版社2007年版。

杨先材主编:《共和国重大事件纪实》(上、中、下卷),中共中央党校出版社1998

年版。

谢耕耘、陈虹:《真人秀节目:理论、形态和创新》,复旦大学出版社2007年版。

苗棣等:《美国经典电视栏目》,中国广播电视出版社2006年版。

陈墨:《电视文化学》,北京师范大学出版社2001年版。

李岭涛、吴秀娥:《品牌中国电视》,中国广播电视出版社2006年版。

图书在版编目(CIP)数据

中国农业电视发展战略研究/高广元著.—北京:中国传媒大学出版社,2016.8
ISBN 978-7-5657-1741-3

Ⅰ.①中… Ⅱ.①高… Ⅲ.①农业－电视节目－研究－中国 Ⅳ.①G222.3

中国版本图书馆CIP数据核字(2016)第144439号

中国农业电视发展战略研究
ZHONGGUO NONGYE DIANSHI FAZHAN ZHANLÜE YANJIU

著　者	高广元
责任编辑	王雁来
封面设计	郭　琳
责任印制	阳金洲
出版发行	中国传媒大学出版社
社　址	北京市朝阳区定福庄东街1号　邮编:100024
电　话	86-10-65450532 或 65450528　传真:010-65779405
网　址	http://www.cucp.com.cn
经　销	全国新华书店
印　刷	北京易丰印捷科技股份有限公司
开　本	710 mm×1000 mm　1/16
印　张	17.75
版　次	2016年8月第1版　2016年8月第1次印刷
书　号	ISBN 978-7-5657-1741-3/G·1741　定价 62.00元

版权所有　翻印必究　印装错误　负责调换